本书的出版得到湖北省教育厅
哲学社会科学研究重大项目（16ZD055）的资助

中国共产党与城市困难群体的社会救助
（1992—2012）

瞿晓琳 著

中国社会科学出版社

图书在版编目（CIP）数据

中国共产党与城市困难群体的社会救助：1992—2012 / 瞿晓琳著．
—北京：中国社会科学出版社，2017.9
ISBN 978 - 7 - 5203 - 1139 - 7

Ⅰ.①中⋯　Ⅱ.①瞿⋯　Ⅲ.①城市—贫民—社会救济—研究—中国—1992 - 2012　Ⅳ.①D632.1

中国版本图书馆 CIP 数据核字（2017）第 244692 号

出 版 人	赵剑英
责任编辑	田　文
特约编辑	陈　琳
责任校对	张爱华
责任印制	王　超

出　　版	中国社会科学出版社
社　　址	北京鼓楼西大街甲 158 号
邮　　编	100720
网　　址	http://www.csspw.cn
发 行 部	010 - 84083685
门 市 部	010 - 84029450
经　　销	新华书店及其他书店
印　　刷	北京君升印刷有限公司
装　　订	廊坊市广阳区广增装订厂
版　　次	2017 年 9 月第 1 版
印　　次	2017 年 9 月第 1 次印刷
开　　本	710×1000　1/16
印　　张	20.75
字　　数	301 千字
定　　价	86.00 元

凡购买中国社会科学出版社图书，如有质量问题请与本社营销中心联系调换
电话：010 - 84083683
版权所有　侵权必究

目 录

导 论 ……………………………………………………………… (1)
 一 问题的缘起 ………………………………………………… (1)
 二 核心概念的厘定与解释 …………………………………… (4)
  (一)困难 ………………………………………………………… (4)
  (二)贫困 ………………………………………………………… (5)
  (三)城市困难群体 ……………………………………………… (6)
  (四)社会救助 …………………………………………………… (7)
 三 相关研究的回顾与评述 …………………………………… (9)
 四 研究思路与方法 …………………………………………… (18)
 五 研究重点、难点和创新点 ………………………………… (19)

第一章 中国城市困难群体社会救助的时代环境透视 ……… (21)
 一 城市贫困：一个不容忽视的社会问题 …………………… (21)
  (一)中国市场力量进一步释放的历程 ……………………… (21)
  (二)城市贫困问题的凸显 …………………………………… (31)
  (三)城市困难群体的特征 …………………………………… (39)
 二 民生问题逐渐成为社会热点 ……………………………… (46)
  (一)民生问题逐渐成为社会热点的表现 …………………… (46)
  (二)民生问题逐渐成为社会热点的原因 …………………… (48)
 三 社会力量的发育与成长及其在社会公益事业中的
   作为 ………………………………………………………… (56)
  (一)社会力量的界定 ………………………………………… (56)

（二）社会力量的成长与壮大 …………………………（60）
　　（三）社会力量在社会公益事业中的作为 ………………（65）
四　城市传统社会救助政策的局限性日益凸显 ……………（70）
　　（一）城市困难群体社会救助工作的历史回顾（1949—
　　　　　1992） ……………………………………………（70）
　　（二）城市传统社会救助制度的缺陷 ……………………（81）

第二章　中国共产党对城市困难群体及其社会救助诸问题的认识 …………………………………………………（84）
一　中国共产党有关城市困难群体社会救助诸问题认识与
　　主张的理论渊源 ……………………………………（84）
　　（一）发扬马克思主义经典作家的社会救助思想 ………（85）
　　（二）继承中国化的马克思主义社会救助思想 …………（89）
二　中国共产党关于城市困难群体及其社会救助问题的
　　总体认识 ……………………………………………（103）
　　（一）关于城市困难群体成因的认识 ……………………（103）
　　（二）关于城市困难群体社会救助工作重要性与必要性的
　　　　　认识 ………………………………………………（107）
　　（三）关于城市困难群体社会救助内涵与外延的认识 …（115）
　　（四）关于城市困难群体社会救助主客体权利与义务关系的
　　　　　认识 ………………………………………………（129）
　　（五）关于城市困难群体社会救助基本原则的认识 ……（142）

第三章　中国共产党领导的城市困难群体社会救助制度考察 …………………………………………………（149）
一　城市困难群体社会救助制度的框架体系 ………………（149）
　　（一）价值理念 ……………………………………………（150）
　　（二）预期目标 ……………………………………………（151）
　　（三）行动规则 ……………………………………………（155）
二　城市困难群体社会救助制度的运行模式 ………………（175）

目录

　　（一）基金的筹集与发放 …………………………………（175）
　　（二）对社会救助工作人员的管理 ………………………（189）
　　（三）社会救助中的社会动员 ……………………………（199）

**第四章　中国共产党领导的城市困难群体社会救助主要
　　　　　实践** ……………………………………………（224）
　一　政府救助 …………………………………………………（224）
　　（一）1993—1999年：基本建立城市居民最低生活保障
　　　　　制度 ……………………………………………（225）
　　（二）2000—2012年：建立与完善现代社会救助体系 …（232）
　　（三）关于政府救助的几点思考 …………………………（266）
　二　民间社会互助 ……………………………………………（272）
　　（一）社会力量参与社会救助的基本政策 ………………（273）
　　（二）民间社会互助的主要形式 …………………………（276）
　　（三）民间社会互助的典型实践：送温暖工程 …………（281）
　　（四）关于民间社会互助的几点思考 ……………………（287）

**第五章　中国共产党领导的城市困难群体社会救助的主要
　　　　　特点与基本经验** ……………………………………（290）
　一　基本评价 …………………………………………………（291）
　　（一）基于一般社会政策原则的评估 ……………………（291）
　　（二）宏观历史视野下的考察 ……………………………（292）
　　（三）社会意义 ……………………………………………（296）
　二　主要特点 …………………………………………………（299）
　　（一）以改革为基本的行动取向 …………………………（299）
　　（二）以社会主义初级阶段为立足点 ……………………（300）
　　（三）以党和政府为主导 …………………………………（302）
　　（四）以社区为救助的物理空间 …………………………（304）
　　（五）带有明显的时代烙印 ………………………………（306）
　三　基本经验 …………………………………………………（307）

（一）坚持以人为本的理念是思想保证 …………………（308）
（二）中国共产党的坚强领导和有效动员是政治和组织
　　　保证 ……………………………………………………（310）
（三）保持国民经济的持续健康发展是物质基础 …………（311）
（四）充分发挥社会主义的优势是制度保证 ………………（312）
（五）建立健全相关制度是关键 ……………………………（313）
（六）积极培育健康向上的社会风尚是重要条件 …………（314）

结　语 ……………………………………………………………（316）

参考文献 …………………………………………………………（320）

后　记 ……………………………………………………………（324）

导　论

一　问题的缘起*

著名学者阿马蒂亚·森在其著作《贫困与饥荒》中写道：有许多关于贫困的事情是一目了然的。要认识原本意义上的贫困，并理解其原因，我们根本不需要精心设计的判断准则、精巧定义的贫困度量和寻根问底的分析方法。有些事情，一个人不用眼睛看就能知道是如何发生的。的确，有许多关于贫困的事情就是这么一目了然和触目惊心。[①] 应该看到，贫困几乎是人类所面临的永恒挑战，而城市贫困更是一个世界性的突出问题。2007年4月24日，世界观察研究所和全球环境研究所在北京合作举办《世界报告2007：我们城市的未来》中文版发布会。报告指出无计划、混乱的城镇化进程给人类健康和环境质量造成沉重代价，在许多国家，还影响到社会、生态环境及经济的稳定。目前30亿的城市人口中有10亿居住在那些没有清洁水、卫生间、坚固房屋等基本生活保障的贫民窟地区。每年估计有160万城市居民因缺乏清洁水和卫生设施而死亡。若全球发展优先领域不包括

---

* 困难群体是一个相对概念，在具有可比性的前提下，是指由于个人或社会原因，一部分人群比另一部分人群在经济、文化、处境等社会资源方面处于一种相对不利地位，且根据社会公正和人道的原则需要给予社会救助才能维持基本生活的群体。作为一个特殊的社会群体，困难群体首先表现为经济上的贫困性、生活质量的低层性和承受能力的脆弱性。某种程度上，可以说，贫困，如基本生活得不到保障，使困难群体更具可辨识性。本书分析城市困难群体及其社会救助相关问题是从其生活状况的贫困这一显著特征入手的。因此，行文中有同时使用"困难"、"贫困"概念之处。

① ［印度］阿马蒂亚·森：《贫困与饥荒》，商务印书馆2001年版，第1页。

大规模的城市贫困，那么到2030年新增的11亿人口中，将有超过一半可能是居住在基础服务设施缺乏的贫民窟。此报告引发世人关注。[①]

20世纪90年代以来，中国对贫困问题的关注也开始更多地转向城市，众多数据和现象显示出中国的城市贫困问题正处于日益严重的阶段：（1）据2011年第四季度民政部公布的数据，中国进入城市最低生活保障的人数为2276.8万，居民最低生活保障平均标准为287.6元/人月，最低生活保障支出水平为224.8元/人月。（2）虽然中国绝对贫困发生率呈现逐年下降趋势，但相对贫困，特别是城市相对贫困发生率却逐年升高，其广度、深度、强度以及综合状况均呈现逐渐恶化的趋势，成为影响城市稳定的一大隐忧。（3）根据国家计生委2010年发布的《中国流动人口发展状况报告》，中国常住城市的流动人口已达到2.11亿，平均年龄约为27.3岁；流动人口在医疗、子女教育、社会福利等方面的困境将加剧城市贫困。（4）城市贫困通常会发生代际转移，在中国城镇化进程中，贫困家庭的儿童学业失败、心理失衡和行为失范等方面的问题普遍存在。（5）据最保守估计，中国的城市贫困人口至少在3000万以上，他们的生存现状堪忧。[②]

诺贝尔奖获得者、美国经济学家舒尔茨在其《穷人的经济学》中指出："一个社会的消费者中穷人太多、富人太富，迟早要出问题。"世界银行行长沃尔芬森也警告说：财富的严重不平衡是一种威胁，一个不公正的世界，乃是一个危险的世界。在2003年举办的中国金融"走向理性繁荣论坛"上，行为金融学的奠基人、美国耶鲁大学研究员罗伯特·希勒和中国国务院发展研究中心研究员吴敬琏阐述了一个相同的观点：国家最大的风险来自于贫富分化，政府应当想方设法通过调节收入和加强社会保障来化解风险。[③] 可以说，城市贫困问题如果不能很好地解决，势必影响中国共产党赖以执政的阶级基础和社会

[①]《世界报告2007：我们城市的未来》，中国环境科学出版社2007年版，第XXI、2页。

[②] 潘家华、魏后凯主编：《中国城市发展报告No.4——聚焦民生》，社会科学文献出版社2011年版，第134页。

[③]《经济大参考》编委会编：《经济大参考》2007年第28期，第12—13页。

导 论

基础，影响到和谐社会的构建和全面小康社会的建成。

而城市困难群体，尤其是20世纪90年代以来的城市困难群体，其贫困的生活状况主要源自体制的转型和国家相关制度安排的缺失，若没有外力救助，单靠自身努力是难以摆脱贫困、回归主流社会的。为此，20世纪90年代以来，中国共产党、中国政府和社会各界作出了艰苦卓绝的努力，在党的十八大召开前，我国初步形成了以社会保险、社会救助、社会福利为基础，以基本养老、基本医疗、最低生活保障制度为重点，以慈善事业、商业保险为补充的社会保障体系框架。其中，党和政府为救助城市困难群体进行了积极探索，使社会救助在社会变迁中大有作为，在促进社会和谐等方面发挥了重大作用。其间所形成的社会救助理念、所确立的社会救助制度、所积累的社会救助经验与教训对做好当前的社会救助工作具有直接的指导作用和借鉴意义。

研究20世纪90年代以来中国共产党对城市困难群体的社会救助，具有深远的社会历史意义和现实意义。我们知道，当前中国处在改革攻坚期、矛盾凸显期、发展机遇期，城市困难群体问题复杂且严重，社会救助工作承载着化解社会矛盾、促进社会和谐的重任，努力做好乃当务之急。而要做好该项工作，构建富有成效的社会救助体系，从1992—2012年间中国共产党领导的城市困难群体社会救助实践中得到启示甚为重要。这一时期党对城市困难群体的社会救助逐渐走向制度化，成绩显著，又切近现实，对其认真研究，不仅可以提高中国共产党解决城市困难群体问题的能力和水平，而且可以为当前的城市困难群体社会救助工作与全面建成小康社会提供更加直接、更为有益的历史借鉴。

从学术意义上看，研究1992—2012年间城市困难群体的社会救助，有助于丰富和拓展中共党史、中华人民共和国史的研究领域。迄今为止，全国有关中共党史、中华人民共和国史方面的研究成绩很大，发表了不计其数的论文，出版了一批又一批的著作，但是党史学界、国史学界对社会史特别是社会救助史的关注仍然不够，使这两个学科因缺少社会史的内容而不够充实。本课题的研究可以在一定程度上弥补这方面的不足。

二 核心概念的厘定与解释

概念是思维的最基本要素，是学术研究的基本单位，是课题论证的基点。所以，在进行本课题研究之前，有必要对有关核心概念予以界定，以免引起读者混淆、误读。

（一）困难

在国内权威工具书《辞海》中，给予"困难"两种释义：1.穷困，不好过。如生活困难、困难补助。2.事情复杂，阻碍多。如克服困难。根据《新编汉语形容词词典》，"困难"有两种释义：1.在人力、物力、财力等方面不足，不易维持生活或不能满足需要。例如：（1）他的生活相当困难，到圣诞节都不一定能够吃上一顿火鸡。（老舍：《正红旗下》）（2）因为父亲有病不能劳动，所以他家境困难，无力上学读书。（3）我知道，现在粮食困难，我给你量半斗米的票！（孙犁：《采蒲台》）（4）因为当时经济困难，没有办法，只能让她回湖南一人独居。（丁玲《母亲》）（5）现在咱们家不困难了，有咱们的就有她的。2.事情复杂或阻碍多，不易进行。形容事情、环境、处境、岁月、时期、路程和行动等。例如：（1）不管环境多么困难，这群女孩子却总是那么欢欢喜喜的，不叫一声苦。（杨朔：《三千里江山》）（2）他们抬着伤员和病号，行走困难，当天翻不过山。（3）这是一次十分困难的飞行。[①] 应该说，两部工具书对"困难"的解释大体一致。

本书是从中国共产党执政理论与实践的角度研究当代中国城市困难群体的社会救助问题，必须考虑中国共产党和中国政府视域中作为复合名词的"困难群体""困难群众"中"困难"的释义。通过重点

[①] 安汝磐、赵玉玲编著：《新编汉语形容词词典》，经济科学出版社2003年版，第453—454页。

考察几次中央政治局常委会议和国务院常务会议（如 2002 年 2 月 4 日，江泽民总书记主持召开中央政治局常委会议，专门研究解决困难群众的生产生活问题，提出要确保困难群众人人无饥寒，绝不留下被遗忘的角落；2004 年 9 月 29 日，国务院常务会议研究部署解决困难群众生产生活问题；2007 年 11 月 14 日，国务院常务会议研究部署稳定市场供应和保障困难群众生活；2011 年 1 月 19 日，国务院常务会议决定春节前为城乡困难群众发放生活补贴等）以及相关法规文件（如《国务院关于进一步加强和改进最低生活保障工作的意见》），我们发现，在党和政府的视域中，对复合名词"困难群体""困难群众"中"困难"的释义取的是前一种，即生活状况的贫困。生活状况的贫困是认定困难群体的必要条件。这成为本书研究的一个逻辑起点。

（二）贫困

贫困可以说是所有社会问题中最具社会性的问题。贫困范畴的界定经历了一个从纯经济层面扩大到生存、发展、文化和环境等层面的过程。从国际上看，具有代表性的是世界银行《1981 年世界发展报告》中指出的"当某些人、某些家庭或某些群体没有足够的资源去获取他们在那个社会公认的、一般都能享受的饮食、生活条件和参加某些活动的机会，就是处于贫困状态"。其主要还是着眼于经济范畴，尤其是以消费水平为基础。世界银行在以"贫困问题"为主题的《1990 年世界发展报告》中，把传统的基于收入和消费支出的贫困定义进行了扩充，加入了能力因素，将贫困界定为"缺少达到最低生活水准的能力"。

简单来说，贫困是指在基本生活资源方面处于匮乏或遭受剥夺的一种状况，其典型特征是不能满足基本生活之所需。

在贫困的外延分析上，学术界将贫困的类型分为绝对贫困与相对贫困两类。所谓绝对贫困，指的是获得的实际收入、拥有的消费资料和得到的服务达不到维持其基本的生存需要的最低量。所谓相对贫困，则是指收入虽能达到和超过维持生存和基本发展的需要，但与一定时期内社会经济发展水平相比较仍是处于较低的生活水准。相对贫困在很大程度上反映了社会分配不平等的状况。①

按照贫困发生的空间可以将其分为农村贫困和城市贫困。农村贫困指贫困的发生集中在农业人口居住的农村区域；而城市贫困的发生突出表现在非农业人口居住的城镇区域。

社会主义市场经济条件下我国城市贫困主要表现为相对贫困；同时也包括绝对贫困，主要涉及无劳动能力、无经济来源、无法定的赡养人和抚养人的"三无"人员。

（三）城市困难群体

我国城市困难群体主要包括收入较低者及无收入来源者。在计划经济体制下城市困难群体大多为无劳动能力、无经济来源、无法定的赡养人及抚养人的"三无"人员。这部分困难群体是传统的民政救助对象，仅占城市总人口中的一小部分，所以不足以带来权力部门和学术界的关注。但伴随改革开放的深入、市场经济体制的确立、城市化进程加速，城市中迅速形成了以失业人员、下岗职工、在业低收入者、无保障人群等为主体的城市困难群体，城市贫困现象凸显并引起了社会各界的广泛关注。

现阶段我国民政部、人力资源和社会保障部等相关部门依据"城市最低生活保障线"对我国的城市困难群体进行了划分，将生活保障线以下领取低保金的受助对象定位为城市困难群体。关于城市最低生活保障线，民政部的标准解释是：国家为保障城市居民达到最低生活水平而制定的一种社会救济标准。在这个概念解释中，我们要注意到人口的二元划分。我国政府为了控制20世纪50年代大规模的人口流动，把人口分为城市人口和农村人口。首先，在城市和农村，对贫困的量化定义，即最低生活保障线是不一样的。一个人是否属于贫困人口，很关键的一点是要看他是农村人口还是城市人口。其次，对农村贫困人口和城市贫困人口的救助是有区别的。因此，此概念的外延

---

① 关信平：《中国城市贫困问题研究》，湖南人民出版社1999年版，第110页。

是：第一，必须是具有永久性居住的城市非农户口；第二，未达到当地最低生活水平。因此，就城市低保家庭是否就是城市困难群体的全部这一问题，尽管不少国内外专家尚存有争议，但在政府实际操作部门很大程度上是把二者视同一致的。对于这一点，笔者认为应该要全面地看。一方面，这一认识并不适用于逐渐变化的城市贫困形势。我们要注意的是，随着城市化进程的加快，越来越多的农村人口进入城市，已成为城市常住人口的一部分。笔者认为其中的贫困者事实上已经构成城市困难群体的一部分。另一方面，在实际操作层面，囿于政府财力的不足、行政管辖权的归属，尤其是在农民工中的贫困者社会救助问题上的事权与财权方面，如何统筹好中央政府与地方政府、城市与乡村之间的关系，这是目前有待解决和突破的一个问题。因此，从社会救助的角度，暂不宜将贫困农民工纳入城市困难群体。

因此，本书把城市困难群体界定为有城市户籍的贫困者，主要包括传统的"三无"人员、失业和下岗人员、有一定收入但收入低于低保线的人员等。特别要说明的是，由于政策外溢效应，本书在论述相关社会救助政策时，对农民工的社会救助也略有涉及。

（四）社会救助

一般而言，社会救助是政府依照法定程序和标准，向因各种原因陷入生存困境的社会成员无偿提供救助和支援，以维系其最低生活所需的物资条件，保障每一个社会成员基本生存权的实现，并维持社会秩序稳定的制度。社会救助是社会保障体系中的重要组成部分，是整个社会的"最后一道安全网"。

社会救助的内涵至少可以从以下几个方面来理解：第一，获取社会救助是每一个公民的基本权利；第二，提供社会救助是政府不容推卸的职责；第三，社会救助的对象是因各种原因而无法维持最低生活水平的社会成员；第四，社会救助保证的仅仅是满足最低生活需求的资金和实物；第五，社会救助是健全的社会制度中必不可少的组成部分。

从外延来看，现代社会救助领域广泛，根据救助对象、救助手段、救助内容等，可以做出不同的划分。依据致贫原因，社会救助可划分为失业救助、孤寡病残救助、自然灾害救助和其他贫困户救助等；依据救助手段，可分为现金救助、实物救助和服务救助等；依据救助的实际内容，可分为生活救助、住房救助、教育救助、医疗救助、失业救助和法律援助等。

  关于社会救助与社会救济的区别：其一，实施理念不同。这表现在"恩赐性"与"义务性"、"歧视性"与"尊重性"的区别。一般而言，社会救济是消极性济贫行为，带有施舍的、随意的色彩，即使是国家或教会的社会救济，也强调君主或教会的恩赐，是怜悯心、慈爱心的体现，并不认为贫困者享有接受救济的权利。而社会救助是积极性扶贫行为，通过国家立法与政府实施，明确了国家义务与公民权利，注意保护贫困者的人权、尊严与隐私。其二，实施标准不同。这表现在"随意性"与"规范性"、"特殊性"与"普遍性"的区别。社会救济既然是恩赐、施舍，救济多少取决于施救者的随意性，没有标准定量，而社会救助则通过经济统计制定"贫困线"标准，通过家庭经济情况调查确认具体对象的补差数额。社会救济一般是微观性地实施，而社会救助则是宏观性地普遍实施。其三，实施作用不同。这表现在"消极性"与"积极性"、"保守性"与"发展性"的区别。社会救济偏向于消极地"救急"，应付一时生活之需，社会救助的最终目的是根本解决贫困生计。社会救济的作用是较为保守的，社会救助是更为积极的，以受助者为本并努力尊重受助者的制度安排，旨在保障社会成员的基本权利，根据其需要提供帮助，并努力使其摆脱困境。其四，实施内容不同。这表现在"狭窄性"与"广泛性"的区别。社会救济一般只针对最低生活需求的救济，救济手段与救济项目较狭窄。而社会救助则由国家和社会全面实施，以最低生活保障制度为核心和基础项目，此外还有五保、医疗、教育、住房等专项救助，灾民、流浪乞讨人员、临时困难家庭等临时性救助项目，内容广泛，应对贫困人口各方面需求。其五，实施目的不同。这表现在"防范性"与"保护性"的区别。传统社会救济，统治阶级实施的目的是防范贫困人口反抗。现当代社会救助的目的是保护贫困人口，帮助

导 论

他们最终摆脱贫困,平等地参与社会活动。① 显然,1992—2012 年中国解决城市困难群体问题的基本方式,是社会救助。但在行文中对引用相关著作时出现的"社会救济"概念,出于尊重原作者的考虑,予以保留,不作更改。

三 相关研究的回顾与评述

新中国成立初期,由于弱势群体数量庞大、情况复杂,中共中央实行了一系列社会救助的政策,如《中共中央关于举行全国救济失业工人运动和筹措救济失业工人基金办法的指示》《政务院关于救济失业工人的指示》。实行的救助项目有临时救济、常规救济和特殊救济。

到 20 世纪 80 年代,民政部门在国家规定的职责范围之内对社会救济工作进行了一系列的改革。20 世纪 90 年代后,随着改革开放的逐渐深入,社会出现贫富差距扩大趋势,因此中共中央出台了一系列有关社会救助的政策。1991 年施行《中华人民共和国残疾人保障法》;《中华人民共和国防震减灾法》1997 年 12 月 29 日第八届全国人民代表大会常务委员会第十九次会议通过,自 1998 年 3 月 1 日起施行;1999 年,国务院颁布《城市居民最低生活保障条例》,城市最低生活保障制度开始在全国普遍推行,并形成了上海模式、武汉模式、重庆模式;2003 年 8 月 1 日,国务院颁布的《城市生活无着的流浪乞讨人员救助管理办法》正式施行;2005 年国务院办公厅发布《关于建立城市医疗救助制度试点工作的意见》;2007 年建设部公布《廉租住房保障办法》等。

以上是关于中华人民共和国城市困难群体社会救助历程的简要回顾。那么,到目前为止,20 世纪 90 年代以来中国城市困难群体社会救助的研究状况又如何呢?

关于城市困难群体的社会救助,早在民国时期就有人有专门的研究。如马君武撰写的《失业工人及贫民救济政策》(商务印书馆 1925

---

① 米勇生主编:《社会救助》,中国社会出版社 2009 年版,第 2—3 页。

年版）就是一部较早涉及城市贫民救济的著作。该书从失业人员救济政策、工作介绍制度、工人保险制度、贫民救济政策等几个方面，系统地考察了当时的失业人员及其被救助情况。但对城市困难群体的社会救助展开比较深入的研究是在20世纪90年代以后。

  在很长一段时期内，人们都认为中国的贫困问题只存在于农村地区。因此，中国政府在20世纪80年代中期开始的扶贫计划，主要定位于贫困集中的农村地区的脱贫。然而，随着经济发展和社会结构的变迁，贫困的区域分布、构成、性质以及政策也发生了相应的变化。这其中有三类因素使得对城市困难群体的社会救助开始进入研究者和政策制定者的视野。首先，城市经济体制的改革，使得城市经济的构成主体发生了根本的转变。20世纪90年代中后期的城市国有经济重组，不仅加速了国有经济的调整，也通过激进的劳动制度改革，造成大量城镇职工下岗，其中很大一部分成为持续的失业者。这一部分人群中，有很大一部分人力资本和其他禀赋条件不足的劳动者因此而陷入经济贫困和生活困难。其次，随着农村向城市的人口迁移成为越来越普遍的社会现象，迁移人口经济贫困和生活困难的形式与发生程度也成为城市贫困的重要方面。最后，20世纪90年代以来，我国相继制定和颁布了一系列完善社会保障体系的法规和条例。这些措施，在一定程度上引领和促发了人们对当代社会救助问题的关注和研究。

  关于1992—2012年间中国城市困难群体的社会救助问题的研究，大致情况如下：

  第一，出版和公布了一些相关资料。主要有中央文献研究室编《新时期劳动和社会保障重要文献选编》（1978—2001）、《十四大以来重要文献选编》《十五大以来重要文献选编》《十六大以来重要文献选编》《十七大以来重要文献选编》《十八大以来重要文献选编》，人力资源和社会保障部编的《中国人力资源和社会保障年鉴》《民政工作文献选编》《中国民政统计年鉴》等。

  第二，出版了一些相关的研究专著。主要有李延昌主编的《城市贫困与社会救助研究》（北京大学出版社2004年版）、杨桂红和张肖虎的《城镇贫困与社会救助——以云南省为例》（经济科学出版社

2007年版)、于秀丽的《排斥与包容：转型期的城市贫困救助政策》（商务印书馆2009年版）、朱德云的《我国贫困群体社会救助的经济学分析》（上海三联出版社2009年版）、徐祖荣的《社会转型期城市医疗救助的理论与经验》（中国经济出版社2010年版）、罗应光和向春玲的《住有所居：中国保障性住房建设的理论与实践》（中共中央党校出版社2011年版）、姚建平的《中国转型期城市贫困与社会政策》（复旦大学出版社2011年版）、孟庆跃和姚岚主编的《中国城市救助理论和实践》（中国劳动社会保障出版社2007年版）、唐钧的《中国城市贫困与反贫困报告》（华夏出版社2003年版）、《中国民政思想史》（中国社会出版社2000年版）、郑功成等学者撰写的《中国社会保障制度的变迁与评估》（中国人民大学出版社2002年版）、多吉才让的《中国最低生活保障制度研究与实践》（人民出版社2001年版）等。

第三，发表了一些论文。

其一，对城市困难群体基本生活救助的研究。主要有李迎生的《城市最低生活保障制度运行的现实困境与改革的路径选择》、谌立平的《关于完善湖南西部城市居民最低生活保障制度的探讨——以怀化市为个例》、许应春的《完善我国城市居民最低生活保障制度的思考》、胡瑾的《我国城市居民最低生活保障制度评析》、白晓荣的《内蒙古城市居民最低生活保障制度的现状分析》、梅建明的《城市低保群体的社会经济特征及低保救助制度——对武汉市387户低保家庭的调查分析》、杨宗传的《武汉市城市居民最低生活保障制度实施状况的调查分析》、王朝明的《城市扶贫的一项制度变迁——最低生活保障及其文化伦理约束透析》、张银的《城市最低生活保障制度的资产建设趋向改革探讨——基于济南市的调查》等。

其二，对城市困难群体医疗救助的研究。任丽明的《城市医疗救助与城镇居民基本医疗保险制度相衔接模式的分析及建议——以广州市为例》、谌立平的《城市贫困人群的医疗救助问题研究》、易春黎的《城市贫困居民住院医疗救助利用影响因素研究》、汤少梁的《城市贫困人口医疗救助系统仿真研究》、蒋积伟的《城市低保家庭医疗困境的原因分析》、房莉杰的《我国城市贫困人口的医疗保障研究》、方黎明的《城镇低保户医疗服务利用和医疗保障制度设计对就医行为的影响——基于兰州、西宁和白银城镇家庭调查数据的分析》、蒋积伟的《城市低保家庭医疗困境的原因分析》、刘岚的《我国城镇社会医疗保障面临的困境与模式选择》等。

其三，对城市困难群体住房救助的研究。黄勇的《当前城市低收入群体居住形态与住房发展研究》、刘琳的《我国城镇住房保障制度研究》等。

其四，对城市困难群体教育救助的研究。孙莹的《我国城市贫困家庭子女的教育救助问题研究》、徐玲的《部分城市教育救助政策实施情况调查分析》、徐丽敏的《农民工随迁子女教育救助政策研究》、沈燕的《城市贫困家庭教育救助研究》（华中科技大学硕士学位论文）。

其五，从不同视角进行的整合性研究。代恒猛的《社会救助政策的转型与整合——北京经验》、刘旭东的《贫困救助制度的三重演进》、都阳的《中国的城市贫困：社会救助及其效应》、范仲文的《对城市贫困与救助制度的思考》、毛明华的《城市居民最低生活保障对象的社会救助研究——以常州市为例》、张艳萍的《体制转轨中城市贫困形成的原因及其救助的政策措施》、关信平的《城市贫困人群社会救助政策及其效果研究》、胡杰成的《城市贫困者的自助与他助——从提升贫困者社会资本角度的透视》、颖涛的《中国城市反贫困行动体系的制度建构》、苏勤的《转型期中等城市新城市贫困问题实证研究——以安徽省芜湖市为例》、汪雁的《中国传统社会救济与城市贫困人口社会救助理念建设》、唐钧的《中国的城市贫困问题与社会救助制度》等。

考察已有研究成果可以看出，目前国内学者对1992—2012年间中国城市困难群体的社会救助问题的研究，主要集中在以下几个方面：

一是关于城市困难群体形成原因的分析。早期研究认为贫困与家庭人口众多、就业面小、赡养负担重有关[1]，与个人自身低素质有关[2]；与从事行业有关，主要集中在纺织、煤炭、森林、轻工等行业[3]。早期分析企图用一种单线因果决定关系来分析复杂的社会经济问题显然是不全面的，随后结合社会转型的大背景综合系统的分析致贫原因的文章逐年涌现，并逐渐成为一种社会共识。如蒋贵凰、宋迎昌认为，城市贫困是伴随着城镇化进程的推进、产业结构的调整、城乡人口的迁移和贫富差距的不断扩大而产生的。从表面看，贫困是由于收入低，而难以满足起码的生活水平，缺乏物质和服务，从而不具备与他人相同的权利去选择健康、长寿、自由和体面的生活，受到社会排斥，但深层原因是缺乏手段、能力以及机会。[4] 曾敏、向仁康从四个方面分析了导致城市贫困的原因：第一，经济体制转型带来的劳动就业制度的变迁。随着经济体制改革不断深化和竞争的日益激烈，在企业转换经营机制的过程中，一大批破产、停产、半停产企业的职工和下岗人员收入降低，生活陷入困境，加上一些低薪的离退休人员和无业人口，形成了城市居民中新增贫困人口。第二，收入分配制度改革中出现的收入分配不公。行业不平等存在而且十分严重，新兴的产业将文化资源少的人排斥在外。而我国国有企业的大多数下岗职工，年龄处于中年，历史的原因，使他们遭受了"文化大革命"运动，故文化资本积累较少。新兴的产业不可能吸收他们，他们也没有能力承担那一类工作。第三，价格体制和金融体系改革导致的通货膨胀。部分低收入城市居民因物价上涨的幅度明显快于实际收入的增长水平，致使居民实际收入处于不稳定的下降状态，其中一部分人进入了贫困人口的行列，也使原有的贫困者更加贫困。第四，城市社会保障制度滞后和不健全，未能及时提供一套新的制度性框架以防止那些

---

[1] 李强、洪大用：《我国城镇贫困层问题及其对策》，《人口研究》1996年第5期，第39—42页。
[2] 陈端计：《中国经济转型中的城镇贫困研究》，经济科学出版社1999年版。
[3] 樊平：《中国城镇的低收入群体———对城镇在业贫困者的社会学考察》，《中国社会科学》1996年第4期，第64—70页。
[4] 蒋贵凰、宋迎昌：《中国城市贫困状况分析及反贫困对策》，《现代城市研究》2011年第10期，第9页。

中国共产党与城市困难群体的社会救助(1992—2012)

转型中的失业下岗职工和其他特殊困难者陷入贫困，是城市贫困群体扩大的重要制度原因。①

二是对城市困难群体的救助政策的探讨。国内学界基本上根据中央提出的"以城市居民最低生活保障制度为主体，以医疗救助、教育救助、住房救助等相配套"的方针加以阐释。其中，对城市居民最低生活保障制度的探讨较为深入。主要集中在以下几个方面：

关于城市最低生活保障制度建立的经济社会背景。如吴鹏森认为，从计划经济向社会主义市场经济过渡，是城市最低生活保障制度建立的历史大背景；经济结构调整与国有企业改革的深化是城市最低生活保障制度建立的现实需要；传统社会救助制度无法承担新形势下的救助任务是城市最低生活保障制度建立的最根本的原因。② 刘喜堂认为，改革传统社会救济政策，建立城市最低生活保障制度有深刻的经济社会背景。一是市场经济体制的确立导致大量失业下岗人员生活无着，城市贫困人口迅速增加；二是收入差距拉大，相对贫困问题日益突出；三是传统社会救济方式不能满足困难群众日益增长的救助需求。③

关于城市最低生活保障制度建立和发展的过程。朱常柏认为，从1993年最低生活保障制度在上海的率先建立到1999年《城市居民最低生活保障条例》的颁布为这一制度的建立时期；从2000年至今为完善时期。④

关于城市最低生活保障制度绩效与意义的总结。一些学者认为，城市最低生活保障制度发挥着社会安全网与平衡器的作用，保障了社会主义市场经济的发展，对维护社会稳定与促进社会和谐具有重要的

---

① 曾敏、向仁康：《马克思理论视角下我国城市贫困及反贫困研究》，《特区经济》2011年第6期，第294页。
② 吴鹏森：《现代上海研究论丛》第六辑。
③ 刘喜堂：《建国60年来我国社会救助发展历程与制度变迁》，《华中师范大学学报》（人文社会科学版）2010年第4期，第22页。
④ 朱常柏：《改革开放以来我国城市社会救助事业的恢复和发展》，《党史研究与教学》2012年第6期，第55—57页。

现实意义①；还有学者认为城市最低生活保障制度保障了各类困难群体的基本生活，使各项改革顺利进行。②洪大用对城市最低生活保障制度延伸效果的评价也具有一定的代表性，他认为城市最低生活保障制度具有以下延伸效果：标签效益、稳定预期与制度依赖、权利诉求、变通执行、执行成本与自我扩张。

也有学者比较冷峻地研究了城市最低生活保障制度的不足之处。唐钧评价了2002年城市最低生活保障制度的不足之处，其一是实际覆盖范围仍然有限；其二是传统救济思想仍然强大；其三是各级财政分担比例极不合理；其四是低保对象生活仍有可能恶化。另外，他还指出，城市最低生活保障制度是被动的保障方式，难以使救助对象真正脱贫，城市反贫困的最终出路还在于就业。③刘春怡认为城市最低生活保障制度存在的主要问题有：低保对象的识别问题；低保政策的激励效应问题；最低生活保障线设置标准普遍偏低，并且其动态调整机制不够健全；城市最低生活保障制度具体实施过程中的社会参与问题；对于有特殊困难的低保对象实行分类施保的问题；低保工作的能力建设严重不足的问题。④少数学者尝试分析问题背后的深层次原因，代表性学者如郑功成。他认为，价值取向、建制理念及责任不明确是社会保障制度问题存在的根本原因。众多研究文献，基本上可归纳为正负两方面评价，正面的偏重于其出现的历史意义，认为它是对人的基本生存权的保护和人格尊严的呵护，直接涉及人与人之间的交易活动，本身就暗含有浓烈的人文关怀，有利于促进权利意识和公平意识的形成和政府理念的转变；负面的则更强调现存问题：强调生存，忽视发展；强调效率，忽视公平；强调义务，忽视权利，引发社会排斥的问题。

---

① 刘春怡：《转型期我国城市贫困人口的社会救助问题研究——以长春市为例》，吉林大学博士论文，2011年，第63页。
② 吴鹏森：《现代上海研究论丛》第六辑。
③ 唐钧：《中国的城市贫困问题与社会救助制度》，《江海学刊》2004年第2期，第21页。
④ 刘春怡：《转型期我国城市贫困人口的社会救助问题研究——以长春市为例》，吉林大学博士论文，2011年，第69—72页。

三是城市困难群体的社会救助存在问题的研究。学者洪大用认为，现阶段我国社会救助存在的主要问题包括：救助对象的需求满足程度有限；社会救助的实施结果出现不公；社会救助导致某种程度的"福利依赖"；社会救助的社会规制效果不明显；社会救助的社会融合效果不突出。[①] 谈志林认为，当前社会救助存在的主要问题是：社会救助理念存在偏差、社会救助法制建设滞后、公共财政对社会救助的资金保障机制尚未建立、社会救助的发展不平衡以及社会救助的管理体制与运行机制不够健全等问题。[②]

在贫困救助的经济和社会效果的整体评价方面，量化指标较少。李实通过模型分析表明，虽然政府相关扶贫工作对降低贫困率的作用非常有限，但是由于扶贫救济更侧重于最贫困的人群，政策实施后的贫困矩指数和加权贫困矩指数明显下降。他得出结论，在中国城市中增加就业是解决贫困问题的适当方案。而对于长期处于贫困的人口而言，有效做法可能就是为他们提供必要的经济援助。相对于定量分析，针对城市贫困救助政策的定性分析较多。郑杭生认为，在我国的现实条件下，制定有关弱势群体的社会支持政策时，不能将政策目标仅仅局限于消极的补偿与救助，而应与消除社会排斥、促进社会整合结合起来。构建发展性社会政策体系以消除社会排斥，重点放在就业促进政策、开放式的扶贫政策及教育机会均等的教育政策上。还有学者从救助内容的角度进行研究并认为，就中国目前的情况来看，社会救助的国家责任虽未放弃，不过救助还仅仅局限于满足贫困人口的生存需要，其他诸如医疗、教育、住房等方面的救助还远不够。

大体而言，已有的研究成果或在研究理论、研究角度，或在研究重点、研究结论等方面，各有侧重、各有特色，是进一步研究的支撑，其中包含有大量的新思想、新观点和新结论，已经和正在对城市困难群体的社会救助实践起着重要的借鉴作用。然而，已有的研究成

---

① 洪大用：《社会救助的目标与我国现阶段社会救助的评估》，《甘肃社会科学》2007年第4期，第158页。
② 谈志林：《关于构建我国普惠型社会救助体系的思考》，《中国民政》2009年第2期，第24页。

果也还存在着一些问题：

第一，大多数研究成果，着眼于现实，涉及社会学、经济学、人口学、政治学、公共政策等诸多领域，但立足于史料、从中国共产党执政理论与实践角度来探讨1992—2012年间中国城市困难群体的社会救助的并不多。

第二，对城市困难群体社会救助政策的综合评估研究不足。包括我国城市贫困及相关救助政策与其他国家特定时期的贫困问题相比，所具有的特殊性和一般性。对比的、发展性的研究十分必要。

第三，目前国内关于1992—2012年间中国城市困难群体社会救助的研究，既有宏观研究，也有个案研究；既有整体研究，也有专项研究，但不论哪种研究模式，都主要集中于对救助措施、过程、绩效、存在的问题及对策的分析；对中国共产党和中国政府的救助理念、救助制度的结构及其运行、民间互助等方面的研究却相对薄弱。所以关于1992—2012年间中国共产党关于城市困难群体社会救助思想与实践的研究，还有不少学术荒地亟待开拓和耕耘。

究其原因，首先，当代社会救助史的研究还未引起学术界广泛的、足够的重视。虽然在学术大家的倡导下，当代中国社会救助史的研究比以前得到了较为迅速的发展，但大多数研究党史和国史的学者，其注意力仍主要集中在上层政权和与上层政权密切相关的政治史、经济史、军事史和人物研究上；对于与草根社会密切相关的社会史研究重视不够，特别是对在社会转型时期处于社会边缘的城市困难群体更缺乏足够的关注。而目前研究社会救助的学者主要集中在社会学领域，因学科传统，对社会学、经济学的研究方法驾轻就熟，而借鉴史学、社会心理学、文化人类学方法的动力不足。这些是导致在中国城市困难群体社会救助的研究中，空白点较多、已有成果缺乏历史厚度和深度的主要原因。其次，研究社会史，收集资料比较困难，特别是研究社会救助史，收集资料更难。如对中国共产党关于城市困难群体的社会救助思想的研究，缺乏专门资料，有关思想只能散见于领导人的演讲、报告、文选或党的文献中，以及特定时期相关的法规、条例和指示中，给研究带来很大困难。

可见，目前学术界理论界对于1992—2012年间中国城市困难群体的社会救助的研究还存在严重不足，这不能不说是该领域研究的一个缺憾。基于此，笔者认为从中国共产党执政理论与实践的角度对1992—2012年间中国共产党救助城市困难群体的思想与实践展开研究是有其空间的。

四　研究思路与方法

本书以"国家与社会关系"理论作为具体的解释模型。"国家与社会关系"理论强调的是社会与国家相对的二元性质，我们不仅要关注国家，还要关注社会——"那些不能与国家混淆或不能被国家淹没的社会生活领域"。这一主张与社会主义市场经济条件下中国的实际情形是高度契合的。在中国，改革开放以来的经济领域市场化进程逐步打破了国家的全面控制，使越来越多的资源要素流入社会，带来了社会领域的自治化进程，导致了国家与社会高度一体化模式的逐渐解体；但"政府的影响深入、渗透到私人生活的各个角落"的状况在根本上没有得到改变，这种状况使得笔者在对本课题的研究中，不能不注意到国家以及在普通民众心目中视同于国家的"党""政府"等主导社会的过程。据此，笔者拟将1992—2012年间中国共产党对城市困难群体的社会救助实践的研究，分政府与社会两大板块进行。根据1992—2012年间国家在城市困难群体的社会救助中扮演着执行主体角色的客观现实，我们讨论国家、社会和城市困难群体的关系时，无疑要将国家的行为作为主导性的因素来考察。全方位地立体地考察国家对城市困难群体的社会救助，不仅要把握国家和作为国家代名词的"党"和"政府"的救助理念，而且要研究其救助制度与实践。因为认识是制度安排和实践操作的逻辑起点，而制度安排又直接影响实践的绩效。基于此，按照通用的表述逻辑，本课题拟从"认识—制度—实践"三个层面来揭示此期间中国政府对城市困难群体的社会救助。

研究方法是指在研究中发现新现象、新事物，或提出新理论、新观点,揭示事物内在规律的工具和手段。本书主要采用以下研究方法:一是定性分析与定量分析相结合的方法。本书研究客体时间跨度比较大,在研究的过程中,一方面,要对相关文献进行总结、综合与提炼,并论证各个观点之间的内在联系;另一方面,注意以1992—2012年间社会救助的成就来彰显中国共产党关于城市困难群体的社会救助思想的指导作用,力争做到定性分析与定量分析的结合。二是多学科综合研究的方法。1992—2012年间中国共产党对城市困难群体的社会救助研究是一个综合性的研究课题,因此,在研究中必须注意运用多学科的知识,尤其是政治学、社会学、统计学的知识进行考察,并对相关学科的研究成果进行广泛的吸收和借鉴,找准多学科综合研究的结合点,增强理论研究方法的科学性和研究基础的广泛性,从而使该研究上升到一个多学科、综合、系统的水平。三是比较分析的方法。本书在研究的过程中,要注意1992—2012年间的中国与其他国家以及与中国历史上其他时期、与同一时期其他群体的社会救助政策、实施效果的比较,从多方面彰显1992—2012年间中国共产党关于城市困难群体的社会救助思想的指导作用。

五 研究重点、难点和创新点

本书旨在研究1992—2012年间中国共产党关于城市困难群体的社会救助思想、国家和社会对城市困难群体实施救助的体制、政策措施及其绩效。其中的重点是中国共产党在这一时期关于城市困难群体的社会救助思想、制度与实践。难点主要是中国共产党在这一时期关于城市困难群体社会救助思想与实践的研究。其难点在于,一是资料零散,须认真爬梳。二是要借鉴多学科的研究方法。三是要知其所以然,即寻求思想与制度产生的源泉,还需从源头上对20世纪90年代前中国共产党救助城市困难群体的思想与实践及当时的社会生态环境等进行历史考察与分析。

本书的创新主要体现在选题上。从选题上来讲,关于1992—2012年间中国共产党城市困难群体社会救助的思想与实践的研究的论著不多，少有成果。本课题立足突出当前社会热点问题，试图以城市困难群体的社会救助为切入点比较系统地梳理中国共产党关于这一重大课题的思想与实践，从而拓展了中国共产党执政理论与实践研究的领域。这在学术界应该说是一种尝试。

第一章 中国城市困难群体社会救助的时代环境透视

马克思说:"一切存在物,……只是由于某种运动才得以存在、生活。"① 然而,一切存在物也只有在具备一定的生存环境下才能得以运动。在研究 1992—2012 年间中国共产党领导的城市困难群体社会救助时,我们只有深入考察影响社会救助的各种社会环境,才能真正洞悉到社会救助的真谛与脉搏。

一 城市贫困:一个不容忽视的社会问题

进入 20 世纪 90 年代以后,城市贫困人口的比例从以前的下降趋势转变为逐渐上升趋势,1997 年后中国贫困问题开始由大面积的农村贫困让位于城市贫困。某种程度上来说,伴随着中国市场力量的不断释放,城市贫困逐渐成为一个不容忽视的社会问题。

(一)中国市场力量进一步释放的历程

1992 年 10 月,党的十四大把建立社会主义市场经济体制确立为我国经济体制改革的目标。1993 年底,党的十四届三中全会决定确立并全面推进建立社会主义市场经济体制,从此中国加快了由计划经济向市场经济转变的速度,市场力量进一步释放。这里包括三个进程:第一个进程:从 1995 年到 1997 年,逐步建立了一个包括金融、

---

① 《马克思恩格斯选集》第 1 卷,人民出版社 1995 年版,第 139 页。

货币、税制等组成部分的整体性市场体制，抑制了1993年以来的经济过热现象，化解了通货膨胀带来的市场危机；第二个进程：从1998年开始，中央政府采取积极的财政政策，努力推动以产权改革和激发企业活力为主要内容的一轮变革，以改变内需不足的现象；第三个进程：从2001年加入WTO开始，全面融入世界贸易体系，国际规则开始更多地影响中国市场，国家相关计划调控进一步相对化，国内市场的竞争状态空前激化。上述这三个进程相互强化，使市场机制在极快的时间里被释放出来。

1. 抑制经济过热

1992年，国际风云变幻激荡，中国改革开放面临严峻考验，在这个紧要历史关头，88岁高龄的邓小平又一次视察南方，发表极其重要的南方谈话，谈话言简意赅，振聋发聩。"深圳的建设成就，明确回答了那些有这样那样担心的人。特区姓'社'不姓'资'。""计划多一点还是市场多一点，不是社会主义与资本主义的本质区别。计划经济不等于社会主义，资本主义也有计划；市场经济不等于资本主义，社会主义也有市场。""判断的标准，应该主要看是否有利于发展社会主义社会的生产力，是否有利于增强社会主义国家的综合国力，是否有利于提高人民的生活水平。""要坚持两手抓，一手抓改革开放，一手抓打击各种犯罪活动。这两只手都要硬。打击各种犯罪活动，扫除各种丑恶现象，手软不得。"[①]南方谈话为人们拨开思想迷雾，指明前进方向。它从理论上深刻回答了长期困扰和束缚人们思想的许多重大认识问题，提出了对整个社会主义现代化建设具有现实和深远指导意义的重要思想，为推动我国改革开放和社会主义现代化建设进入新阶段作出了重大贡献。南方谈话推动了新的改革热潮，也促进了经济的上升势头。地方、部门、企业表现出很高的积极性。如1992年在北京，新增加的公司以每月2000家的速度递增，有一段时间，许多申办企业执照的单位和个人都被告知，库存执照发完了。为解燃眉之急，不得不破天荒从天津调运了1万个执照。同年在上海市

---

① 《邓小平文选》第3卷，人民出版社1993年版，第372、373、372、378页。

第一章　中国城市困难群体社会救助的时代环境透视

工商局连续半年，每个月发掉 2000 多个个体营业执照和 150 多个私营企业执照。"办公司去！"这句话成为当时黄浦江两岸最时髦最激动人心的口号。①

应该说，希望加快发展，是符合南方谈话和中央的精神。但是在贯彻落实过程中，不少地方不从具体实际出发，不按经济规律办事，把注意力放到了划开发区、铺基本建设摊子等方面，很快掀起了开发区热、房地产热、债券热、股票热、期货热等经济气泡。经济越搞越热，导致总供给与总需求严重失衡，进而引发物价上涨，导致严重的通货膨胀。国家统计局总经济师姚景源回忆当时的情景说："1993 年通货膨胀率为 24.1%，1992 年到 1995 年四年间平均物价年上涨率为 14.58%。当时我在政府经济部门工作，到处是抢购。商店里卖转不动的电风扇，消费者要买，售货员说这个不转，消费者说我买，买回去找人修，也把它抢购走了。那才叫真正意义上的通货膨胀。"② 这种状况令世界银行的专家开始坐立不安，赶快写出报告，向中国政府发出警告："这些现象如不及时制止，当经济增长率放慢时，可能演变为一场金融风暴。"

抑制通货膨胀必须加速"调整经济结构、提高经济效益"。中国政府从 1993 年 6 月起采取了两方面的措施：一是一系列应急措施。在广泛、深入调研的基础上，1993 年 6 月 24 日，党中央、国务院联合发出《关于当前经济情况和加强宏观调控的意见》（中发〔1993〕6 号），提出加强和改善宏观调控的"十六条措施"。这十六条措施主要是：(1) 严格控制货币发行，稳定金融形势；(2) 坚决纠正违章拆借资金；(3) 灵活运用利率杠杆，大力增加储蓄存款；(4) 坚决制止各种乱集资；(5) 严格控制信贷总规模；(6) 专业银行要保证对储蓄存款的支付；(7) 加快金融改革步伐，强化中央银行的金融宏观调控能力；(8) 投资体制改革要与金融体制改革相结合；(9) 限期完成国

---

① 凌志军：《变化——1990—2002 年中国实录》，中国社会科学出版社 2003 年版；转引自李友梅等著《中国社会生活的变迁》，中国大百科全书出版社 2008 年版，第 289—290 页。
② 《姚景源：物价上涨不具有可持续性》，《中国经营报》2007 年 8 月 14 日。

库券发行任务；（10）进一步完善有价证券发行和规范市场管理；（11）改进外汇管理办法，稳定外汇市场价格；（12）加强房地产市场宏观管理，促进房地产业的健康发展；（13）强化税收征管，堵住减免税漏洞；（14）对在建项目进行审核排队，严格控制新开工项目；（15）积极稳妥地推进物价改革，抑制物价总水平过快上涨；（16）严格控制社会集团购买力的过快增长。这一计划的实施，使过热的倾向得到缓解。二是根本性措施。在这次调整中，中共中央认识到克服经济失衡的根本出路在于深化改革。1993年11月，党的十四届三中全会通过的《关于建立社会主义市场经济体制若干问题的决定》，是对党的十四大提出的建立社会主义市场经济体制目标的具体化、系统化，在理论和实践上有重要突破和发展，是20世纪90年代建立社会主义市场经济体制的行动纲领，标志着中国进入快速推进市场经济的时期。这次三中全会最重要的突破是：第一，明确提出"整体推进、重点突破"的改革战略，不仅在边缘地带进行改革，而且要在国有部门打攻坚战，要求在20世纪末初步建立社会主义市场经济体制。第二，为财税体制、金融体制、外汇管理体制、企业体制和社会保障体系等重点方面的改革拟订了方案，描绘了蓝图。从1994年开始，中国政府在上述诸方面采取了一系列重大的改革措施。由此，中国的改革进入了一个整体推进的新阶段。

在改革开放的有力推动下，中国政府有效地抑制了经济过热。通货膨胀得到控制，过高的物价涨幅逐步回落，1996年降为6.1%，1997年降为0.8%。与此同时，经济增长速度缓慢回落，1995—1997年经济增长速度分别为10.5%、9.6%和8.8%，没有出现大起之后的大落，实现了经济"软着陆"。[①] 可以说，这是随着改革措施逐渐落实，市场力量进一步释放的结果。

2. 遭遇"内需不足"

一波未平一波又起，当经济过热刚刚缓解，亚洲金融危机的影响

[①] 钟瑛：《20世纪90年代以来的中国宏观经济政策调整》，《当代中国史研究》2005年第4期，第103页。

第一章 中国城市困难群体社会救助的时代环境透视

又不期而至,中国经济从过热迅速地滑向过冷。需求不足对中国的压力变得更为明显。主要体现在以下几个方面:

（1）总需求增长速度逐年下降。从1992年的17.1%下降到1996年的8.5%,下降幅度达50%以上（参见表1-1）。

表1-1　　　　　1992—1996年中国国内需求变化　　　　　（%）

年份	1992	1993	1994	1995	1996
总需求增速	17.1	12.3	15.4	8.8	8.5

资料来源：国家统计局。

（2）生产能力明显过剩。据对900多种主要工业产品生产能力的普查,1995年全国有半数产品的生产能力利用率在60%以下。如照相胶卷仅为13.3%,电影胶片为25.5%,电话单机为51.4%,彩色电视机为46.1%,家用洗衣机为43.4%,自行车为54.5%,内燃机为43.9%。一些重要产品生产能力利用不充分,如大中型拖拉机为60.6%,小型拖拉机为65.9%,钢材为62.0%。[①]

（3）市场商品供大于求。具体情况见表1-2：

表1-2　　　　近年来我国市场商品供求平衡状况变化　　　　（%）

	供不应求比重	供求平衡比重	供过于求比重
1995年上半年	14.4	67.3	18.3
1995年下半年	13.3	72.3	14.6
1996年上半年	10.5	74.5	15.0
1996年下半年	6.2	84.7	9.1
1997年上半年	5.3	89.4	5.1
1997年下半年	1.6	66.6	31.8

---

① 第三次全国工业普查主要数据公报,http://www.stats.gov.cn/tjsj/tjgb/gypcgb/qg-gypcgb/200203/t20020331_30467.html。

续表

	供不应求比重	供求平衡比重	供过于求比重
1998年上半年	0.0	74.2	25.8

资料来源：韩文秀：《买方市场条件下的宏观调控》，《管理世界》1998年第5期，第23页。

（4）物价持续走低。自1996年以来，零售物价指数一直呈下滑趋势，1997年10月，首次出现负增长（-0.4%），1998年9月为-3.5%。参见图1-1：

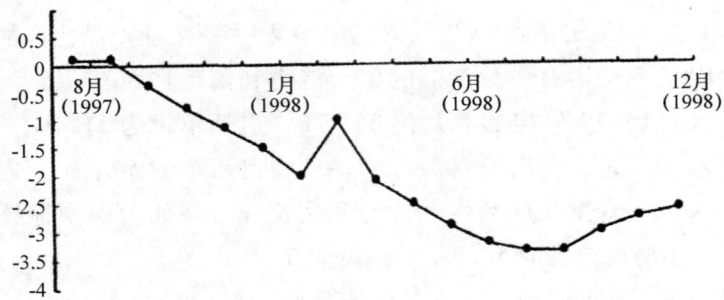

图1-1 1997年8月—1998年12月商品零售物价变动情况（月同比）

资料来源：樊纲、张晓晶：《面向新世纪的中国宏观经济政策》，首都经济贸易大学出版社2000年版，第73页。

（5）进口需求不旺。1997年进口比上年增长2.5%[①]，1998年进口比上年下降1.5%[②]，这就从另一方面印证了国内需求不足。

20世纪90年代末的需求不足是由多方面原因造成的，诸如进入攻坚期经济体制改革的成本愈来愈大、国企改革相对滞后、居民收入长期偏低、亚洲金融危机的影响等。同时，内需不足的影响也是十分广泛的。首先，它带来了一些经济困难。如由于内需不足，许多企业

---

① 中华人民共和国国家统计局关于1997年国民经济和社会发展的统计公报，http://www.stats.gov.cn/tjsj/tjgb/ndtjgb/qgndtjgb/200203/t20020331_30011.html。

② 同上。

第一章　中国城市困难群体社会救助的时代环境透视

的产品不能销售出去，价值得不到社会的承认，所需资金不能及时回笼，甚至永远不能回笼，企业之间的信任度下降，不良资产、应收账款、坏账、呆账、死账增加，整个社会资金运动的气氛紧张、三角债出现，社会再生产的良性循环受到阻碍。其次，内需不足引发了一些社会问题。内需不足导致经济运行中大量企业开工不足，致使部分职工下岗，给社会带来一些问题，如有些下岗职工一时不理解会产生一些对社会安定不利的言行，有些职工由于下岗给生活带来困难会采取一些非法的谋取物质利益手段造成社会不稳定等。

因此，要积极采取措施应对内需不足带来的困难和问题。1998年以来，国家面对内需不足问题采取的政策主要是对经济体制和机制进行更深层次的调整，进一步释放市场的力量，提升市场主体的活力，增强市场竞争能力。即是说，以改革扩内需。1999年出台了一系列改革措施，主要有：首先是国企改革。党的十五届四中全会通过了《中共中央关于国有企业改革和发展若干重大问题的决定》。全会认为，改善国有企业资产负债结构和减轻企业社会负担，要同深化企业内部改革、建立新机制、加强科学管理结合起来。根据宏观经济环境和国家财力，区别不同情况，采取切实有效的措施，有步骤地分类加以解决，帮助企业增资减债，促进债务和资产重组。分离企业办社会的职能，各级政府要积极支持，稳步推进。继续做好减员增效、再就业和社会保障工作，广开就业门路，引导职工转变择业观念，形成市场导向的就业机制。如全国性的城市最低生活保障制度就是这一时期建立起来的。其次是住房体制改革进入全面实施的阶段。还有就是成立了四大资产管理公司，剥离国有银行的14000亿元不良资产，为推进国有银行改革做准备。此外，还需要特别说明的就是教育产业化。1999年6月召开的第三届全国教育工作会议做出了十几年教育体制改革之后的又一战略部署，即教育产业化。尽管当时倡导教育产业化的外在因素是要把教育特别是高等教育当作新的经济增长点来看待，进而改变外贸不力、内需不振的状况，但是今天回过头来看这一战略部署客观上违背了教育的公益性原则，引发了一些问题，如直接增加了人民群众的教育成本、一定程度上侵害了公民的平等受教育权等，某种程度上成为上学难、上学贵的重要原因之一。

3. 进入全球贸易体系

2001年12月11日，"中国加入世界贸易组织，标志着中国的对外开放进入了新阶段。中国将在更大范围和更深程度上参与国际经济合作与竞争，进一步向亚洲和世界开放。"加入世界贸易组织"10年来，中国全面履行加入世界贸易组织承诺，贸易和投资自由化便利化程度显著提高。我们不断扩大农业、制造业、服务业市场准入，不断降低进口产品关税税率，取消所有不符合世界贸易组织规则的进口配额、许可证等非关税措施，全面放开对外贸易经营权，大幅降低外资准入门槛。中国关税总水平由15.3%降至9.8%，达到并超过了世界贸易组织对发展中国家的要求。中国服务贸易开放部门达到100个，接近发达国家水平。我们大规模开展法律法规清理修订工作，中央政府共清理法律法规和部门规章2300多件，地方政府共清理地方性政策和法规19万多件。中国对外开放政策的稳定性、透明度、可预见性不断提高。10年来，中国坚持实行平等互利、合作共赢的对外开放政策，为世界经济发展带来有力推动。中国全面享受世界贸易组织成员权利，经济发展获得了良好外部条件，同世界各国在经济、贸易、科技、文化等领域交流合作的广度和深度不断拓展。中国货物贸易额的全球排名由第六位上升到第二位，其中出口额跃居第一位，进口额累计达到7.5万亿美元；累计吸收外商直接投资7595亿美元，居发展中国家首位；对外直接投资年均增长40%以上，2010年达到688亿美元、居世界第五位。中国每年平均进口7500亿美元的商品，为贸易伙伴创造大量就业岗位和投资机会。在华外商投资企业累计汇出利润2617亿美元，年均增长30%。10年来，中国积极承担应尽国际责任，努力推动各国共同发展。我们积极采取一系列重大政策措施，同国际社会一道应对国际金融危机，着力推动世界经济强劲、可持续、平衡增长。我们坚定支持世界贸易组织多哈回合谈判，参与国际宏观经济政策协调，参与二十国集团等全球经济治理机制建设，致力于国际货币体系、国际贸易体系、大宗商品价格形成机制等改革和

第一章　中国城市困难群体社会救助的时代环境透视

完善，致力于促进经济全球化和区域经济一体化。我们高举自由贸易旗帜，反对各种形式的保护主义，推动建立公平、合理、非歧视的国际贸易体系。我们积极推动建立更加平等、更加均衡的新型全球发展伙伴关系，加强南北对话和南南合作，加大对外援助力度，近10年累计对外提供各类援款1700多亿元人民币，免除50个重债穷国和最不发达国家近300亿元人民币到期债务，承诺对同中国建交的最不发达国家97%的税目的产品给予零关税待遇，为173个发展中国家和13个地区性国际组织培训各类人员6万多名，增强了受援国自主发展能力"。①

随着中国加入WTO协议的签署，中国经济开始进入全面竞争的时代。表现在两个方面：第一，国内企业之间展开了全面竞争。物质供给的丰富和短缺现象的消失，对企业来说，意味着市场开始由商品的买方来决定了，在争取买方肯定的过程中，企业间展开了全面竞争。第二，随着加入世贸组织，我国经济的开放程度进一步提高，国内市场与世界市场的融合程度提高，国际市场的激烈竞争开始越来越多地传导到国内市场来，我国企业不仅面临相互间的竞争，而且面临来自国外企业越来越激烈的竞争。②

全面竞争的环境是这一时期经济发展新阶段的一个最突出的特征。中国共产党面对这种新形势、新情况，在认识和执政行动上都做出了相应的调整。时任国务院总理朱镕基在《2002年政府工作报告》中明确指出："推进垄断行业改革。通过政企分开和企业重组，打破行业垄断，引入竞争机制。"③

随着全面竞争时代的来临，市场在资源配置方面的作用进一步凸显，市场主体在经济行为中的活力不断提升，投资自主增长能力明显增强。一是民间资本投资规模的快速增长。党的十六大以来，民间固

---

① 胡锦涛：《在中国加入世界贸易组织10周年高层论坛上的讲话》，新华网2011年12月11日。

② 张立群：《新世纪我国经济将进入全面竞争时代》，《瞭望新闻周刊》2000年第52期，第7页。

③ 《十五大以来重要文献选编》下，人民出版社2003年版，第2273页。

定资产投资进一步受到重视。2005年,国务院印发《关于鼓励支持和引导个体私营等非公有制经济发展的若干意见》指出,要放宽非公有制经济市场准入,加大对非公有制经济的财税金融支持,完善对非公有制经济的社会服务。2010年,国务院常务会议明确提出了要进一步拓宽民间投资的领域和范围,鼓励和引导民间资本进入交通电信能源基础设施、市政公用事业、国防科技工业、保障性住房建设等领域,兴办金融机构,投资商贸流通产业,参与发展社会文化、教育、体育、医疗和社会福利事业。此后,国务院又印发了《关于鼓励和引导民间投资健康发展的若干意见》。上述政策措施的出台,对于促进民间固定资产投资的发展起到了十分积极的作用。2007年起民间固定资产投资出现了快速增长,5年间累计完成投资629228亿元,年均增长29.2%,增速比同期全部投资高4.3个百分点;2011年民间固定资产投资占全部投资的比重为60.3%,比2007年提高7.8个百分点。此外,据国家发改委提供的信息,近年来,我国民间投资发展呈现出总量比重稳步提高、投资结构逐步优化的特点。从总量来看,2010年至2012年,民间投资占全社会固定资产投资的比重为55.9%、60.3%、61.4%,增速为32.5%、34.3%、24.8%,分别高于同期全社会固定资产投资增速8.7个、10.5个、4.2个百分点,对促进经济平稳较快发展发挥了重要作用。2013年上半年,民间投资完成115584亿元,同比增长23.4%,占全社会固定资产投资的比重进一步提高到63.7%。从结构来看,民间投资在一些重点行业领域的增速明显加快。2013年上半年,非金属矿采选业、通用设备制造业、专用设备制造业等行业的民间投资占比分别达到94.5%、89.6%、87.1%。[①] 二是国有投资平稳增长。数据显示,2003年至2011年,国有经济累计完成投资463305亿元,年均增速为19.7%;其中,2009年国有经济投资增速高达42.9%,为保增长发挥了至关重要的作用。2011年,国有经济占全部投资的比重为28.8%,比

[①] 《我国民间投资总量比重稳步提高、投资结构优化》,中华人民共和国中央人民政府门户网站2013年8月6日。

第一章　中国城市困难群体社会救助的时代环境透视

2002年回落了14.6个百分点。三是外商投资总体增长。2003年至2011年累计完成投资111413亿元，年均增长25%。2003年和2004年外商和港澳台商企业投资高速增长，分别比上年增长42.3%和41.9%；2005年至2007年进入平稳增长时期；2008年至2009年受国际金融危机影响增速大幅回落，2009年仅增长0.5%；此后进入恢复期。2011年外商和港澳台商企业完成投资18798亿元，增长15.8%，占全部投资的比重为6%，比2002年回落1.9个百分点。[①]

加入世界贸易体系，对于中国而言不仅意味着全面竞争时代的来临，而且意味着中国国内市场经济的"游戏规则"，要按照国际社会通行的"标准"建立，使其与国际市场通行的行为准则兼容，甚至要纳入其制度框架，用外部的力量冲破目前国内的各种阻力，从而加速中国市场力量的释放进程。在这个过程中，中国经济的腾飞为民生的改善提供了更好的机遇和条件，但更给反贫困的短期任务的完成带来了巨大的挑战和困难，主要体现为国际竞争的加剧使中国薄弱民族工业和传统农业面临更大的冲击。在这种情况下，有可能出现更多的城市下岗工人和农村贫困人口，这种特殊背景就使得这部分人的贫困问题更为凸显。

（二）城市贫困问题的凸显

从1992年至今，中国开辟了社会主义市场经济全面建设的新格局。中国共产党和中国政府在处理经济过热、实现国民经济软着陆，探索提升内需的路径，积极融入经济全球化浪潮的重大过程中，逐步将市场力量充分释放出来，从而保持了经济总量的高速发展。这种市场机制的快速扩张和市场逻辑的"普遍化"（比如效率不仅成为生产领域的重要指标，同时还成为社会生活领域的指标），不仅促成经济发展模式的转变，而且使得社会生活发生了复杂而深刻的变化。

其对社会生活的深远影响，有这样几个事实是不容我们忽视的：

---

① 《我国不断调整优化投资结构　引导民间投资健康发展》，《经济日报》2012年8月31日。

中国共产党与城市困难群体的社会救助(1992—2012)

一是由于市场体制带来了经济的持续高增长,社会上开始弥漫着市场万能的认识,以为只要有了市场经济,中国的一切问题都可以迎刃而解。这种市场神话极为强烈地推动着市场规则突破经济的范围,向一切社会领域,包括党内生活与道德领域进军。社会生活的市场化对几千年来的中国社会生活伦理与道德底线构成了严重挑战。作为人类安身立命的终极价值诸如理想、信念、终极关怀被一部分人彻底抛弃了,而社会生活领域的诸多"失调"现象则层出不穷。如一部分群众生活困难的程度加剧。1998年对全国39080户城市居民家庭的抽样调查显示,占总体5%的贫困户人均年可支配收入为2198.9元,相当于城市居民平均消费水平的40.5%,2005年最低5%居民的人均收入为1860元,仅相当于当年城镇人均收入的10.1%,比1998年下降了15.41个百分点。①

二是在市场力量进一步释放的同时,原来保障城市人口生活的体系开始解体。这里不得不提到的是国有企业改革。中国的国有企业不仅是国家的经济命脉,也是社会管理、社会支持以及社会组织的基本单位。改革开放之前,我国城市的管理和控制功能主要是依托各种国营和集体所有制企业实现的;改革开放之后,虽然国家开始陆续地把一些非经济功能从国有企业中剥离出去,但国企仍承担着一定的社会管理、政治动员、社会保障功能,它们承担着城市中相当比重人员的就业与生计。对于大多数城市社会成员而言,国企不仅是生产和工作的场所,也是基本的生活空间。因此,当市场机制开始深刻渗透到国有企业并推动其结构性调整时,大多数人的生活也就自然而然的受到了深刻而全面的影响。从1995年开始,国企改革步入"深水区",改革的目标是建立现代企业制度,就是朝着"产权明晰、权责分明、政企分开、管理科学"的方向前进。随着改革向纵深推进,一方面,企业办社会的格局开始被改变,企业的社会服务功能与企业作为市场经营主体的职能剥离。企业承担的社会服务功能,尤其是社会保障的功

---

① 中国城市贫困、失业与再就业——中国网,http://www.china.com.cn/aboutchina/data/07cs/2008—01/04/content_ 9480070.htm。

第一章 中国城市困难群体社会救助的时代环境透视

能被剥离,由新成立的社会保障机构来承担。另一方面,计划经济时期处于隐性状态的生产力与生产关系的矛盾逐步显性化,很多国有企业、集体企业处于停产、半停产状态。国有企业为了提高效率,对机构人员进行了精简,下岗、失业人员猛增(详见表1-3)。

表1-3 我国城镇登记失业人数及失业率(1992—2011)

年份	城镇失业人数(万人)	失业率(%)
1992	363.9	2.3
1993	420.1	2.6
1994	476.4	2.8
1995	519.6	2.9
1996	532.8	3.0
1997	576.8	3.1
1998	571	3.1
1999	573	3.1
2000	595	3.1
2001	681	3.6
2002	770	4.0
2003	800	4.3
2004	827	4.2
2005	845	4.2
2006	857	4.0
2007	869	4.0
2008	886	4.2
2009	921	4.3
2010	908	4.1
2011	922	4.1

资料来源:历年《中国统计年鉴》。

1993年,全国城镇下岗职工人数仅300万人。1995年,城镇登记失业人数520万人(失业登记人数不包括在城镇常住半年以上、户口在农村而未予登记的失业者），下岗职工数700万人左右。到1996年，城镇登记失业人数达到552.8万人，下岗职工数为891.6万人。1997年全年全国新增失业人员476万人，其中就业转失业人员146.2万人。到年底，全国城镇尚有登记失业人员576.8万人。1998年底，全国城镇登记失业人员571万人，全国企业（西藏未作统计）下岗职工892.1万人，比上年底减少258.9万人，下降22.5%。全国国有企业（含国有联营企业、国有独资公司）下岗职工610万人，比上年底减少24.3万人，下降3.8%。1999年底，全国企业（西藏未作统计）实有下岗职工937万人，比上年底增加60万人。其中，国有企业（含国有联营企业、国有独资公司）有下岗职工652万人，比上年底增加42万人。2000年底，国有企业（含国有联营企业、国有独资公司）下岗职工657万人，比上年底增加4.7万人。2001年底国有企业（含国有联营企业、国有独资公司）下岗职工515万人，比上年底减少142万人。2002年底国有企业（含国有联营企业、国有独资公司）下岗职工410万人，比上年底减少105万人。2003年底全国城镇登记失业人数为800万人，国有企业（含国有联营企业、国有独资公司）下岗职工260万人，比上年底减少150万人。2004年底城镇登记失业人数为827万人，国有企业（含国有联营企业、国有独资公司）下岗职工153万人，比上年底减少107万人。2005年底城镇登记失业人数为839万人，国有企业（含国有联营企业、国有独资公司）下岗职工61万人，比2004年底减少92万人。从以上数据，我们发现有很多企业下岗人员实现了再就业，但无法实现再就业的人数越来越多。这类人员文化程度偏低，年龄偏大，缺乏劳动技能，再加上企业原有的社会保障功能被剥离，而社会保障体制尚不健全，一旦失去工作，很容易陷入贫困。

以形势最严峻的20世纪90年代末的情形为例，有数据表明，相当一部分职工未参加失业保险。如1996年全国职工总数为1.48亿人，参加失业保险统筹人数为8333万人，覆盖率为56.1%；1997年分别又降为7961万人和54.3%；1998年为7928万人，由于职工总数大幅度减少，覆盖率提高到64.3%，即约1/3的职工没有参加失业保险统筹。有相当一部分登记失业人员没有领取失业救济金。1996年发放失业救

第一章　中国城市困难群体社会救助的时代环境透视

济金人数为330.8万人，仅占登记失业人员总数的59.8%；1997年这一比重降为56.0%，相当于2/5以上的登记失业人员没有领到失业救济金。1998年失业保险金支出金额为51.9亿元，比上年增长43%，其中向国有企业再就业服务中心调剂14.6亿元，为158.1万参加失业保险的失业人员提供了失业救济，为148.6万企业困难职工提供一次性救济。人均失业救济金极其低下，不足以维持基本生活。1996年和1997年全国失业救济金发放总额分别为13.87亿元和18.68亿元，分别相当于全国职工工资总额的0.15%和0.20%；平均每个领取者每月领取失业救济金分别为35元和49元，人均领取失业救济金分别相当于全国职工平均工资的7.8%和6.0%。[①] 其贫困程度可见一斑！

同期，民营经济发展空间逐步扩展，外资开始进入中国，初次收入分配方式开始发生变化。不同收入群体的分化开始出现，人们总体生活水平的差距逐步拉开，贫困因此开始凸显。

三是城市化进程加快引发的包括城市贫困在内的"城市病"。社会主义市场经济体制的发展为城市化提供了契机和原动力。正是市场机制和价值规律的调节和引导，促使社会经济资源向城市区域流动，从而促进了城市化进程。改革开放以来，我国城镇化率以每年约1个百分点的速度提高，被联合国称为城市化速度最快的国家。在这个过程中，有两个事实是我们必须注意的。（1）城市快速向农村扩张，城市住房、非农业用地的需求激增，大量的农业土地转化为城市用地，随之而来，失地农民——这个新的社会群体迅速形成并扩大。失地农民成为尴尬"城市人"，失去土地却又无工作安排。中国社科院发布的《2011年中国城市发展报告》指出，目前，中国失地农民的总量已经达到4000万—5000万人左右，而且仍以每年约300万人的速度递增，预估到2030年时将增至1.1亿人左右。目前我国对失地农民的安置补偿主要执行的是货币安置政策，但补偿太低，不足以解决他们的长远生计。尽管有些地区经济发展很快，农民失地后得到的补偿

[①] 胡鞍钢：《跨入新世纪的最大挑战：我国进入高失业阶段》，《国情报告 第二卷 1999年》（下），第235—236页。

中国共产党与城市困难群体的社会救助(1992—2012)

也比较高,但有关调查显示,相当一部分失地农民失地后生活水平下降。此外,失地农民的社会保障、再就业困难,相当一部分失地农民"被上楼"后并没有享受到真正的市民待遇,沦为"四无"(种田无地、就业无岗、保障无份、创业无钱)农民。多数失地农民生产生活比较困难,且并未完全离开原居住地。一方面,他们从劳动者身份看还是农民,但享受不了国家的惠农补贴;另一方面,他们虽然解决了城镇户口,但文化水平不高,劳动技能不强。近年来,各地政府虽然在失地农民社会保障方面也做了一些探索,但因保障低、救助面窄、补助额少,无法从根本上改变失地农民生活保障低质化的困难局面。据抽样调查,有60%的失地农民生活困难,没有因失地影响基本生活的只占30%。有81%的失地农民对未来生活担忧,其中担忧养老占72.8%、经济来源占63%、医疗占52.6%。[①] (2)进城务工人员已构成中国社会的一个独立单元,成为中国社会中一个庞大的流动群体。随着社会主义市场经济的发展,由于社会管理的进一步松动和国家工业化的张力,越来越多的农村劳动力流入城市是不可避免的。在城市国有企业职工开始下岗的时候,农村中的剩余劳动力却开始涌入城市。据国家统计局第六次全国人口普查数据,在大陆31个省、自治区、直辖市和现役军人的人口中,居住在城镇的人口为66557.5万人,占49.7%;居住在乡村的人口为67415万人,占50.3%。与2000年第五次全国人口普查相比,城镇人口增加20713.7万人,乡村人口减少13323.7万人,城镇人口比重上升13.5个百分点。城市新增人口构成显示,2000年以来,中国城市人口以年均2110万人的规模增长,其中,城市人口自然增长年均70万人,城市化人口约年均增加1250万人,平均每年进城农民工790万人。2012年全国农民工总量达到26261万人,比上年增加983万人,增长3.9%。其中,外出农民工16336万人,增加473万人,增长3.0%。[②] 大批农民工

[①] 社科院报告指中国失地农民已达4000万—5000万——财经网,http://www.caijing.com.cn/2011—08—09/110804337.html。

[②] 统计局:2012年全国农民工总量达26261万人,http://finance.people.com.cn/n/2013/0527/c1004—21624982.html。

第一章 中国城市困难群体社会救助的时代环境透视

涌进城市，其中的一部分经过多年谋生磨炼开始在城市中的一些区域沉积下来。这部分人口没有城市的户籍，大多属于非正规就业，享受不到与城市居民同等公平的社会保障、教育和医疗等服务。由于生活在城市，农民工所挣工资平均低于城镇居民的平均工资水平，但需要承担和城市居民同等的生活消费，农民工通常工作环境不好，同时居住在卫生条件、交通条件等比较差的区域，因此农民工与城市户籍居民相比处于相对弱势的状况。这部分人口如果把所挣的钱带回到农村生活，按照农村贫困线标准他们不能算作农村的贫困人口，但是，他们中的一部分长期居住在城市很少回农村，甚至他们的下一代根本也不想回农村，因此这些人只能漂在城市。尽管中国城市没有出现如印度、巴西等发展中国家城市里出现的刺眼的"贫民窟"现象，但是农民工暂居在城市中的"城中村"或"棚户区"，城乡接合部的现象值得关注。随着中国城镇化进程的加快，以农村流动人口为特征的这样一种城市贫困很可能会发展成以后城市贫困的主体，而且他们的贫困状况会长期持续下去。正如中国社科院城市与区域管理研究室主任宋迎昌指出，乡村为城市"贡献"了大量贫困人口。"城市每年消化1000万农村人口，这部分人里有百分之八十属于贫困人口。"[1]

以上几种情形的存在，加之社会支持系统的不完善，导致城市贫困问题日益凸显[2]。20世纪90年代之前，中国的贫困问题被认为基本上是一种农村问题。例如，世界银行（1987）利用1985年全国住户调查数据测度的贫困发生率，城市仅0.40%，而农村高达12.4%。

---

[1] 【特别关注】不该被忽视的城市贫民（图）—特别关注—每日甘肃—甘肃日报，http://gsrb.gansudaily.com.cn/system/2011/09/07/012166490.shtml。

[2] 贫困作为一种复杂的社会问题，在社会发展的不同历史阶段有着不同的内涵。从一般意义上看，贫困是指人的衣、食、住、行、医、教等需求得不到满足的生活状况。20世纪90年代以前，中国贫困更多地被看作一种农村现象，这是因为中国贫困人口主要集中在农村，城市贫困人口的绝对数量微不足道。1992年世界银行出版的研究报告《中国减少贫困战略》估计，中国1980年农村贫困人口的比例高达28%，约2亿人；城市贫困人口的比例为2%左右，约400万人。1989年中国农村贫困人口下降为1.3亿人，而城市的贫困人口为100万人左右，城市贫困人口的比例被估计不到0.8%。城市贫困的严重性仍远小于农村。因此，当时党和政府在制定有关政策时，主要着眼点依然是如何消除农村贫困。但20世纪90年代以来，情形则不一样。

然而,从20世纪90年代中期开始,情况发生了深刻的变化,相当多的城市人口陷入贫困之中(详见表1-4)。

表1-4　　　　　　　中国城市贫困的变化情况

年份	贫困线(元/人、年)	贫困规模(百万人)	贫困发生率(%)
1981	171	3.9	1.9
1982	169	2	0.9
1983	178	1.4	0.6
1984	190	0.8	0.3
1985	215	0.9	0.4
1986	226	0.5	0.2
1987	247	0.6	0.2
1988	289	0.7	0.2
1989	304	0.9	0.3
1990	321	1.3	0.4
1995	2107	19.1	5.4
1998	2310	14.8	3.9
1999	2382	13.4	3.5
2000	1875	10.5	2.3
2005	684—944	23.6	6—8
2010	小于等于1274	26.8	7.5—8.7

资料来源:1981—1990年的数据源于世界银行的报告《中国90年代扶贫战略》,中国财政经济出版社1993年版。1995年、1998年、1999年、2000年的数据源于国家统计局城调总队王有捐的计算《对目前我国城市贫困状况的判断分析》,中国统计信息网2002年2月25日。2005年的数据来自牛凤瑞、潘家华主编:《中国城市发展报告No.1》,社会科学文献出版社2007年版。2010年的数据来自2010年第六次全国人口普查数据。

客观地说,在市场力量进一步释放的过程中,由于城市化进程的加快和城市经济结构的调整,出现一定数量的城市贫困人口是不可避免的,这是社会发展进步的必然代价。

第一章　中国城市困难群体社会救助的时代环境透视

（三）城市困难群体的特征

社会主义市场经济条件下我国的城市困难群体一般由收入较低或者无收入来源的人组成。20世纪90年代以前的城市困难群体，主要是无劳动能力、无经济来源、无法定的赡养人和抚养人的"三无"人员。而新出现的城市困难群体中，大部分人有工作能力并且愿意工作，但没有工作机会。社会主义市场经济条件下城市困难群体大体可分为三类：第一类是传统意义上的城镇困难群众，即依靠民政部门救济的"三无对象"和社会优抚对象；第二类是城镇贫困职工，包括因企业亏损和结构性调整而下岗的职工、破产企业的失业职工、停产半停产企业的在职职工及退休职工；第三类是城市外来人口中无固定职业和固定收入者，尤其是由农村流入城镇、靠打短工为生，并且经常处于失业状态的农民工。按照劳动能力划分，以上3种贫困人员可以分为两个部分：一部分是有劳动能力的城市贫困人员，比如大多数的下岗人员，失业人员和半失业人员；另一部分是无劳动能力的城市贫困人员，比如城市中的"三无"人员。从我国的情况看，有劳动能力的贫困人口占到了城市贫困人群的绝大多数。同时，社会保险、教育培训、医疗保障等制度上的缺位与失效，也在随时随地制造和产生着新的城市贫困。

可以说，生存困境，是不同时代困难群体的共性。根据四川省总工会对上一轮国企改革中破产关闭的四川凉山会理镍矿职工的调查，企业2002年8月关闭后，职工生活十分困难。截至2013年底，原会理镍矿户籍职工共1742户3025人，除少部分离退休人员外，多数为"4050"（女40岁、男50岁）人员及家属、子女。镍矿厂关闭后，他们的生活仅靠微薄的养老金或者抚恤金。少部分家庭一个人领取的退休养老金，要负担2—3名家庭成员的日常生活；362名职工遗属靠每月270元的生活困难补助金（抚恤金）和55元的社保资金维持生活；还有1133名城镇低保人员仅靠每月208元低保金维持生活。"这些家庭拮据的程度让人难以想象。大部分职工温饱都成问题，看

· 39 ·

病就医、子女上学就更不用提了。"①

透过这种"共性",深入特定历史时期困难群体的内部,考察各个历史时期困难群体的外部影响,我们会发现,不同时代的困难群体,就其自身内部的各个方面以及其在特定历史背景下的各种影响而言,都是各有其独特的个性的。具体到社会主义市场经济条件下中国城市困难群体,依据不同的参照,我们可以归纳出以下几个特点:

1. 相对于同时期农村困难群体而言

第一,再生性贫困与被动性贫困的特点。城市贫困的发展与农村贫困的演变不同,并不是源于不可抗拒的自然灾害或恶劣的自然环境条件,而是体制转轨的代价,即经济、社会转型过程中,旧的生产要素配置方式、收入分配制度以及社会福利体系被打破,而新的市场机制还没有完善,缺乏对失业、收入差距的有效调控和对低收入群体的有效保护。城市新贫困问题也可以说是市场经济运行的客观结果,是一种再生性贫困。同时,面对贫困风险个人几乎完全是被动的、很难选择的,城市新贫困也体现出被动性的特点。中国社会学研究会会长陆学艺曾说:"穷人贫穷并不仅是因为他们观念落后,而是一些政策性歧视造成的。"

第二,离散性和边缘性特点。城市困难群体生活在经济比较发达的城市,交通便利,生产组织形式比较先进,生活水平比较高,各种经济资源和社会资源比较集中,信息流通比较方便,但困难群体由于长期贫困,相对处于无权的受忽视和受歧视的地位,这很容易使他们远离社会的主体结构和主流社会而形成一个独特的社会群体。城市贫困人口不但在经济资源上长期匮乏,而且在社会关系上、心理上、文化上和政治参与上长期被隔绝,这种匮乏和隔绝不仅导致城市贫困人口日常生活质量下降,而且更重要的是他们不能充分享受到公民的政治及社会权利,而这种权利不可能依靠提供经济援助和保障救济来赋予。由于城市贫困人口受到排斥,使他们陷入更孤立的境地,成为所在地区居住人群之外的非主流存在,这与贫困地区乡村居住人群主流

---

① 韩柳洁:《辛苦一辈子饭碗没了 委员呼吁关注国企下岗职工》,《人民政协报》2015年5月25日。

第一章 中国城市困难群体社会救助的时代环境透视

皆为贫困者的情形全然不同。在中国，城市虽然还没有形成像一些发展中国家城市中那样典型和普遍的"贫民窟"。但是，困难群体中有一部分是集中居住的（如流入城市的农村打工者大多选择城郊接合部居住，形成了"棚户区"），当然，常住人口中的城市贫困者没有特定的聚集区而散居在城市的各个区域，他们的一个共同点就是生活在城市"边缘"，城市生活的主流与其无关，因此城市新贫困又体现出离散性和边缘性的特点。

第三，城市贫困本质上是失业型贫困。城镇居民生存的一个重要保证是就业。就业收入是人们赖以生活的基本收入来源。据数据显示，中国国有、集体企业职工的工资占生活费收入比重平均值为78.8%，所以，就业与否在很大程度上决定着城镇居民的收入水平和生活状况。20 世纪 90 年代以来，随着国有企业改革的深化、经济结构调整力度加大，企业下岗、失业机制的启动，大量隐性失业人员显性化，失业规模在不断扩大，而社会保障体制转型的滞后，失业救助的力度不够和最低生活保障的不完善，有相当一部分下岗、失业人员得到的救助有限或根本得不到社会救助而沦为贫困者。从这个角度看，中国城市贫困与国外许多国家相比，它不是因为整个国民经济萧条而产生的，恰恰相反是发生在经济持续快速增长的背景下，说明这一时期城市贫困的实质是适应体制转轨的失业型贫困。城市困难群体中的大部分下岗、失业人员，大都具有劳动能力，只是由于他们失去了工作岗位，也就丧失了谋得主要经济收入和福利的物质条件，一旦他们过去的积蓄用尽，生活的贫困就会恶化。在这一点上，比起尚有一块土地作为生存保障的农村贫困人口来说，城市贫困人口表现出十分脆弱的"自救性"。[①]

2. 与其他时期相比，社会主义市场经济条件下中国城市困难群体的特点与影响

这一时期，中国处于经济转轨、社会转型时期，与历史上其他时

[①] 王朝明：《中国新贫困问题：城市贫困新特征及社会影响》，《新华文摘》2005 年第 24 期，第 22 页。

中国共产党与城市困难群体的社会救助(1992—2012)

期相比,该时期的城市困难群体问题有其自身的特点和独特的影响:

第一,规模庞大。在改革开放初期,中国的贫困人口主要集中在农村地区,城市贫困问题并不突出。据世界银行(1993)的研究,1981—1990年中国城市贫困人口在50万—390万之间变动,平均每年为130万人,贫困发生率平均为0.5%。然而,自20世纪90年代以来,随着市场化改革的不断推进,中国的城市贫困问题日益严重,城市贫困人口规模已超过千万人。据《财经》杂志提供的信息,2000年民政部将全国城市贫困人口汇总,得出全国城市贫困人口总数为1382万人;国家统计局据有关资料分析则认为,2000年中国城市贫困人口总数为1170万人;对城市贫困人口估测数目最多的是中华全国总工会,在2002年春节前夕向中央领导的一次汇报中,"全总"拿出的数字是:全国生活在城市最低生活保障线之下的职工有1828万人。① 基于民政部发布的城市低保情况,从2002年起,全国城市最低生活保障覆盖人数在2000万人以上,目前在2300万人左右。但国务院发展研究中心在调研后指出,城市最低生活保障制度覆盖面非常有限,实际上中国城市的贫困问题被严重低估。与改革开放初期相比,中国城市贫困人口的总体规模明显增加。

第二,结构多元化。20世纪五六十年代,中国城市贫困人口主要由个人原因造成的"三无"群体构成,包括那些无生活来源、无劳动能力、无法定赡养和抚养人的特殊救济对象。但是在社会主义市场经济条件下,中国城市贫困人口构成的多元化趋势越来越明显,除传统救济对象——"三无"群体外,更多的城市贫困人口是由市场经济产生的"新的城市困难群体",包括失业、下岗人员,停产、半停产企业中的半失业者和其他的一些由市场因素引起的贫困人口。近年来,中国城市贫困人口构成的一个重大变化是,流动劳动力(主要是"农民工"群体)逐渐成为城市贫困的主体。由于就业机会的不均

---

① 朱晓超:城市最低生活保障 谁来填平缺口—杂志频道—财新网, http://magazine.caixin.com/2002-07-20/100078666.html? NOJP。

第一章　中国城市困难群体社会救助的时代环境透视

等、社会保障制度的不健全以及农民工文化素质较低等原因，他们中的许多人最终成了特殊的城市贫困人群——没有土地（离开农村），没有固定工作场所（仅属于临时工），没有社会保障（仅城市居民拥有）。农民工的贫困不仅影响农民工本人，还影响到其子女的教育和生存环境，进而导致代际贫困。

第三，分布具有典型的行业和地域特征。从行业分布看，传统的劳动密集型行业和资源密集型行业贫困发生率较高。2008年全国统计年鉴行业工资数据显示，职工平均工资最高的5个行业是金融保险业、信息计算机服务和软件业、科学研究技术服务及地质勘查业、电力燃气及水的生产和供应业、文化体育和娱乐业，其平均收入分别是全国职工平均工资（2.9229万元）的212%、194%、157%、134%、118%；职工平均工资最低的5个行业是居民服务和其他服务业、水利环境和公共基础设施管理业、建筑业、住宿和餐饮业、农林牧渔业，其平均年工资分别为2.3801万元、2.2182万元、2.1527万元、1.9481万元、1.2958万元，分别是全国职工平均工资的81%、76%、74%、67%、44%。[1]

由于东中西经济地带发展不平衡，中国城市贫困人口分布具有明显的地域性，集中在中西部。全国总工会2002年完成的一项调查指出：东部地区的城市贫困人口占全国城市贫困总人口的21.9%，中部地区占52.9%，西部地区占25.2%。[2] 2005年，中部地区城市贫困人口比重最高，为47.5%；东部地区最低，为24.5%；西部地区为28.0%，比2004年增加了1.1个百分点。[3] 民政部2008年统计数据显示，东部地区共有城市最低生活保障对象488.41万人，占全国城市低保人数的12.77%；中部地区有1001.91万人，占全国城市低

---

[1] 周向红、刘雪：《城市贫困：一个不容忽视的社会问题》，《检察风云》2011年第8期，第57页。
[2] 洪大用：《试论改革以来的中国城市扶贫》，《中国人民大学学报》（哲学社会科学版）2003年第1期，第9—16页。
[3] 魏后凯、邬晓霞：《中国的贫困问题与国家反贫困政策》，《中国经济时报》2007年6月1日。

保人数的 26.19%。西部地区共有城市低保对象 2334.79 万人，占全国城市低保对象总数的 61.04%。① 与 2002 年城市贫困情况相比，北京、江苏、浙江、广东、上海等东部地区贫困率多维持不变，福建、河北、山东、天津、辽宁、海南皆呈下降趋势；西部地区则有部分省市呈现上升趋势，如四川、甘肃、吉林等。

第四，城市困难群体与传统的"三无"对象明显不同，他们中的相当一部分人是有劳动能力，并且迫切希望就业的，但是，由于客观原因——就业压力大、贫困人口自身的原因以及城市扶贫体制的不协调，许多贫困人口的就业需求难以满足。2000 年，针对北京市贫困居民的一项研究表明，在贫困家庭总人口中，有劳动能力的人占 54.1%，但是，其中正常就业人口仅占 16.8%，失业、下岗、待岗、长期病休、提前内退、待业等人口累计占 50.3%。②

第五，城市困难群体的存在，损伤了社会公正原则并降低了社会的整合程度。在市场经济条件下，由于人们在能力、生产要素的拥有量以及劳动贡献量诸方面存在着差别，因而造成社会成员、社会阶层之间在社会财富分配方面的差异。应当说这是一种正常的现象。但是，这种差距不应过大，不宜超过一定的"度"，它应是以广大社会成员都能够普遍得到社会经济发展所带来的益处为前提条件的。否则，便成为一种不公平的社会现象。中国现阶段规模较大的城市困难群体的存在，严重地损伤了普遍受益这一社会发展的重要原则。从社会转型的意义上讲，城市困难群体的存在是不可避免的。但人数如此之多，在很大程度上是由政策因素所造成的。这就势必会使许多社会成员产生一种"相对剥夺感"，对社会产生抵触情绪，降低社会整合程度，使社会发展的动力减弱，并增大社会动荡的可能性。瑞典的著名经济学家冈纳·缪尔达尔（Gunnar Myradal）曾指出：不平等及其加剧的趋势成为对发展的限制与障碍的复合体。社会主义市场经济条

---

① 周向红、刘雪：《城市贫困：一个不容忽视的社会问题》，《检察风云》2011 年第 8 期，第 56 页。
② 中共北京市委党校社会学教研部：《北京市城市居民贫困问题调查报告》，《新视野》2002 年第 1 期，第 48—49 页。

第一章　中国城市困难群体社会救助的时代环境透视

件下时有发生的群体性事件即是征兆。近年来，国内出现的影响比较大的群体事件除了其他因素之外，还有两个特征：一是大多发生在城镇；二是参与者中多有与事件本身无直接关系的贫困人群，如下岗、失业、待业者，农民及农民工，他们都是社会转型中的利益受损者。从某省2002年1月至2004年7月之间的统计情况来看，群体性事件的组织参与者80%以上都是处在社会最底层的弱势群体。[①] 如在重庆，大部分弃管小区配电设施供电容量不足，设备年久失修，易频繁发生设备故障，因产权原因，当配电变压器等主设备损坏时无法及时组织维修，恢复供电时间较长。加之由于弃管小区的居民大部分为社会弱势群体，在高温、严寒季节出现停电故障时，极易引发群体性聚集事件，给社会稳定带来巨大压力。近5年来，因停电引发的群体聚集事件共210起，其中涉及弃管小区105起，特别是南岸区玲珑雅居小区、南坪东路7号楼、渝中区利恒旺小区、九龙坡区"聚金·万佳苑"小区等群众聚集上街还造成了交通阻断恶性事件。[②] 此外，城市困难群体会产生"相对剥夺感"，心理失衡严重将导致仇富、报复社会等行为，引发一系列社会问题。如制造2013年"6·7福建省厦门BRT公交爆炸案"的陈水总（无业，曾领低保），以及策划制造12起抢劫杀人案的张君（原为进城打工者）都属于弱势个体极端反社会的实例。暴力宣泄式报复社会的行为后果是灾难性的，它直接危及人民的生命和财产安全，破坏社会秩序，造成局部性质或全国性质的社会动乱，严重的甚至可以导致政权的颠覆，社会性质的改变和国家的分裂。在这种情况下，政府如果不及时启动矛盾疏导机制，调节矫治这些负效应，有效整合社会各部分及各种力量，社会结构就会失衡；即是说，如果包括城市困难群体在内的弱势群体得不到妥善救助（这里的妥善救助包括两个方面：一是基本生活保障；二是社会融入），中国共产党和中国政府就不能维护社会的稳定，经济社会的发

[①] 杨瑞清、辜静波：《关于弱势群体引发群体性事件的原因透析》，《求实》2005年第12期，第85页。

[②] 《弃管小区多社会弱势群体　停电易引发群体性聚集事件》，新华网重庆频道2013年11月27日。

展、执政合法性的巩固更无从谈起。

第六，如何对待城市困难群体及合理解决其救助问题，是一个重要的社会命题，成为关系到巩固中国共产党执政地位的特别重要的问题。前已述及，城市困难群体致贫原因之复杂、规模之庞大、构成之多元化、社会影响之大，是社会主义市场经济条件下中国共产党面临的新情况新问题。所有的人都在拭目以待，关注着中国共产党和中国政府的具体政策和实践。

二 民生问题逐渐成为社会热点

民生问题，简单地说，就是与百姓生活密切相关的问题，最主要表现在吃穿住行、养老就医、子女教育等生活必需上面。民生问题也是人民群众最关心、最直接、最现实的利益问题。民生问题包括由低到高、呈现出一种递进状态的三个层面上的具体内容：民众基本生计状态的底线、民众基本的发展机会和发展能力、民众基本生存线以上的社会福利状况。社会主义市场经济条件下，民生问题逐渐成为社会热点问题，为城市困难群体社会救助工作的有效有序展开创造了良好前提。

（一）民生问题逐渐成为社会热点的表现

表1-5　　　　　　　新华网十八大特别调查

党的十八大即将召开，您最关注以下哪些关键词？（多选）		
选项	比例（%）	票数
收入分配	6.88	226514
社保养老	6.28	206841
领土主权	6.24	205509
教育公平	6.05	199154
房市调控	6.04	198940
物价水平	5.90	194223

第一章 中国城市困难群体社会救助的时代环境透视

续表

党的十八大即将召开,您最关注以下哪些关键词?(多选)

选项	比例(%)	票数
医疗改革	5.86	192976
食品安全	5.82	191700
反腐倡廉	5.72	188484
社会公德	5.61	184652
基层民主	5.16	169788
经济增长	4.58	150760
"三公"消费	4.55	150002
"三农"问题	4.18	137677
就业形势	3.75	123436
股市稳定	3.73	123009
法制建设	3.73	122983
环境保护	3.57	117525
社会管理	3.19	105174
文化发展	3.17	104290

在调查中,分别从民生、收入、环境、法制、社会等角度设置的10个选项均获得网友认同。值得注意的是,这10个选项的得票相对平均,不过,"教育、住房、食品安全、就业等民生问题妥善解决"以21.3%的得票率位居第一,而"经济持续平稳发展"(9.48%)位居最后。①

近年来,全国"两会"民众最关心的话题,排名靠前的基本上也是涉及民生的社会保障、收入分配、稳定物价、食品安全等。

自2003年开始,武汉市政府作出了每年为人民群众办好"十件实事"的承诺,至2012年,这项举措已历经十年,办理实事达100件。十年来,有不少涉及民生问题的项目连续多年出现在十件实事项目中。如农村生产生活条件改善、保障(帮扶)残疾人群体出现9

---

① 张百新、田舒斌主编:《心尖上的民生》,新华出版社2013年版,第18—19页。

次，保障房建设出现8次，社会治安（含社区治安及农村治安）出现7次，改善环境空气质量、改善出行条件、养老保障、社区公共设施建设（含老社区物业升级）出现6次，医疗保障（含农村医疗保障）出现4次。①

这一切说明民众在经济社会发展的过程中，越来越关注自身生活质量的改善，希望能共享经济发展成果；也反映出民生问题已然成为当前社会的热点问题。

（二）民生问题逐渐成为社会热点的原因

从根本上说，民生问题是一个伴随着人类存在和发展全过程的基本问题。换言之，只要有人类存在，民生问题就会存在。只是在不同时期，民生问题有不同的内容和特点；在不同的历史条件下，对民生问题的关注程度和解决的方式手段有所不同。

然而，有一个问题需要我们注意，即在改革开放以前物质短缺之时，似乎社会并没有这么严重地关切过民生问题。当前，改革开放以及由此带来的经济发展，使得我国的综合国力有了显著增强、人民生活有了极大改善，而恰恰在这样的情况下，为什么民生问题倒成了人们非常关切的问题、成为社会热点问题了呢？

笔者认为，主要有以下几个方面的原因：

1. 客观原因：改革开放以来经济社会发展结构的失衡与解决民生问题的制度短缺使得民生问题凸显。一方面，回顾我国过去30余年的发展，经济社会发展结构有明显失衡的问题。确切地说，就是中国社会建设相对滞后于经济建设，形成了经济建设与社会建设"一条腿长、一条腿短"的不协调现象，即经济结构处在工业化中期，社会结构处在工业化初期。"经济啊！到了应该等一等社会的时候了。"这是著名社会学家邓伟志在编《谈谈社会建设》（东方出版中心2009年版）时，不断重复的一句话。已故著名社会学家陆学艺认为，我国

---

① "十件实事"走过十年 武汉民生项目连续多年实施—中部崛起网，http://www.ah.xinhuanet.com/2012—11/08/c_113636807.htm。

第一章　中国城市困难群体社会救助的时代环境透视

社会建设比经济建设差了15年。以城市化为例，工业化中期阶段，城市化率应该达到60%，但2013年中国城市化率只有53.73%，"户籍城市化率"仅为35.7%。[①] 以社会阶层结构而言，工业化中期阶段，社会中产阶层应该达到40%以上。中国社会科学院2012年2月9日发布的蓝皮书指出，随着城市化进程的不断加速，到2020年，中国的中产阶层将占人口的40%。[②] 这种发展结构本身的不合理或失衡，使得发展过程中遇到的一些体制、制度、机制方面的问题，非但得不到及时的解决，反而越积越深，最终都以民生问题的形式凸显出来。就业难、收入低、房价高、看病贵、保障弱，成为群众面临的突出难题。另一方面，造成目前民生问题的凸显还与我们在解决民生问题方面的制度短缺有关。包括收入分配制度、就业制度、社会保障制度、劳动管理体系等在内的体制改革不配套和政策调节不力，使社会财富难以向广大民众倾斜。例如，教育结构调整滞后于产业结构调整，城乡教育机会不公，教育收费多乱，学生知识结构和层次落后于社会实际，教育创造的人力资本与经济发展的内在要求不相适应；就业服务体系不健全，劳动力流动中存在着体制性歧视、性别歧视等，劳资协调机制缺乏，对失业人员和进城务工人员的教育和培训不够等；各项社会保障制度均还存在着因制度自身的不完善或缺陷而有效性不高的问题，基本养老保险制度的统筹层次低、个人账户与资本市场难以有效结合，基本医疗保险改革迄今仍然并未真正有效地解决城乡居民疾病医疗后顾之忧，失业保险促进就业的功能很弱，工伤保险不能有效覆盖有职业伤害风险的劳动者。

2. 主观原因：改革开放过程提高了人们维护和发展个人利益的自觉性。众所周知，在新中国成立以后，由于各种各样的复杂原因，我们照搬了苏联那套高度集中的计划经济模式。不能否认，搞计划经济有当时的合理性，但是实事求是地说，计划经济对民生问题的

[①] 《国家统计局数据显示2013年中国城镇化率为53.73%》，《中国经济网》2014年1月20日。

[②] 《社科院：2020年中国中产阶层将占人口40%》，《北京晚报》2012年2月9日。

中国共产党与城市困难群体的社会救助(1992—2012)

认识和解决在逻辑上是矛盾的，在实践上是缺位的。最为明显的一点是，计划经济在宏观上强调公众的整体利益，微观上实际否定人们的个人利益，把人们对个人利益的正当追求看作洪水猛兽，看作"每日每时都在产生着资产阶级"的温床，因而对人的利益是忽视的。这样，抽去了个人利益的"人民利益"便成了空洞的概念。从这个角度讲，计划经济时期民生问题不突出，更多的是因为民生问题受到了人为的压制。今天的情况则完全不同。改革开放的革命性意义就在于，它从根本上改变了那种建立在否定人的个人利益基础上的经济政治模式，而把承认和发展人们的个人利益作为思考问题的基点。中国改革开放的总设计师邓小平曾深刻指出："人是需要一些个人利益来从事生产的。"① 我们坚持集体主义，"决不是说可以不注意个人利益"②。1980年，邓小平在回答意大利女记者法拉奇关于个人利益的提问时，明确地指出："按照马克思说的，社会主义是共产主义第一阶段，这是一个很长的历史阶段，必须实行按劳分配，必须把国家、集体和个人利益结合起来，才能调动积极性，才能发展社会主义的生产。共产主义的高级阶段，生产力高度发达，实行各尽所能，按需分配，将更多地承认个人利益、满足个人需要。"③ 这样，邓小平就从理论上肯定了社会主义条件下人们追求正当个人利益的合理性。利益促生了人们的自主意识和独立意识，大大提高了人们维护和发展自己利益的自觉性。表现在现实生活中，就是出现了各种各样的利益诉求，更加关注与自己相关的民生问题。正如习近平指出的那样，"我们的人民热爱生活，期盼有更好的教育、更稳定的工作、更满意的收入、更可靠的社会保障、更高水平的医疗卫生服务、更舒适的居住条件、更优美的环境，期盼孩子们能成长得更好、工作得更好、生活得更好。"④ 同时，市场经济促进了利益分化，也就使各种不同利益之间的矛盾显现出来，并且变得比过去

---

① 《邓小平文选》第2卷，人民出版社1994年版，第351页。
② 同上书，第175页。
③ 同上书，第351—352页。
④ 《十八大以来重要文献选编》上，中央文献出版社2014年版，第70页。

第一章 中国城市困难群体社会救助的时代环境透视

要尖锐得多。面对这些矛盾和利益诉求,执政党必须去关注,去研究,去积极解决。关注民生,对执政党来说,就是勇于担起自己的责任。同时,大多数中国民众经历了改革开放以前的贫困生活,对于贫困有着一种本能的恐惧,因而对于基本的民生改善就必然表现出一种普遍的关切甚至是渴望。

3. 前提因素:改革开放以来经济的快速发展为解决民生问题提供了客观条件(详见表1-6)。

表1-6　　　　　　　1992—2012年国内生产总值

年份	国民总收入（亿元）	国内生产总值（亿元）			人均国内生产总值（元）
		第一产业	第二产业	第三产业	
1992	26937.3	26923.5	5866.6	11699.5	9357.4	2311
1993	35260.0	35333.9	6963.8	16454.4	11915.7	2998
1994	48108.5	48197.9	9572.7	22445.4	16179.8	4044
1995	59810.5	60793.7	12135.8	28679.5	19978.5	5046
1996	70142.5	71176.6	14015.4	33835.0	23326.2	5846
1997	78060.9	78973.0	14441.9	37543.0	26988.1	6420
1998	83024.3	84402.3	14817.6	39004.2	30580.5	6796
1999	88479.2	89677.1	14770.0	41033.6	33873.4	7159
2000	98000.5	99214.6	14944.7	45555.9	38714.0	7858
2001	108068.2	109655.2	15781.3	49512.3	44361.6	8622
2002	119095.7	120332.7	16537.0	53896.8	49898.9	9398
2003	134977.0	135822.8	17381.7	62436.3	56004.7	10542
2004	159453.6	159878.3	21412.7	73904.3	64561.3	12336
2005	183617.4	184937.4	22420.0	87598.1	74919.3	14185
2006	215904.4	216314.4	24040.0	103719.5	88554.9	16500
2007	266422.0	265810.3	38627.0	125831.4	111351.9	20169
2008	316030.3	314045.4	33702.0	149003.4	131340.0	23708
2009	340320.0	340902.8	35226.0	157638.8	148038.0	25608
2010	399759.5	401512.8	40533.6	187383.2	173596.0	30015
2011	468562.4	473104.0	47486.2	220412.8	205205.0	35198

续表

年份	国民总收入（亿元）	国内生产总值（亿元）			人均国内生产总值（元）
		第一产业	第二产业	第三产业	
2012	516282.1	518942.1	52373.6	235162.0	231406.5	38420

资料来源：《中国统计年鉴2013》，中国统计出版社2013年版，第44页。

具体来说，首先，现阶段，我国已经到了着力解决民生问题的重要阶段，解决民生问题恰逢其时。改革开放尤其是建立社会主义市场经济体制以来，我国的经济实力有了大幅度提高，尤其是2003年我国人均国内生产总值（GDP）首次突破1000美元。这意味着我国经济社会发展进入一个新的关键阶段。从世界各国的发展历程看，人均GDP达到1000—3000美元这个阶段时，经济社会发展往往面临两种前途：一种是经济快速增长，进入"黄金发展时期"；另一种是社会动荡不安，进入"矛盾凸显期"。我国已进入这个阶段，既处于黄金发展时期，又处于矛盾凸显期。因而在新的历史发展时期，"矛盾凸显期"中的"矛盾"只有通过发展民生事业去解决。"生于忧患，死于安乐"，现在到了解决民生问题的时候了。

其次，综合国力日益增强为民生问题的解决提供了可靠的财力支持和物质保证。民生问题的解决始终要以国家的经济实力为依托。改革开放以来尤其是1992年邓小平南方谈话以来，我国经济实现了平稳快速的发展；财政收入大幅度增长，多种所有制经济迅速发展，民间财富不断积聚；国民经济总量和规模不断扩大，国家的综合国力不断增强，国民收入再分配不断向社会保障和公共服务领域倾斜。国家有条件来关心民生、社会事业发展。尤其是近几年，我国财政每年以20%以上的速度递增，每年增收达5000亿元以上（详见表1-7），西部地区许多省份全年财政增收都超100亿元。政府完全可以筹集公共资金，着手解决民生问题，比如农村义务教育、"三农"问题、社保、医疗等问题。

第一章 中国城市困难群体社会救助的时代环境透视

表1-7　　　　　　1992—2012年中国公共财政收入

年份	全国公共财政收入（亿元）	增幅（%）
1992	4188.97	—
1993	5114.82（含债务收入693.84亿元）	23.2
1994	5181.75	19.2
1995	6187.73	18.6
1996	7366.61	18.0
1997	8642	16.7
1998	9853	14.0
1999	11377	15.2
2000	13380.11	16.9
2001	16371	22.2
2002	18914	15.4
2003	21691	14.7
2004	26396.47	21.6
2005	31649.29	19.9
2006	39373.2	24.4
2007	51321.78	32.4
2008	61330.35	19.5
2009	68476.88	11.7
2010	83101.51	21.3
2011	103740	24.8
2012	117210	12.8

资料来源：中国人大网 www.npc.gov.cn；中华人民共和国国家统计局 http://www.stats.gov.cn/。

最后，经济快速发展带来的一系列变化为民生问题的解决提供了回旋的余地。一是产业结构发生了重大变化。现在，我国工业、三产业所占比重高，农业比重低，2012年GDP中农业占10.09%，第二、三产业占近90%。中国的工业化、城市化已经到了可以不完全依赖农业提供积累的时期，同时工业化、城市化的发展还到了有能力支持农业发展和社会保障、民生救助等事业的时期。二是中国的经济结构开始走向成熟。大规模的产业建设已经结束，政府现在可以腾出手来，集中一定财力着力解决民生问题。

4. 政策原因：中国共产党积极回应老百姓关切，执政理念应时而变。"百姓凡有所呼，政府必有所应。"在新的时代环境下，面对老百姓的关切，中国共产党应时而变，将"以人为本"确立为其基本的执政理念，制定各种社会政策的导向正在发生着转变，从更多地关注经济发展，到更多地凝聚民生情怀。具体说来：

一是解放思想，摆脱过去把"民生"意识形态化的束缚，在中国共产党的历史上正式举起"改善民生"的旗帜。改善民生是中国共产党的优良传统，是贯穿党的历史的一根红线，但是由于在过去相当长的一个时期里，以阶级斗争和路线斗争理论为主宰，人们认为"民生"是资产阶级革命的目标，将"民生"一词过于意识形态化。结果出现了忌谈"民生"、忌用"民生"一词的局面。中国共产党在表达自己关于改善民生的政治行为时也是用"改善人民生活""提高人民生活""为人民谋福利"等字眼，避"民生"而不谈。实际上"民生"本无意识形态之分，但不同的阶级对"民生"以及与之相关的概念是有不同理解的。以胡锦涛为总书记的党中央解放思想，摆脱了这种束缚，响亮地作出了改善民生的政治承诺。

二是在党的全国代表大会的政治报告中把民生问题提到前所未有的高度。如党的十六大、十七大、十八大均把全面建设或建成小康社会的目标写入大会的主题。如党的十七大报告把社会建设与其他建设一起提升到从来没有的战略高度，摆在极其重要的地位，特别是把"建设社会主义市场经济、社会主义民主政治、社会主义先进文化、社会主义和谐社会，建设富强民主文明和谐的社会主义现代化国家"纳入中国特色社会主义道路之内，为改善民生提供了根本依据。报告在对以人为本的诠释中，突出了民生，强调"要始终把实现好、维护好、发展好最广大人民的根本利益作为党和国家一切工作的出发点和落脚点，尊重人民主体地位，发挥人民首创精神，保障人民各项权益，走共同富裕道路，促进人的全面发展，做到发

第一章　中国城市困难群体社会救助的时代环境透视

展为了人民、发展依靠人民、发展成果由人民共享"。报告把社会建设等作为"坚持中国特色社会主义经济建设、政治建设、文化建设、社会建设的基本目标和基本政策构成的基本纲领",这就把民生问题摆在了从来没有的高度即民生问题解决的好坏关系到发展中国特色社会主义的进程。除了第八部分集中强调民生,在报告中其他部分也多次阐述和突出民生问题。再如党的十八大报告不仅单列社会建设,而且顺应人民群众对良好生态环境的期待,把生态文明建设纳入中国特色社会主义建设"五位一体"的总布局中来,生态文明建设不仅单列一章,并且提出了更高更多的要求。

三是党的中央全会专题研究民生问题。如2005年,党的十六届五中全会通过《中共中央关于制定国民经济和社会发展第十一个五年规划的建议》,提出了建设社会主义新农村的任务和要求,具体谋划当时占人口绝大多数的农民的民生福利。再如党的十六届六中全会通过的《中共中央关于构建社会主义和谐社会若干重大问题的决定》深刻阐明了社会主义和谐社会的性质和定位,指明了建设社会主义和谐社会的指导思想、目标任务、工作原则和重大部署,可以说是一次专题研究民生问题的中央全会。

四是采取了一系列惠民、安民、富民的具体政策。如党的十六大以来,国家先后在全国范围内取消了农业特产税、牧业税、农业税和屠宰税,切实减轻了农民负担。与农村税费改革前的1999年相比,从2006年起每年减轻农民负担1200多亿元。2004年以来,国家还先后出台粮食直补、综合直补,扩大良种补贴范围和增加农机具购置补贴等措施,中央财政实际用于"三农"的各项支出逐年增加。再如党的十六大以来,中国社会保障制度实现了众多"零"的突破,2007年,我国城镇居民基本医疗保险试点启动;2009年,我国新型农村养老保险试点启动;2010年,《中华人民共和国社会保险法》出台,填补了我国社保立法空白;2011年,城镇居民养老保险试点启动,填补了我国养老保险制度最后的空白等。

综上,我们可以说民生问题关系到国家的长治久安,关系到党的生死存亡,关系到社会的和谐发展与人民的幸福生活,在当今时代,民生问题势必受到社会各界的普遍关注,解决民生问题也就成为了一个时代的集体共识。在这样有力的大背景下,城市困难群体的社会救助工作迎来了前所未有的机遇。

三 社会力量的发育与成长及其在社会公益事业中的作为

随着改革开放的深入推进,社会主义市场经济体制已然成为中国发展的轴心机制,在创造中国经济与社会发展的同时,也深刻地作用于其所连接的两大车轮:国家与社会。其中,市场经济体制的运作,在改变原有计划经济体制的同时,也带来了国家与社会一定程度的"分离"。伴随着这种"分离",社会力量获得前所未有的发展空间得以壮大并积极投身到社会各项公益事业之中。

(一)社会力量的界定

"社会力量"一词,是近年来频频出现于各级党政机关的文件和新闻媒体上的一个让人感觉既熟悉又陌生的官方词汇。

"社会力量"是美国古典社会学家沃德提出的术语。至今美国北卡罗来纳大学仍以此术语为名出版着一份国际性社会学学刊。社会力量指鼓动社会中众多成员采取社会行动,使社会发生变化的力量。沃德为说明这种力量特别写了一本书,名为《社会动力学》。他认为饥饿、性爱、理想、癖好、善行、改革等人类的"渴望"都是一种社会力量,他们鼓励着个人去采取行动;它也是人们结成团体关系的基本动力和动机。这种联合起来的社会力量可以推动社会进步,也可能破坏社会的正常运行。沃德认为,如果能像物理学中的动力学那样妥善组织各种力,用于机械加工之中,则会加快社会的进步。因此,他主张政府应了解人民的"渴望","梳理"人民的动力,把他们联合成推动社会发展的动力。[①]

---

① 马国泉等主编:《新时期新名词大辞典 社会学》,中国广播电视出版社1992年版,第529页。

第一章 中国城市困难群体社会救助的时代环境透视

从这个意义上,我们可以将"社会力量"初步界定为能够参与、作用于社会发展的基本单元,包括自然人、法人(社会组织、党政机关事业单位、非政府组织、党群社团、非营利机构、企业,等等)。

社会力量是一个复合词,由"社会"与"力量"构成。在社会科学研究中,"社会"存在广义与狭义之分。广义的社会即大社会的概念,包含政治、经济、文化和社会四大子系统;狭义的社会即小社会的概念[1],仅指社会子系统。在当代中国学界,将经济、政治、文化与公共领域构成的整体作为"广义的社会"概念,这已经是一个共识性的观点。无论是狭义的社会概念,还是广义的社会概念,中国共产党各个历史阶段的文献中都有使用。就前者而言,"《中共中央关于构建社会主义和谐社会若干重要问题的决定》中有'推动社会建设与经济建设、政治建设、文化建设协调发展'的提法",这里使用的"社会"概念就是"狭义的社会"概念。而就后者而言,"十六大报告《全面建设小康社会开创中国特色社会主义事业新局面》和十七大报告《高举中国特色社会主义伟大旗帜为夺取全面建设小康社会新胜利而奋斗》题目和正文中都出现了'小康社会'",这里面的"社会"概念就是"广义的社会"概念。从这个意义来理解,广义的社会力量,应当指的是党政机关及其领导下的社会各方面的力量;狭义的社会力量,应当指的是在党政机关之外的社会团体、各界民众的力量,包括有一定影响力的群众组织、社会组织、中介组织、自治组织和个人的力量等。[2]

此外,在近代西方公民社会理论中,"社会"是一个与国家相对的概念,专指独立于国家之外的所有的经济生活领域和公民生活领域。从这个角度而言,作用于社会发展的动力可分为"国家力量"与"社会力量"两个范畴。其中,统治阶级为了维护其统治,借助于国家机器执行国家统治职能,这种国家机器被称为"国家力量";"国家力量"之外的各种力量的集合,则被称为"社会力量"。可以

---

[1] 郑杭生:《社会学视野中的社会建设与社会管理》,《中国人民大学学报》2006年第2期,第22—25页。

[2] 李伯钧:《动员社会力量参与信访工作》,2010年7月22日发表于中国人大网。

看出，这里作为与"国家力量"相对的"社会力量"取义为上文中狭义的社会力量。

在本书的研究中，"社会力量"是指国家力量之外的其他一切致力于社会救助的力量的总和，即在政府部门、事业单位和国有企业之外的组织和个体的总和，组织类社会力量包括企业、高校、非营利组织、群众慈善团体，个体类社会力量即为热衷于扶贫济困事业、志愿于社会救助服务工作的公民个人。具体说来，建立社会主义市场经济体制以来，致力于社会救助的社会力量主要有：

1. 企业

参与社会救助的企业，一是社会企业。社会企业概念被引进到中国始于2004年。英国社会企业联盟（The Social Enterprise Coalition UK）为社会企业提供了一个简单的定义："运用商业手段，实现社会目的"，并认为社会企业具有如下共同特征：企业导向——直接参与为市场生产产品或提供服务；社会目标——有明确的社会和/或环境目标，如创造就业机会，培训或提供本地服务（其伦理价值可包括对本地社会技能建设的承诺，为实现其社会目标，其收益主要用于再投资）；社会所有制——治理结构和所有制结构通常建立在利益相关者团体（如员工、用户、客户、地方社区团体和社会投资者）或代表更广泛的利益相关者对企业实施控制的托管人或董事的参与基础之上的自治组织。它们就其产生的社会、环境和经济影响向其利益相关者以及更广泛的社区负责。收益可作为利益相关者的分红加以分配或用于有利于社区利益的用途。可以说社会企业同时具备了商业性和公益性。社会企业在中国已开始逐步发展，并得到社会各界的关注和支持。二是一般企业。一般企业是通过履行企业社会责任成为社会救助的重要力量，具体说来：企业通过建立基金介入社会救助，用以资助诸如教育、扶贫、残疾人等社会救助事业；企业进行社会救助的方式与时俱进，从传统的实物救助向捐赠、设立帮扶项目、创办服务机构、提供志愿服务以及向政府购买救助服务等多种类、多途径发展，使得企业参与社会救助方式创新、特色突出。

第一章 中国城市困难群体社会救助的时代环境透视

2. 民办非企业单位

根据《民办非企业单位登记管理暂行条例》第 2 条规定："民办非企业单位是指企业事业单位、社会团体和其他社会力量以及公民个人利用非国有资产举办的、从事非营利性社会服务活动的社会组织。"民办非企业单位的社会救助作用主要体现在三个方面：一是努力提供社会公共服务。比如开办民办养老院、民办社会工作机构等，以此提供专业化服务，为政府社会救助提供减压剂，一定程度上满足社会救助需求。二是发挥配置社会和公共资源的作用不可小觑。他们可以通过政府购买服务或接受企业及个人的捐助整合资金或服务经费；也乐意通过灵活的就业政策，整合社会人力资源，包括吸引体制内的人重新创业；甚至民办非企业单位通过挖掘利用企、事业单位的闲置资源及民间的力量，最大限度地整合各种、各类物质资源。三是在政府与民众之间的桥梁纽带作用明显。民办非企业单位的服务更贴近百姓，将政府的救助关怀及时地散播到基层民众，因此，民办非企业单位正在快速成长为社会力量中的主力。

3. 社会团体

根据《社会团体登记管理条例》第 2 条规定："本条例所称社会团体，是指中国公民自愿组成，为实现会员共同意愿，按照其章程开展活动的非营利性社会组织。国家机关以外的组织可以作为单位会员加入社会团体。"在社会救助中社会团体主要有：

（1）国际人道主义组织。包括无国界医生、救世军、红十字会等国际人道主义组织。中国红十字会在社会救助中凸显重要作用，积极组织民众参与备灾救灾、卫生救护培训、自然灾害现场救护等社会救助活动，有力地推动我国社会救助事业的发展。同时，通过参与救援工程、生命工程、爱心工程等系列工程，协助政府进行社会救助，受到社会的广泛关注和好评。（2）其他参与社会救助的非营利性公益社会团体和群众组织。诸如中国残疾人福利基金会从事面向残疾人的社会救助事业；中国青少年发展基金会在中国发起了极具影响力和感召力的以结对资助失学儿童继续小学教育和捐款援建希望小学为主要内容的希望工程；中华全国总工会和各级工会发起了帮助困难职工的

"送温暖工程",履行着依法维护职工合法权益的根本使命。

4. 个人

所有的社会救助都离不开社会成员个人的参与。所谓"个人",一是指社会救助的"搭车人"。他们在社会救助中认真工作,不喜欢过于抛头露面,也不承担责任,只是享受参与社会救助的愉悦。二是一些具有公共意识的社会精英及公众人物。这一人群数量不多,但却是社会救助的中坚力量,充满社会理想和公共理性。在社会救助的众多领域,无论救灾扶贫、公益捐款都扮演带头人的角色。三是指不参与任何社会组织,但对社会救助充满兴趣并积极参与的社会成员,是不可忽视的社会救助力量。诸如独来独往的志愿者,长期默默无闻做慈善的"好心人"等。

(二) 社会力量的成长与壮大

改革开放前,我国实行集中统一的计划经济体制和相应的社会管理体制。在这一体制下,各种社会资源高度集中于政府手中,社会管理集中度高,社会生产和生活具有较高程度的同质性。在城市,人们基本上都隶属于某一个政府机关或企事业单位;在农村,人们都属于人民公社组织。可以说,那时我国的国家与社会是高度重合的,即人们都在不同程度上活动于具有统一性的国家体制中。这种相对集中的政治模式在当时有着积极的意义,对于发动社会、配给资源、集中精力办大事上是产生过巨大的推动作用的。但是伴随着计划经济体制的解体和社会主义市场经济的发展,我国社会发生了巨大变化,即"国家与社会由一体走向分离,国家权力在退却,社会权力在增长"。带来变化的最重要原因,是社会主义市场经济的发展。社会主义市场经济在改变原有计划经济体制的同时,也带来社会管理体制、社会生活方式以及人们思想观念的深刻变化。第一,人们的身份发生很大变化,大多数人由原来的公社社员、国有企业职工变成了独立经营的农民、多种所有制企业中的工人以及个体户、工商业者和其他自主创业择业的劳动者。这一现象被我国社会学界形象地描述为"走出了单位的'城堡'"。第二,与身份变化联系在一起的一系列收入分配、职

第一章 中国城市困难群体社会救助的时代环境透视

业生涯、社会保障等方面的改变,导致以往那种被统一管理和单一组织固定下来的社会模式被打破。第三,身份和工作、生活方式的改变,带来思想意识的变化,人们的自主性、独立性空前增强。第四,由于上述变化,我国社会也出现了大量的社会自治、群众自我服务的社会组织。总而言之,在改革开放和发展社会主义市场经济的条件下,许多人由原来隶属于国家统一社会管理体制中的一员变成了"体制外"的具有高度自主性的社会成员。这种巨大改变,构成了我国国家与社会的一定程度的"分离"。这种"分离"形成一种新的社会结构,成为社会力量成长和壮大的基础。

社会力量的成长和壮大首先表现在中等收入阶层的不断壮大。根据中国社会科学院的测算标准,家庭财产在15万元至30万元之间可以算作"中产",1999年我国中等收入阶层比重为15%,2003年达到19%。预计到2020年,中等收入阶层将有望达到40%左右。[①] 随着人们受教育水平和收入水平的不断提高,以高级知识分子、商业白领、医生、律师等为主体的中等收入阶层不断壮大。他们较之低收入阶层占据着更有影响力的职位,享有更多的社会资源,因此也拥有更高的社会地位和自主能力,以及更加开放的社会观念。作为社会的中坚力量,中等收入阶层的不断壮大使社会能够积累大量的财富,从而为社会力量的增长提供了坚实的物质基础。

其次,社会力量的成长和壮大还表现在各种现代性社会价值观念的出现。社会垂直和水平的频繁流动,以报纸、电视、广播和互联网为主要内容的大众传播媒介的快速发展,以及人民受教育水平的不断提高,使自由、公平、正义、法治、民主等现代性社会价值观念在社会范围内迅速传播,而社会本身为这些现代性社会价值观念的传播提供了充分的土壤。据中国互联网络信息中心(CNNIC)《第31次中国互联网络发展状况统计报告》数据显示,截至2012年12月,中国网民规模达5.64亿人,互联网普及率为42.1%;手机

---

① 我国中等收入阶层正以每年1%的速度增长—中国青年报,http://zqb.cyol.com/gb/zqb/2004—03/28/content_ 845270.htm。

中国共产党与城市困难群体的社会救助(1992—2012)

网民规模达 4.2 亿人，占比提升至 74.5%，无线网络覆盖明显提升，网民 WiFi 使用率达到 91.8%。[1] 可见，中国已经进入了网络时代，网络正在改变中国：网络论坛、网络博客等领域的技术构建，都在一定程度上营造了公共的社会空间，构建了公共的网络话语平台。以网络为代表的大众传播媒介的快速发展使社会在一定程度上摆脱了国家的控制，提高了自我意识，不同的社会利益主体能够发出不同的声音，从而增强了社会的自主能力，也使社会力量相对于国家权力不断成长和壮大。

再次，社会力量的成长和壮大还表现在非公有制经济突飞猛进的发展。党的十五大把"公有制为主体、多种所有制经济共同发展"确立为我国社会主义初级阶段的基本经济制度，明确提出"非公有制经济是我国社会主义市场经济的重要组成部分"。党的十六大提出"毫不动摇地巩固和发展公有制经济"，"毫不动摇地鼓励、支持和引导非公有制经济发展"。2005 年 2 月国务院出台的《关于鼓励支持和引导个体私营等非公有制经济发展的若干意见》，提出了促进我国非公有制经济发展的 36 条政策规定。党的十八大进一步提出"毫不动摇鼓励、支持、引导非公有制经济发展，保证各种所有制经济依法平等使用生产要素、公平参与市场竞争、同等受到法律保护"。在党的方针政策的指引下，非公有制经济得到快速发展。2012 年非公企业利润总额达到 1.82 万亿元，过去五年的平均增速达 21.6%。在城镇基础设施投资方面，非公有制经济对基础设施的投入占比超过 60%。而在税收方面，非公有制经济对税收的贡献超过了 50%，GDP 所占的比重超过了 60%，就业贡献超过 80%。如果从新增就业来看，它的贡献达到了 90%。[2] 非公有制经济的发展壮大，赋予了社会力量更实在的经济内涵。

复次，社会力量的成长和壮大还表现在各类社会组织的爆发性成

---

[1] CNNIC 发布《第 31 次中国互联网络发展状况统计报告》—新华科技—新华网，http://news.xinhuanet.com/tech/2013—01/15/c_124233840.htm。

[2] 五年来非公企业利润年均增 21.6% 税收贡献超 50%—中国政协新闻网—人民网，http://lianghui.people.com.cn/2013cppcc/n/2013/0306/c357111—20699423.html。

第一章 中国城市困难群体社会救助的时代环境透视

长（参见表1-8）。截至2012年底，全国共有社会组织49.9万个，比上年增长8.1%，其中社会团体27.1万个、基金会3029个、民办非企业单位①22.5万个，分别比上年增长6.3%、15.9%、10.1%，涉及教育、科技、卫生、劳动、民政、体育、环保等领域。②

表1-8　　　　　　　　　　社会组织

年份	社会团体（万个）	基金会（个）	民办非企业单位（万个）
1991	8.3	—	—
1992	15.5	—	—
1993	16.8	—	—
1994	17.4	—	—
1995	18.1	—	—
1996	18.5	—	—
1997	18.1	—	—
1998	16.6	—	—
1999	13.7	—	0.59
2000	13.1	—	2.3
2001	12.9	—	8.2
2002	13.3	—	11.1
2003	14.2	954	12.4
2004	15.3	892	13.5
2005	17.1	975	14.8
2006	19.2	1144	16.1
2007	21.2	1340	17.4
2008	23.0	1597	18.2
2009	23.9	1843	19.0
2010	24.5	2200	19.8

---

① 民办非企业单位是指民间的服务性事业单位，它们不享有国家的经费资助，通过向社会提供有偿性服务维持运转，但按照规定这些组织不得把盈利作为其主要目的。
② 《中国民政统计年鉴2013》，中国统计出版社2013年版，第13—14页。

续表

年份	社会团体（万个）	基金会（个）	民办非企业单位（万个）
2011	25.5	2614	20.4
2012	27.1	3029	22.5

注：2001年以前的基金会包含在社会团体内。

资料来源：1991—2002年数据来源于李学举主编：《民政30年：1978—2008》，中国社会出版社2008年版，第455页。2003—2012年数据来源于《中国民政统计年鉴2011》，中国统计出版社2011年版，第60页；《中国民政统计年鉴2013》，中国统计出版社2013年版，第14页。

最后，社会力量的成长和壮大还表现在自为的政治参与。社会力量以各种方式影响党和政府的政策。各种组织化的社会力量具有利益表达和利益综合的作用，常常在某些重大政策问题上提出自己的利益要求和政策主张。一种情形是组织化的社会力量积极、主动地介入政策过程。某些商会、协会在综合本部门、本行业、本群体利益的基础上，采用多种方式影响政府的政策输出，以维护和增进它们的利益。一些知识分子比较集中的社会组织就某些公共问题提出一些政策性建议，受到政治决策者的重视、采纳，有的甚至成为政府决策者的智囊和参谋。另一种情形是，应党政决策机关的要求，社会组织参与公共政策制定和执行。在通常情况下，中国党政决策机关在出台大政方针时，会主动征求一些社会组织的意见和建议，社会组织常常予以积极的回应和参与。第三种情形是，政府的政策行为损害了社会组织成员的利益时，该组织将代表其成员向有关职能部门反映。

除组织化的社会力量外，个人也以多种方式参与政策过程，体现了公民个人自主意识和参与意识的增强。一方面，个人开始主动地介入政策过程。例如，中国新的公务员录用体检标准就是在民间力量助推下于2004年出台的。另一方面，党和政府在出台重大措施时，也常常主动听取公民个人的意见，这在有些情况下甚至成为一种制度化的做法。《价格法》就明确把听证制度引入价格决策程序。同时，中国公民在自身利益受到损害时，更多的不是选择忍耐，而是通过诉

第一章 中国城市困难群体社会救助的时代环境透视

讼、信访等方式讨"公道"、讨"说法"。有资料显示，2000年全国县级以上三级党政机关受理的群众信访总量为1024万件（人）次，集体访24.57万批次、564.8万人次，分别比1995年上升了1.13倍、2.8倍和2.6倍。1996年至2000年，全国县级以上党政机关信访部门受理的群众集体访批次和人次分别是1995年第四次全国信访工作会议前13年的2.06倍和2.75倍。①

民间组织、自治组织、网络平台的较大发展，以及他们对中国社会方方面面的有效参与，在一定意义上可以说是中国社会力量发育和成长的重要标志。

社会力量掌握着可观的社会资源。以社会组织为例，截至2012年底，全国社会组织吸纳社会各类人员就业613.3万人，比上年增加2.3%；形成固定资产1425.4亿元；社会组织增加值为525.6亿元，比上年减少20.4%，占第三产业增加值比重为0.23%；接收社会捐赠470.8亿元。② 同时，我国正处于并将长期处于社会主义初级阶段的基本国情没有变，国家提供公共服务的能力相对有限。在这个大背景下，如何调动社会力量参与社会公益事业包括城市困难群体社会救助工作的积极性，是社会主义市场经济条件下完善中国特色社会保障体系的一个重要课题。

（三）社会力量在社会公益事业中的作为

改革开放前，政府几乎是唯一的公共产品供给者，垄断了公共事务治理权。随着时间的推移，人们认识到依靠科层制组织起来的政府在供给公共产品时具有效率低下、成本过高和难以满足民众多元化、动态的需求等弊端。在此背景下，社会力量广泛参与社会公益事业，提供公共产品，起到了十分重要的作用。以一般企业为例，根据《2012年度中国慈善捐助报告》："2012年全国接收国内外社会各界

---

① 上海市委市政府信访办公室选编：《第五次全国信访工作会议材料》，第9页。
② 2012年社会服务发展统计公报—中华人民共和国民政部，http://www.mca.gov.cn/article/sj/tjgb/201306/201306004747469.shtml。

的款物捐赠总额约817亿元,占我国GDP的0.16%,人均捐款60.4元。报告数据显示,在各捐赠主体中,企业捐赠仍为主要力量。2012年来自各类企业的捐赠474.38亿元,贡献约58%的捐赠。其中,民营企业捐赠275.06亿元,占57.98%。自2007年有全国性的捐赠统计以来,民营企业的捐赠数额一直都占据企业捐赠总量的一半以上。"[1]

《中华人民共和国公益事业捐赠法》所称公益事业是指非营利的下列事项:救助灾害、救济贫困、扶助残疾人等困难的社会群体和个人的活动;教育、科学、文化、卫生、体育事业;环境保护、社会公共设施建设;促进社会发展和进步的其他社会公共和福利事业。社会力量的参与助力上述逐项事业的发展与进步。

救济贫困。如"母亲水窖"。"母亲水窖"是一项集中供水工程,是中国妇女发展基金会2001年开始实施的慈善项目,重点帮助西部地区老百姓特别是妇女摆脱因严重缺水带来的贫困和落后。为了帮助西北黄土高原缺水地区人们特别是妇女迅速摆脱因严重缺水带来的贫困和落后,在全国妇联的领导下,中国妇女发展基金会实施了一项计划,即向社会募集善款,为西北缺水地区捐修混凝土构造的水窖,使她们能利用屋面、场院、沟坡等集流设施,有效地蓄积到有限的雨水,以供一年之基本饮用水。再如中国人口福利基金会、中国计划生育协会和中国人口报社于1995年初共同发起实施幸福工程——救助贫困母亲行动。通过向海内外募集资金,建立幸福工程专项基金;通过卓有成效的救助行动,唤起社会各界对贫困母亲的关注和支持。该项目主要以贫困地区计划生育家庭的贫困母亲为救助对象,围绕"治穷、治愚、治病",采取"小额资助、直接到人、滚动运作、劳动脱贫"的救助模式(每户给予1000—3000元),帮助她们发展家庭经济,脱贫致富。幸福工程实施近20年来,以扶贫济困、回报母爱的深刻情感内涵和具有鲜明特色的救助模式,引起了社会各界的广泛关

---

[1] 民政部发布《2012年度中国慈善捐助报告》红会受捐同比降23.68%—时政—人民网,http://politics.people.com.cn/n/2013/0921/c1001—22983653.html。

第一章 中国城市困难群体社会救助的时代环境透视

注和参与。截至2012年底,幸福工程已遍布29个省,在建项目点471个,累计投入救助资金9.3亿元,救助贫困母亲26.5万人,惠及人口118万。[①]

救助灾民。以汶川大地震为例,2008年"5·12"当天及至之后数月,中国的普通公民、全国的企业和社会组织自发地从全国各地星夜兼程携带救援物资奔赴前线,据不完全统计,累计超过491.4万位志愿者深入灾区以各种形式参加抗震救灾和灾后重建,而在后方参与抗震救灾的志愿者更在1000万人以上,其经济贡献约为185亿元。[②]

扶助残疾。如甘肃省白银市自2012年10月成立社会助残协会以来,助残协会积极组织开展残疾人生活照料、康复,心理健康,助残人士的职业化训练,继续教育培训工作、职业指导、就业帮扶,接受委托开展调查,真实反馈诉求,为政府决策提供依据,组织开展学术研究与经验交流活动。协会主要由残疾人、残疾人工作者、关注残疾人事业的各类爱心企业、事业单位、机关、团体和有志助残的社会爱心人士组成。助残协会还针对助残服务信息交流相对闭塞、助残志愿者队伍发展缓慢等问题,以争取一切有利条件,为社会助残工作提供帮助。经过一年多的工作运行,白银市助残协会与社会各界广泛联系合作,取得广大爱心人士的积极参与和大力支持,助残组织在服务残疾人、解决残疾人实际需求、弘扬全社会助残发挥了很好的导向作用。

发展教科文体事业。如"希望工程"。"希望工程"是团中央、中国青少年发展基金会以救助贫困地区失学少年儿童为目的,于1989年发起,是我国社会参与最广泛、最富影响的民间公益事业。其宗旨是根据政府关于多渠道筹集教育经费的方针,以民间的方式广泛动员海内外财力资源,建立希望工程基金,资助贫困地区的失学儿童继续完成学业、改善贫困地区的办学条件,以促进贫困地区基础教

[①] 幸福工程·一场感恩母爱的盛举—中国在线,http://www.chinadaily.com.cn/dfpd/shehui/2013—05/08/content_ 16484496. htm。

[②] 中国志愿服务的成长——纪念汶川地震,http://www.chinajjhyj.org/Htm/News—more. asp? ID = 3117。

中国共产党与城市困难群体的社会救助（1992—2012）

育事业的发展。截至 2012 年，全国希望工程累计募集捐款 87.3 亿元人民币，其中中国青少年发展基金会筹集善款 31 亿元人民币，资助农村家庭经济困难学生（包括小学、中学、大学生）逾 450 万名，建设希望小学 18002 所，建设希望工程图书室约 15094 个，配备希望工程快乐体育园地 4043 套，配备希望工程快乐音乐教室 735 个，配备希望工程电脑教室 205 个，配备希望工程快乐电影放映设备 418 套，配备希望工程快乐阅读 32 万册，建设希望厨房 918 个，培训农村小学教师近 7 万名。[①] 再如"春蕾计划"。"春蕾计划"是中国儿童少年基金会于 1989 年组织实施的一项救助贫困地区失学女童重返校园的社会公益项目。"春蕾计划"通过开办"春蕾班"、捐建"春蕾学校"等形式救助贫困失学女童。

发展医疗卫生事业。如"红十字天使计划"。"红十字天使计划"是 2005 年 8 月以来中国红十字基金会推动的重点公益项目，其宗旨是关注贫困农民和儿童的生命与健康，广泛动员国内外的社会资源，募集资金和医疗物资，资助贫困农民和儿童参加新型农村合作医疗，对患有重大疾病的贫困农民和儿童实施医疗救助，协助政府改善贫困乡村的医疗卫生条件，捐建农村博爱卫生院，培训农村医务人员，促进我国农村医疗卫生事业健康发展。

发展环保事业。2006 年，国家环保总局局长周生贤在落实主要污染物总量削减目标责任书视频会议上说："当前公众环境意识已显著提高，公众主动参与和监督的愿望十分迫切，只要引导得当，就会成为推动环保工作的重要力量。"事实亦如此。随着我国社会力量的成长，环保 NGO 在环境冲突中频频露面，发挥积极作用。进入 21 世纪，非政府组织已经成为支持中国政府所实施的环保努力的一个重要力量。我们可以通过一系列标志性事件充分说明这一点：（1）2003 年 8 月，怒江中下游两库十三级梯级水电开发方案经国家发展和改革委员会审批通过。消息传出后，绿家园志愿者、自然之友、云南大众流域等环保 NGO 利用媒体、网络、沙龙、论坛、图片展、参加国际

---

① 《中国青少年发展基金会》，《中国社会组织》2014 年第 2 期，第 5 页。

第一章 中国城市困难群体社会救助的时代环境透视

会议等方式，积极倡导保护怒江，引起国内外各界对怒江建坝事件的关注与讨论。2004年2月，温家宝总理对此事做出重要批示，"应慎重研究、科学决策"。怒江水电开发计划暂时搁置。（2）2004年5月，针对北京动物园搬迁的可行性，以自然之友为主的数家NGO组织了由环境专家、院士、北京市人大代表、法律专家等社会人士参加的一次研讨会，会上5位院士提交了反对建议书。一时间北京动物园是否应该搬迁引起了全社会的一场大讨论。9月份，相关部门宣布北京动物园搬迁暂时搁置。（3）2004年7月，云南《金沙江中游河段水电规划报告》通过国家发展和改革委员会审查，虎跳峡水利枢纽被推荐为近期开发工程。消息一发布引来了环保NGO的反对之声，包括环境与发展研究所、阿拉善SEE生态协会、自然之友、地球村、天下溪、社区参与行动、全球环境研究所、绿岛等9家主要的民间环保NGO举行了一场题为《中国西南水电开发热的冷思考》的研讨会，发出名为《留住虎跳峡，留住长江第一湾》的呼吁书，要求有关部门从保护金沙江流域生物多样性和文化多样性的角度，从尊重该地区居民生存权的角度出发，停止虎跳峡水电站的建设。（4）2010年，34家环保NGO联合对IT产业重金属污染情况进行了调研，梳理出了超标违规的IT产品制造商与知名IT品牌间的供货关系，之后向多达29家国内外知名IT品牌的CEO发出信件，直指供应链污染问题，这其中包括IT大鳄苹果公司。在环保NGO的推动下，这些企业的品牌供应链污染问题备受公众考问。迫于舆论压力，苹果公司由最初拒绝回应转变为主动与环保组织进行沟通。（5）2011年4月，绿色浙江、绿色龙江、自然之友等十多家国内民间环保组织两次因浙江贝因美科工贸股份有限公司"通过了股票发行审批而未进行国家环保部门的环保核查"而致信深圳证券交易所，建议深交所调查该事件，并要求停止其上市交易。

此外，居民在城市社区居委会和农村村民委员会的领导下，进行民主决策和民主管理，主要依靠自身力量解决本社区或本村的治安、道路修建、水利设施维修等公共问题。

四 城市传统社会救助政策的局限性日益凸显

在中国城市贫困问题凸显的初期,中国政府主要采用了"运动式"的临时补救措施,如在全国开展"社会帮困"活动、实施"送温暖"工程等。这些活动成本不菲,却收效甚微。中国政府之所以没有一开始就看好社会救助制度,是因为在20世纪五六十年代形成的与计划经济体制相配套的城市社会救助政策远远不能适应社会主义市场经济条件下的新形势。

(一)城市困难群体社会救助工作的历史回顾(1949—1992)

1. 新中国成立初期对城市困难群体的紧急救济(1949—1952)

新中国成立初期,中国有数以百万计的城市贫困户。在各大中城市,街巷中满是灾民、难民和散兵游勇,失业人员和无依无靠的孤老残幼也比比皆是。尽管当时国家财政还十分困难,但仍拨出大量经费和粮食,开展了大规模的城市社会救济工作。各地从实际出发,本着保障救济对象基本生活的原则,采取区别对待的方法,对不同类型的人,给予不同的救济。对无依无靠的孤老残幼,给予经常性的救济;对缺少棉衣棉被的,发给御寒衣被;对患病无力就医的,给予医药费救济;对死亡料理丧事,经济有困难的,给予丧葬费补助;对自谋生活出路,从事生产经营有困难的,给予生产资金补助;对生活困难的失业工人或知识分子,在就业前给予临时补助。此外,对其他生活困难而无法自行克服的人,也都给予适当的社会救济,帮助他们克服困难。据不完全统计,在新中国成立后一年多时间里,武汉、广州、长沙、西安、天津等14个城市紧急救济了100多万人。[①] 如武汉市1949年5月解放时,市内有外来灾难民、本市贫民和失业工人共10余万人。同年下半年至1950年初,湖北

---

① 《当代中国》丛书编辑委员会:《当代中国的民政》下,当代中国出版社1994年版,第74—75页。

第一章　中国城市困难群体社会救助的时代环境透视

省和武汉市人民政府调拨大米1.63万公斤,紧急救济上述贫困群众。1950年5月,市民政、公安、劳动、建设、卫生等局、武昌区办事处、市总工会和市工商联等单位抽派干部,联合成立武汉市临时救济委员会,组织外来人员回乡生产,收容安置无家可归的老弱残孤,重点放在紧急救济没有饭吃的特困户上。市政府再拨粮25万公斤,发动工人捐献一天工资,机关干部每人每天节约2两(62.5克)米,学生每人捐献"一千元(旧人民币)、一碗米",工商界也捐献大米1.52万公斤和6779万元(旧人民币),还采取介绍就业、以工代赈、下乡垦荒、生产自救、输送上学等办法配合进行。不久,再组织1000多名各区干部挨户调查登记,共登记有失业人员25187人,连供养家属共101286人。对生活无着,以大口7.5公斤、小口5公斤的标准发给大米。救济中,把登记、调查、审核、发放4道手续结合起来,上门服务,有时干部还将米背到孤寡老残家,受到群众赞扬。此次共救济17850户、35708人,折合大米共24.13万公斤。① 1952年,全国152个城市常年得到定期救济的人口达120多万,得到冬令救济的约达150多万。有的城市享受社会救济的人口竟达20%—40%。②

为了帮助城市贫民从根本上解决生活问题,"生产自救"摆在一个很重要的位置。首先是以工代赈,组织大批失业贫民参加市政建设。1949年5月武汉解放之初,市民政、劳动局和各区组织失业工人和城市贫民从事市政建设零星活路,以工代赈。1950年6月,又组织失业码头工、人力车工、建筑工和手工业者5138人修筑解放大道一段,发放工赈大米90万公斤。8月,又承接汉口玉带门火车站工程,挖土方实行计件工资,每方发米2.5公斤。11月,编成18个包工队,分别进行水利、筑路、下水道和开山采石等工程。至1951年12月底,共做111.09万个工,平均每天出工2000余人,有时高

---

① 《武汉市志 民政志》,武汉大学出版社1990年版,第122—123页。
② 《当代中国》丛书编辑委员会:《当代中国的民政》下,当代中国出版社1994年版,第75页。

达5000余人。两年除粮食外共支工赈费164.48万元，占全部救济事业费支出的63.1%。①其次是举办烈军属和贫民生产单位，从事手工业和小型工业生产。武汉解放初，市民政局为照顾烈军属生活困难，采取介绍就业、发放补助办法。1950年后，以组织生产自救厂（组）为方向，先后办印刷、缝纫、纺织和粮食加工厂（组）8个，吸收烈军属380余人。这些厂（组）因缺原料或经营不善，不易巩固。1951年6月，得到工商管理部门在产供销等方面的支持，又办厂（组）12个，容纳1000人以上，有资金14.63万元，其中政府投资65.4%，社会捐助30.9%，烈军属自筹3.7%。1951—1953年，总产值共154万元，职工每月平均收入13—15元。②大规模的城市社会救济和生产自救迅速稳定了社会，恢复了秩序，使城市社会生活走上了正常轨道；也极大地鼓励和激发了广大人民群众对新社会的信赖和热爱，有的人怀着无比感激的心情说："共产党雪中送炭，比爹娘还亲；国民党血腥统治，残酷剥削广大人民，比蝎子还毒。"③

2. 社会主义改造时期，初步建立城市困难群体社会救济制度

社会主义改造时期，由于国家生产建设的不断发展，经济形势的日益好转，进一步解决了城镇人民的就业和生活困难问题。旧中国留下来需要进行救济的问题绝大部分得到了妥善解决。但是，随着生产建设和经济形势的变化，一部分家庭人口多劳动力少的困难户、年老体弱的小摊贩、人力三轮车工人、被取缔的封建迷信职业的从业者、无经济来源生活困难的刑事罪犯的家属等也加入了城市困难群体。为了解决这部分人的生活困难问题，以顺利完成第一个五年计划，为贯彻党在过渡时期的总路线创造一个良好的社会环境，这一时期党和政府对城市困难群体的社会救济主要抓了以下几项工作：

一是认真做好救济粮款的发放工作。由于在紧急救济过程中有的地方出现了救济面过宽的问题，助长了一部分人依赖政府的思想。为

---

① 《武汉市志 民政志》，武汉大学出版社1990年版，第131页。
② 同上书，第132页。
③ 《当代中国》丛书编辑委员会：《当代中国的民政》下，当代中国出版社1994年版，第75页。

第一章　中国城市困难群体社会救助的时代环境透视

了解决这一问题,各地民政部门在发放救济粮款前,首先积极地宣传政府的社会救济政策,使广大人民群众明确了对无依无靠、无生活来源的孤老残幼和长期无法解决生活困难者给予定期定量救济;对因天灾、人祸、疾病等原因,发生暂时性困难的群体给予临时性救济。同时,发动和组织街道和居民委员会的积极分子,深入救济户调查了解,摸清情况。在此基础上采取领导掌握和群众评议相结合的办法,确定救济对象、救济标准、救济时间。为保证救济对象的生活,防止救济对象有了生活收入仍享受社会救济的现象,各地民政部门还认真做好复查工作。对孤老残幼等情况变化不大的救济对象,三个月进行一次复查;对有劳动能力、生产生活不固定,经常发生变化的救济对象,一个半月左右进行一次复查。由于各地民政部门业务指导思想明确,工作深入扎实,方法得当,纠正了救济面过宽的倾向,及时准确地救济了城市困难群体。

二是适时调整社会救济标准。新中国成立初期,由于在全国执政条件下开展城市社会救济工作的时间还不长,经验不多,规章不健全,各地在发放救济款时,没有统一的标准,数额把握不准。针对这一情况,内务部在大量调查研究的基础上,制定了全国城市救济标准,并在1953年召开的第三次全国城市社会救济工作会议上公布。这一标准的具体内容是:以户为单位,按人口递增。大城市每户每月一般不超过5—12元;中小城市每户每月一般不超过3—9元。有些物价与群众生活水平低的大城市和物价与群众生活水平高的小城市,以及人口特别多劳力特别少的救济户,可按实际情况确定。[①] 此后,各地都按规定发放救济款,基本上克服了救济款数额掌握不当的现象。随着国家建设的迅速发展,人民生活水平的逐年提高,1953年内务部制定的全国统一的城市社会救济标准逐渐与实际需要不相适应,暴露了简单机械地按市大小划分救济标准的不合理性。为此,1956年11月内务部发出了《关于调整城市困难户救济标准的通知》

[①]《当代中国》丛书编辑委员会:《当代中国的民政》下,当代中国出版社1994年版,第76页。

中国共产党与城市困难群体的社会救助(1992—2012)

(以下简称《通知》)。这次吸取了1953年的经验教训,不再规定统一的救济标准,而是提出了城市困难户的救济标准应当以能够维持贫民的基本生活为原则。《通知》还指出,对能够参加生产的,应当尽量组织和扶持他们参加各种可能的生产,对贫困的老年知识分子以及当地政府认为需要予以特殊照顾的其他人员,其救济标准可高于一般困难户的标准;蒋军政人员家属、被俘释放人员、犯罪家属等,需要救济时,要与一般困难户同样予以救济。[①] 这一时期,国家对城市困难群体的物质帮助是巨大的,保障了他们的基本生活,没有出现冻死或饿死人现象。据不完全统计,从1953年至1957年国家共支出城市社会救济经费1亿多元,救济了1000多万人。[②]

三是积极开展生产自救工作。1953年召开的第三次全国城市社会救济工作会议确定了"生产自救,群众互助,并辅之以政府的必要救济"的方针后,大部分城市根据当地资源等实际情况,因地制宜,组织贫民参加各种形式的生产自救。有的城市与当地生产建设部门密切配合,组织贫民参加挖土方,运送建筑材料、修筑马路等劳动生产;有的城市围绕工厂、企业、学校、机关等单位生产和生活的需要,组织贫民从事小五金加工、胶木制品、玻璃器皿,或者从事第三产业修理自行车、拆洗被褥、照顾病人、照看孩子等;有的城市组织贫民糊纸盒、编织竹、藤、柳等器具。如武汉市1953年春,组织城市贫民和郊区农民1000余人挑土上堤,两个月共工赈5.9万元。7月,汉阳、硚口两区又招失业者520人,到长江大桥、中南荣校和华中工学院承接土石方工程,人均日收入0.7—0.8元,后增至1.8元,体力强的可挣2.5元。失业者及其家属共约2000人生活得以维持,且有210人被城建部门招收为正式工人。1955年,组织城郊3万多贫民修复与加固灾后堤防,另募1.8万人参加汉江分洪工程。1954年2月,市民政局、中国人民救济总会中南办事处和武汉市分会联合成立

[①] 《关于调整城市困难户救济标准的通知》,河北省档案馆,卷宗号935—2—124。
[②] 《当代中国》丛书编辑委员会:《当代中国的民政》下,当代中国出版社1994年版,第77页。

第一章　中国城市困难群体社会救助的时代环境透视

工作组，到硚口区六角街和汉阳集家街蹲点，筹办城市贫困户生产自救厂（组），制定出贫困户"自己想、自己找、自己干"和政府予以必要扶持的方针，两个月内成立搓麻绳、糊鞋衬、洗衣服、熬米糖、糊纸盒等7个生产组，吸收110人。各城区推广两街经验后，1955年全市贫困户厂（组）发展到48个，吸收3632人，贫困户占50%。1956年增至57个，4436人，其中贫困户占74.3%，烈军属占22.8%，盲聋哑人占2.9%。① 同时，国家还在政策层面对城市贫民的生产自救予以支持。1957年1月内务部、财政部和中国人民银行总行联合发出《关于城市烈属、军属和贫民生产单位的税收减免和贷款扶助问题的联合通知》，3月内务部、国家经济委员会等7个部门发出《关于解决烈属、军属、残废军人、贫民生产原料困难问题的联合通知》，决定对贫困户生产予以税收减免、贷款扶助和解决生产原料等帮助。据52个城市不完全统计，1954年参加生产自救的贫民有22.57万人，有长期或季节性的贫民生产组织1802个。贫民生产收入，大都超过了他们参加生产前向政府领取的救济金，生活有了明显的改善，城市中救济的人数大量减少。据统计，全国需要救济的人数，1954年上半年比1953年同期减少将近三分之一，救济费的开支也减少了将近30%。到了1955年生产自救工作又有了新的进展。全国组织城市贫民参加生产的人数达58.2万余人，长期生产单位有7900余个，不仅减少了国家开支，改善了贫民的生活，而且为社会创造了物质财富。②

这一时期的城市社会救济工作，取得了较好的社会效益和经济效益，促进了第一个五年计划和"三大改造"任务的顺利完成。同时，社会主义改造完成后，中央关于城市困难群体的救济原则、范围、标准以及对生产自救者的帮扶措施都得以明确。

---

①《武汉市志 民政志》，武汉大学出版社1990年版，第131—132页。
②《当代中国》丛书编辑委员会：《当代中国的民政》下，当代中国出版社1994年版，第78页。

3. 三年自然灾害和国民经济调整时期加强城市困难群体的社会救济工作

1958年前后由于全国掀起了全民办工业的热潮，就业门路扩大了，城市社会救济对象中有劳动能力的基本上都参加了工作。当时城市救济工作的主要任务是保障无依无靠孤老残幼的基本生活。但是，在这一时期以后，由于中国遭受了连续三年严重自然灾害，经济建设上指导思想严重失误，致使国家经济发生严重的困难，人民生活水平急骤下降。为此，对国民经济实行"调整、巩固、充实、提高"的八字方针，这给城市社会救济工作带来了新情况、新问题。在城市中因生活困难需要救济的人大量增加，并逐年上升。据天津、北京、广州、包头、沙市、安阳等16个城市的统计，1961年平均每月救济3.2万人，比1960年增加60.5%。到了1963年需要救济的人继续上升，据北京、沈阳、武汉、重庆、西安、南京等70个城市的统计，1963年6月共救济了24.1万人，比1962年同期增加1.2倍。[①] 新增加的救济对象主要有：精简退职的职工，被取缔的小商贩，社会闲散人口。一些原来不需要救济的人，因城市生活费增加，实际收入相对较低，生活发生困难也需要救济了。为了做好城市社会救济工作，这一时期国务院先后发了《精简职工安置办法的若干规定》《关于精简退职老职工生活困难救济问题的通知》，还批转了内务部《关于当前城市社会救济工作的报告》。根据国务院的历次指示精神，内务部和地方各级民政部门主要抓了两项工作：

一是进一步开展生产自救。各地在以往生产自救的基础上，进一步加强这项工作，主动与有关部门配合，尽可能地安置好有劳动能力的社会困难户参加各行各业临时性劳动和城市服务工作，并采取优惠的政策，对参加生产自救劳动所得的少量收入一般不冲减应发给的救济金。这极大地调动了有劳动力的救济对象参加生产的积极性，使生产自救得到了进一步发展。据天津、沈阳、济南、杭州、长沙、重庆

[①] 《当代中国》丛书编辑委员会：《当代中国的民政》下，当代中国出版社1994年版，第78页。

第一章 中国城市困难群体社会救助的时代环境透视

等59个城市统计,1963年上半年就组织了21万余人参加生产自救,占可以组织生产自救人数的50%。①

二是做好精简退职职工的救济工作。为了做好这项工作,内务部发了《关于贯彻执行国务院"关于精简职工安置办法的若干规定"的通知》,1965年内务部、劳动部、财政部发了《关于贯彻执行国务院〈关于精简退职的老职工生活困难救济问题的通知〉的联合通知》,同年9月内务部又发了《关于精简退职老职工生活困难救济工作中若干问题的解答》。各地民政部门根据国务院和内务部的历次指示,积极认真地开展精简退职老职工的救济工作,对1961年1月1日到1965年6月9日期间精简退职的1957年底前参加工作的国营、公私合营、事业单位和国家机关、人民团体、民主党派、军事系统而无军籍的职工,并领过一次性退职补助金;全部或者大部分丧失劳动能力,或者长期患病影响劳动较大的;家庭生活无依无靠的职工,办理了原标准工资40%的救济,并给报销本人医疗费的三分之二。对原来按《国务院关于精简职工安置办法的若干规定》已享受原标准工资30%救济的,一律改按40%发放救济金,并给报销本人医疗费的三分之二。对不符合享受40%救济而生活确实困难的,尽可能安排他们参加生产自救,生活仍有困难的,给予定期或临时的社会救济,使他们的生活不低于当地一般居民。据不完全统计,截至1965年底,全国有4.66万人享受了原标准工资40%的救济。②

4. "文化大革命"对救济工作的干扰

"文化大革命"期间,党和国家的各项工作受到严重冲击。1969年内务部撤销,各地民政部门也被冲垮,社会救济被当作修正主义批判,工作无法正常开展,除了按原有的救济名册发放救济金外,其他工作基本处于停顿状态,致使一大批符合救济条件的困难户得不到及时救济,损害了党和政府的威信,造成了极坏的影响。

---

① 《当代中国》丛书编辑委员会:《当代中国的民政》下,当代中国出版社1994年版,第79页。
② 同上书,第79—80页。

5. 改革开放前期城市困难群体社会救济工作的恢复和发展（1978—1992）

改革开放后，邓小平在谈到解放生产力时说，"社会主义的目的就是要全国人民共同富裕，不是两极分化。如果我们的政策导致两极分化，我们就失败了"①。正是基于这样的战略思维，城市贫困救济与其他各项社会政策一样开始陆续恢复、修补和落实。

十年"文革"结束后，我国城市经历了新中国成立以来的第二次失业高峰，带来了新的城市贫困问题，城市社会救济得到了党和政府的高度重视。1978年3月，国家设立了民政部，下设城市社会福利司主管城市社会救济工作。各级民政部门渐次建立了社会救济专门工作机构，为社会救济工作的顺利开展提供了组织保障。1979年11月，民政部召开全国城市社会救济福利工作会议，明确城镇救济对象主要是"无依无靠、无生活来源的孤老残幼和无固定职业、无固定收入、生活有困难的居民。对中央明文规定给予救济的人员，按规定办理"。在1983年4月召开的第八次全国民政会议中，明确了新时期我国社会救济工作的基本方针是"依靠群众，依靠集体，生产自救，互助互济，辅之以国家必要的救济和扶持"。虽然沿用了传统的救济方针，但是在救济形式与内容方面开始尝试改变。比如，将生产经营理念引入救济领域，尝试由原先的"输血"改为"造血"，把农村扶贫机制引入城市救济，依靠街道把城市有劳动能力的救济对象组织起来参加生产自救，而对那些无劳动能力的传统救济对象则实行定期救济。这一时期主要抓了三项工作：

一是适时调整城市社会救济标准。随着国家经济的发展，价格体系的改革，人民生活水平的提高，20世纪60、70年代的救济标准已与实际需要不相适应。为了切实保障社会困难户的基本生活，各地民政部门组成调查小组，深入街道了解救济对象的生活情况，核算基本生活必需的各项开支，根据当地财政状况和人民群众的生活水平，先后几次调整了城市社会救济标准。北京市先后调整了4次，1982年

---

① 《邓小平文选》第3卷，人民出版社1993年版，第110—111页。

第一章　中国城市困难群体社会救助的时代环境透视

前一般城镇困难户每人每月15元，社会孤老每人每月18元；1982年调整为一般城镇困难户每人每月20元，社会孤老每人每月25元；1985年调整为一般城镇困难户每人每月25元，社会孤老每人每月30元；1989年又调整为城镇孤老每人每月52元，一般困难户每人每月42元。辽宁省在中共十一届三中全会以来三次提高社会救济标准，1980年从每人每月8元提高到10—15元；1984年提高到16元；1986年又提高到大城市一人户每月25元，二人户每月45元，城镇一人户每月22元，二人户每月35元，逢年过节还给临时性补助。从全国来看，1979年支出城市社会定期救济费1785万元，享受救济的有24万人，平均每人每年75元；1989年支出城镇社会定期救济费8.45万元，享受定期救济的有30.87万人，平均每人每年273元。1989年平均每人每年的救济费比1979年增加198元，保障了救济对象的基本生活。① 1992年城镇困难户得到救济和补助的人数是908万人，和1985年的376.9万人相比，增加了2.4倍多。②

二是继续做好20世纪60年代初期精简退职职工生活困难的救济工作。由于"文化大革命"使一大批该救济的精简退职职工未能享受救济，粉碎江青反革命集团后，这部分人要求救济的呼声强烈。各地民政部门按照中央的要求，解决了一部分精简退职职工的生活困难问题。但是，由于经费不足等问题，仍有不少人没有得到救济。为了切实解决这一问题，民政部和财政部派人，到各地进行了深入的调查，并先后两次召开了黑龙江、辽宁、河北、山西、陕西、山东、安徽、四川、湖北、湖南等省参加的座谈会，研究了解决的具体办法。在此基础上，民政部、财政部于1982年联合发了《关于做好精简退职老职工生活困难救济工作的通知》，要求各地做好40%救济的补办工作，对不符合享受40%救济条件而生活确有困难的，给予社会救济，并明确补办40%救济的经费由中央财政拨专款解

---

① 《当代中国》丛书编辑委员会：《当代中国的民政》下，当代中国出版社1994年版，第80—81页。

② 多吉才让：《中国最低生活保障制度研究与实践》，人民出版社2001年版，第58—59页。

决，属于社会救济的经费由地方财政解决。各省、自治区、直辖市民政厅（局）成立了专门班子负责补办工作。为保证补办工作的质量，顺利完成任务，民政部、财政部先后组成了5个调查小组分赴10省，深入老职工家中了解情况，及时掌握工作进度，发现和解决问题，总结经验教训。后来，又针对个别地区出现的条件掌握不严，强调原始证件不够，扩大补办面的问题，由民政部、财政部于1982年11月联合发出《关于补办精简退职老职工百分之四十救济工作有关问题的紧急通知》，强调要严格按照政策规定，积极慎重地做好补办工作。在此基础上，还印发了有关精简退职老职工救济工作的《若干问题解答》，把政策交给基层工作人员和人民群众，有力地推进了补办工作。经过近两年的工作，使符合享受40%救济的老职工都得到了救济；不符合享受40%救济而生活确实困难的精简退职职工也得到了社会救济。据不完全统计，这次全国补办的精简退职老职工有16.54万人，中央财政拨款补办40%救济经费4961万元。连同1981年底前已享受40%救济的9.97万人，经费3296万元，共计有26.51万人享受40%救济，国家支出8257万元，比较好地解决了20世纪60年代初精简退职老职工生活困难这一历史遗留问题。陕西、山东、青海、黑龙江、辽宁、吉林、天津等21个省、自治区、直辖市根据当地的财力和人民群众的生活水平，对20世纪60年代初精简退职老职工的救济又制定了地方性规定，扩大了救济范围，放宽了救济条件，提高了救济标准，进一步改善了精简退职老职工的生活。①

三是积极开展群众互助工作。各地民政部门，特别是大中城市积极地倡导、发动和组织群众义务为社会孤老送粮、送煤、送菜，帮助孤老洗衣被、做饭、打扫卫生，丰富孤老的精神生活。互助的形式多种多样，有的由居民小组长、里弄积极分子、退休工人等组成"包户组"，照顾孤老的生活；有的由青少年学生组成学雷锋小组或"五讲

---

① 《当代中国》丛书编辑委员会：《当代中国的民政》下，当代中国出版社1994年版，第81—82页。

第一章　中国城市困难群体社会救助的时代环境透视

四美"小组，为孤老服务；有的由孤老居住地各部门按工作范围分工为社会孤老服务，粮店为孤老送粮、副食商店为孤老送副食品。北京市崇文区民政局采取六种形式对社会孤老实行综合包户：(1)义务领养。帮助孤寡老人和亲友或邻居组成新的家庭，一起生活，颐养天年。(2)义务代养。老人住在自己家，由邻居负责衣食住行。(3)单位包养。由某个单位负责定期派人照料其生活。(4)遗赠扶养。签订扶养协议，通过法律公正，扶养者具有遗产继承权。(5)包户扶养。由老人居住社区内的服务行业、居委会群众为老人提供综合服务。(6)集中收养。老人住进国家或集体兴办的敬老院内安度晚年。群众互助活动的开展，使社会孤老的生活有了照料，能幸福愉快地安度晚年，同时也发扬了敬老爱幼的传统美德。另外，动员群众，开展了一些非制度化、临时性的帮困活动，如在全国范围内组织"社会帮扶"活动，以及政府部门在重大传统节日组织的"送温暖"工程等，一定程度上抚慰了城市救济对象的贫困心理，起到稳定社会的作用。

由于这一时期经济社会的发展仍然处于计划经济的主流环境中，城市社会救济政策并未发生质的变化，表现出传统救济制度的过渡性特征，在制度设计、经费投入、程序操作、救济理念及效果方面都滞后于城镇贫困问题的发展。

（二）城市传统社会救助制度的缺陷

回顾1949—1992年间城市困难群体社会救助工作，我们可以做出这样的结论：首先，政府通过各种救助形式基本保障了城市困难群体的生存，促进了社会的稳定和政权的巩固；其次，这一时期城市困难群体社会救济模式的选择是与计划经济体制相适应的，并对当时的计划经济体制起到了稳定器、平衡器的作用；最后，这一时期进行了大量济贫实践探索，为后来以城市最低生活保障制度为核心的现代城市社会救助体系的运行提供了宝贵的经验。

但是，我们必须要注意到的是，此期间的社会救济在整体上属于

中国共产党与城市困难群体的社会救助(1992—2012)

"剩余社会福利模式"①，主要表现在以下几个方面：

第一，救助范围极其有限。在实行最低生活保障线制度之前的1992年，中国得到国家定期定量救助的城镇困难户人数只有19万人，占城镇人口的比重为0.06%。这某种程度上与当时国家的宏观福利制度安排密切关联。当时在城市的国家保障这张安全网中，已经网罗了中国城镇绝大部分人口，漏在网的外面的或者挂在网的边上的人是极少数。当时，只有这些边缘群体才是吃"政府救济"的，因此这项制度的重要性自然无从谈起。有香港学者这样评价：因为救助对象的边缘化，这项制度本身也被边缘化了。同时，不合理的"三无"限制条件使许多有实际困难的城镇居民成为"（政府、单位、家庭）三不管"对象。如截至1995年12月底，上海城镇传统的民政社会救济对象有8000人，只占城镇人口的0.118%，而低收入帮困对象已达36.5万人，占城镇人口4.3%，一方面许多低收入困难对象因企业不景气而救济不了；另一方面政府救济的覆盖面过窄没法顾及，加上社会救济缺乏法律规范，非政府行为的随意性很大。因此，城市社会救济体系出现严重的空白。②

第二，救助标准难以为生。中国的社会救助标准一贯偏低。1992年，用于城镇困难户的定期定量救助经费是8740万元，救济对象人均月救济金额为38元，仅为当年城镇居民人均生活费收入的25%。

第三，救助经费严重不足。救助标准过低的直接原因是救助经费的不足。1992年，全国城镇社会救助费用（包括临时救济）总共只有1.2亿元，仅占当年国内生产总值的0.05‰，不到国家财政收入的

---

① 所谓"剩余社会福利模式"是威伦斯基与勒博克斯提出的，他们提出剩余性社会福利模式与制度性社会福利模式这两种模式。剩余社会福利模式是指国家在社会福利方面扮演有限的角色，政府除了在社会救助和基本的社会服务方面承担主要责任外，在其他社会服务和福利领域基本上依靠市场、非政府组织和就业者个人。它强调政府的最小作用和公民的工作价值，社会保障基本上是建立在就业的前提下，政府只对社会中最不利群体担负基本的社会救助义务。

② 施德容：《从社会救济到社会救助——城市社会救助体系探索》，《中国民政》1996年5月8日，第8页。

第一章　中国城市困难群体社会救助的时代环境透视

0.03%。[1]

第四，无社会组织参与城市困难群体社会救助工作。计划经济时期，除属于官方性质的社会团体之外，别无社会团体、社会组织。社会学作为一门学科甚至在"文革"期间被取消。旧社会慈善组织被贬低得一文不值。没有社会工作专业，也没有社会工作者。没有社会组织参与社会济贫活动。出现这种状况，既有主观上党和政府对社会组织带有意识形态偏见的软制约，也有客观上计划经济时代普遍贫穷的现实难以为社会组织的活动提供社会基础和经济支撑的硬约束。因为，从客观上讲，"贫富差距存在的时代、贫富差距不断扩大的时代最需要发展慈善事业。贫富差距存在，有的人需要社会的帮助，有的人有能力帮助他人，慈善公益事业就变成了一个桥梁，变成了一个联结不同社会阶层、润滑社会关系的有效机制"，而"在共同贫穷的年代不可能有慈善事业，过于贫穷落后会制约慈善事业的发展；在共同富裕的时代不需要慈善事业"。[2]

此外，由于法制不健全、制度不完善、标准不明确、程序不规范等原因，这一时期城市困难群体社会救助工作存在着较大的随意性。从救助对象的认定来看，没有明确的标准，哪些人属于应该救助的对象，哪些人应该重点救助，历来凭感觉确定，难以准确无误地认定；从救助标准的确定来看，没有全面的科学的标准，国家拨给的救助款多就多发点，反之就少发；从救助金的发放程序看，也缺乏完善的制度规定。

显然，这种城市困难群体社会救助模式是不能适应经济体制改革与社会发展的需要，亦无法维持城市居民最起码的生活权益。社会主义市场经济条件下，改革原有的城市济贫制度，作出新的社会救助模式选择，便成为历史发展的必然。

---

[1] 郑功成著：《中国社会保障30年》，人民出版社2008年版，第153页。
[2] 张起花、李锦泉：《发展慈善事业　社会共担责任》，《中国贸易报·公益慈善周刊》2007年2月13日。

第二章　中国共产党对城市困难群体及其社会救助诸问题的认识

研究1992—2012年间中国城市困难群体的社会救助，需要从中国共产党和中国政府对该问题的认识谈起，因为"帮助穷人的办法取决于国内资源有多少可供使用，也取决于是否存在相应的政治意志把资源用来缓解贫困问题"[①]。正是党和政府关于城市困难群体和社会救助工作的理念，决定了一定历史时期中国有关城市困难群体社会救助制度的选择和社会救助工作的地位、实施的力度和成效。可以说，研究党和政府对城市困难群体及社会救助工作的认识，是我们了解、分析与客观评价1992—2012年间中国共产党领导的城市困难群体社会救助制度与实践的一把钥匙。

一　中国共产党有关城市困难群体社会救助诸问题认识与主张的理论渊源

任何思想都不是凭空产生的。作为中国特色社会主义理论体系的重要组成部分，1992—2012年间中国共产党关于城市困难群体社会救助的思想与主张并非无源之水，无本之木。一方面，中国共产党始终高举马克思主义的旗帜，把马克思主义作为指导中国革命、建设和改革的理论指南，因而，其关于城市困难群体社会救助思想也深深地

[①] 弗雷德里克（Frederick C. Turner）和亚历杭德罗（Alejandro J. Corbacho）：《国家的新角色》（中文版），《国际社会科学杂志》2001年第1期。

第二章 中国共产党对城市困难群体及其社会救助诸问题的认识

植根于马克思主义经典作家的理论土壤中。另一方面，1992—2012年间中国共产党关于城市困难群体社会救助的思想与主张不是一蹴而就的，它是在中国共产党成立后逐步发展起来的，是民主革命时期和新中国成立后的计划经济体制时期中国共产党社会救助思想的进一步深化和发展。由此，马克思主义经典作家社会救助思想和中国共产党历史上的社会救助思想共同构成了1992—2012年间中国共产党关于城市困难群体社会救助思想与主张的理论基础。

（一）发扬马克思主义经典作家的社会救助思想

马克思主义是一门完整的科学，又是一套逻辑严谨的意识形态，它要求以科学的态度和方法不断探求人类社会发展规律、共产党执政规律和社会主义建设规律。1992—2012年间中国共产党关于城市困难群体社会救助的思想与主张从马克思主义经典作家的救助思想中汲取了大量的营养，重温马克思主义经典作家的社会救助思想对进一步研究1992—2012年间中国共产党关于城市困难群体的社会救助思想具有重要理论价值。

1. 马克思、恩格斯的社会救助思想

主张社会救助是跨越意识形态的"硬道理"，认为社会救助是一切社会物质资料再生产和劳动力再生产的必备条件。人类不能停止消费，就不能停止生产和再生产，人类社会发展过程，就是物质资料再生产和劳动力再生产的过程；其中物质资料的再生产，是人类生存的必要条件，没有物质资料的生产保障，人类的其他需要就无法满足。然而，在社会物质资料再生产过程中总是伴随着风险和不确定性，正如马克思所言："不变资本在再生产过程中，从物质方面来看，总是处在各种使它遭到损失的意外和危险中。"[①] 在前工业时代，家庭保障能最大限度地把这种损失降到最低。然而随着人类社会进入机器大工业时代，"大工业在瓦解旧家庭制度的经济基础以及与之相适应的家庭劳动的同时，也瓦解了旧的家庭关系本身"，使得传统的家庭保

---

① 《马克思恩格斯全集》第25卷，人民出版社1972年版，第958页。

障不仅在面对传统风险诸如自然灾害、不幸事故等时越来越显得捉襟见肘,而且在面对失业、工伤等新问题时更显无能为力。此种情形下,物质资料的再生产和劳动力的再生产就无法继续进行。为了减轻各种风险,就必须建立相应的社会保障制度,使社会弱者获得帮助。马克思强调:"如果我们把剩余劳动力和剩余产品缩小到社会现有的生产条件下,一方面能形成保险基金的准备金,另一方面也能按社会需求所决定的程度来不断扩大再生产的必要限度。最后,如果我们把那些有劳动能力的人必须为社会上还不能劳动或已经不能劳动的成员而不断进行的劳动,包括到必要劳动和剩余劳动中去,也就是说,如果我们把工资和剩余价值、必要劳动与剩余劳动的独特的资本主义性质去掉,那么,剩下的就不再是这几种形式,而只是他们的为一切社会生产方式所共有的基础。"[①] 这体现出马克思对社会救助本质的高度概括,彰显了社会救助对防范风险、维护社会生产的重要性,更表明了一个社会的经济运行、文明进步或社会发展,都需要社会救助这一普遍性的规律。

尖锐批判资本主义社会救助制度。马克思在《德意志意识形态》中指出:"当人们还不能使自己的吃喝住穿在质和量方面得到充分保证的时候,人们就根本不能获得解放。"[②] 马克思认为为了要给所有人提供健康而有益的工作、丰厚的物质条件和空闲的时间,还有所有人的真正的充分的自由,因此才要建立社会主义制度。虽然资本主义也有社会救助,但是马克思、恩格斯对资产阶级救助的本质持批判态度。恩格斯揭露了济贫院惨无人道的状况:"最近两年来英国报刊《泰晤日报》等,大声叫嚷的虐待需要救济的贫民的现象,是早就存在的。最近十年伦敦饿死的人数惊人的增加了,这无疑是证明工人更是增加贫民习艺所这种贫民监狱的奴役了。"[③] 济贫院的工作环境恶劣、制度严苛、不顾亲情和人道,恩格斯指出:"穷人们拒绝在这样

---

① 马克思:《资本论》第3卷,人民出版社1975年版,第990页。
② 《马克思恩格斯选集》,人民出版社2012年版,第154页。
③ 《马克思恩格斯全集》第2卷,人民出版社1957年版,第581页。

第二章　中国共产党对城市困难群体及其社会救助诸问题的认识

的条件下接受社会救助，他们宁愿饿死也不愿到这些巴士底狱里去，这还有什么奇怪呢？"① 马克思则从深层次揭露了资本主义社会救助的实质，认为资本主义社会救助仅仅是资本力量薄弱的拐杖，"只要资本的力量还薄弱，它本身就还要在以往或随着资本的出现而正在消逝的生产方式中去寻求拐杖……当资本开始感到并且意识到自身成为发展的限制时，它就在这样一些武器中寻找避难所。"②"而一旦资本感到自己已强大起来，他就抛开这种拐杖，按它自己的规律运动。"所以，社会救助只是资产阶级用来迷惑工人阶级的一个工具，同时也是工人阶级经过长期斗争的产物，它起到的是缓和阶级矛盾的作用，但不能改变资产阶级同无产阶级的根本矛盾。要解决这一根本矛盾，必须实行生产资料的社会主义公有制。此外，马克思、恩格斯还从社会救助资金来源上对资本主义社会救助进行了批判。他们指出，在资本主义社会，社会救助是"资产阶级装出一副大慈大悲的样子，……但也只有他们自己的利益需要这样做的时候才会如此。他们不会白白地施舍，他们对穷人说'我为慈善事业花了这么对钱，我就买得了不再受你们搅扰的权利'。至于慈善行为的效果，穷人从他们的穷兄弟那里得到的帮助，比从资产阶级那里得到的要多得多"。③

强调社会主义社会救助制度的"共同富裕"价值取向。马克思认为："当工人阶级自己占有自己的剩余劳动时，社会生产力的发展如此迅速，以致尽管生产将以所有人的富裕为目的，所有的人可以自由的支配的时间还会增加。因为真正的财富就是所有个人的发达的生产力。"④ 社会主义在取代资本主义之后，实现生产资料归社会占有以后，"通过社会生产，不仅可能保证一切社会成员有富足的和一天比一天充裕的物质生活，而且还可能保证他们的体力和智力获得充分的自由的发展和运用。"⑤ 实现"共同富裕"和每个人的自由全面发展

---

① 《马克思恩格斯全集》第2卷，人民出版社1957年版，第581页。
② 《马克思恩格斯全集》第46卷下册，人民出版社1952年版，第160页。
③ 《马克思恩格斯全集》第2卷，人民出版社1957年版，第567—568页。
④ 《马克思恩格斯全集》第31卷，人民出版社1979年版，第104页。
⑤ 《马克思恩格斯选集》第3卷，人民出版社1995年版，第757页。

中国共产党与城市困难群体的社会救助(1992—2012)

不仅是社会主义的追求,更是社会救助这项制度安排的价值取向所在。

论述了社会主义社会救助资金的来源。从经济范畴来考量,社会救助其实质就是一种收入再分配制度。马克思认为在集体劳动所得的社会总产品中,"剩下的总产品的其他部分是用来作为消费资料,把这部分进行个人分配之前,还得从里面扣除:第一,和生产没有关系的一般管理费用,和现代社会比起来,这一部分将会立即极为显著地缩减,并将随着新社会的发展而日益减少。第二,用以满足共同需要的部分,如学校保健设施等,和现代社会比起来,这一部分将会显著增加,并将随着新社会的发展而日益增加。第三,为丧失劳动能力的人设立的基金,总之,就是现在属于官办济贫事业的部分。"① 由此看出,马克思认为由于不平等和贫困差距的存在,有必要为那些丧失劳动能力的贫困者实施救助。

2. 列宁的社会救助思想

列宁格外强调国家在社会救助工作中的责任。1912 年列宁在如何使工人保险制度更加合理时提出了自己的意见。他认为资产阶级的救助只是为了保证资本主义社会再生产的顺利进行,因为"雇佣工人以工资取得的那一部分自己创造的财富,非常之少,刚能满足最迫切的生活需要,无产者根本不能从工资中拿出一些钱储蓄,以备在伤残、疾病、年老、残废、丧失劳动时,以及与资本主义生产方式紧密相连的失业时需要。在上述各种情况下对工人实行社会救助,完全是资本主义发展的整个过程决定的改革。"② 可见,资本主义的社会救助,其实质不是为了改善无产阶级的生活,只是资本主义生产方式的需要,是资本积累到一定程度的产物。而社会主义社会救助则不一样。列宁认为,在无产阶级政权下实施社会保障是无产阶级专政国家义不容辞的责任,任何个人和团体都无法使社会保障实现其功能社会化,只有通过无产阶级国家专政政权的权威性以及立法形式来实施,

---

① 马克思:《资本论》第 3 卷,人民出版社 1975 年版,第 990 页。
② 《列宁全集》第 17 卷,人民出版社 1988 年版,第 448 页。

第二章　中国共产党对城市困难群体及其社会救助诸问题的认识

才能保证社会保障制度的统一性、平等性和有效性，也只有无产阶级专政的国家才能为工人阶级营造一个政治、经济上解放的、安全的社会政策网络。因此，"苏维埃政权通过立法手续对一切不剥削他人劳动的劳动者实行了充分的保障，凡丧失劳动能力的人以及——世界上破天荒第一次——遭到失业的人，都由雇佣者和国家给予生活保障。"[①]

综上所述，尽管马克思、恩格斯和列宁思考"社会救助问题"的侧重点不同，但他们关于社会救助的科学论述，为1992—2012年间中国共产党关于城市困难群体社会救助基本主张的形成提供了重要理论源泉。其一，以唯物史观的为指导，中国共产党始终把发展生产作为社会救助的根本途径。其二，中国共产党也高度重视国家责任原则的践行与落实。其三，中国共产党从社会主义本质的高度看待社会救助问题的重要性。总之，1992—2012年间中国共产党关于城市困难群体社会救助的基本主张毫不动摇地坚持了马克思主义的基本立场、观点和方法。

（二）继承中国化的马克思主义社会救助思想

中国共产党从一成立起，就把马克思主义写在自己的旗帜上。马克思主义为弱者呼的本质特征以及中国共产党所秉承的全心全意为人民服务的宗旨、实现共同富裕的价值追求，使得弱势群体这一重要的社会现象，成为中国共产党始终关注和研究的重点问题和焦点问题。中国共产党虽未从社会救助学的专业视角来思考中国社会救助问题，然而，分别以毛泽东和邓小平为代表的中国共产党人，在领导中国革命、建设和改革的伟大进程中，对中国的社会救助事业进行了艰难而又卓有成效的探索，在不同的历史时期，他们对涉及社会救助制度的重大议题进行了深入的探讨，逐渐形成了自己对社会救助政策独特的主张和观点，成为1992—2012年间中国共产党关于城市困难群体及其社会救助诸问题相关认识与主张最为直接的理论来源。在中国化的

---

① 《列宁全集》第36卷，人民出版社1985年版，第422页。

中国共产党与城市困难群体的社会救助(1992—2012)

马克思主义社会救助思想中，弱势群体构成思想、弱势群体成因思想、社会救助途径思想、社会救助重要性思想等四个方面的内容构成其核心体系，成为研究以毛泽东、邓小平为代表的中国共产党人的社会救助思想的基本维度。

1. 以毛泽东为代表的中国共产党人的社会救助思想

（1）关于弱势群体的构成。弱势群体是社会救助关注的重要对象。不论是在民主革命战争时期，还是新中国成立之后，以毛泽东为代表的中国共产党人始终高度关注弱势群体的生活，并对弱势群体构成进行了深刻的分析。弱势群体是一个具体的历史的范畴，在不同的历史时期，其构成是不一样的，中国共产党的认识和理解也随之发生了显著的变化。

在民主革命时期，中国共产党认为半无产阶级和无产阶级处于社会的底层，生活穷困，境遇悲惨，构成了弱势群体的主体。半无产阶级主要包括半自耕农、贫农、小手工业者、店员、小贩等；无产阶级则由城市无产阶级和农村无产阶级组成。这一认识集中体现在毛泽东的两篇著名的调查报告中，即《中国社会各阶级的分析》和《湖南农民运动考察报告》。早在1925年，毛泽东在对中国社会进行广泛调查的基础上写成了《中国社会各阶级的分析》，文中对中国半殖民地半封建社会的弱势群体——无产阶级和半无产阶级的生活状况进行十分深刻的实证研究。毛泽东指出，绝大部分半自耕农和贫农同属半无产阶级，半自耕农经济状况虽有好坏之分，但大都"春夏之间，青黄不接，高利向别人借债，重价向别人籴粮"[①]。半自耕农"较之自耕农的无求于人，自然景遇虽苦，但是优于贫农。因为贫农无土地，每年耕种只得收获之一半或不足一半；半自耕农则租于别人的部分虽只收获一半或不足一半，然自有的部分却可全得"[②]。贫农不仅没有土地，同时还受地主的剥削。毛泽东根据贫农的经济地位又把它分两部分：一部分贫农有比较充足的农具和相当数量的资金，此种农民"勉

[①] 《毛泽东选集》第1卷，人民出版社1991年版，第6页。
[②] 同上书，第6—7页。

第二章　中国共产党对城市困难群体及其社会救助诸问题的认识

强维持生活，于艰难竭蹶之中，存聊以卒岁之想"①；另一部分贫农则"既无充足的农具，又无资金，肥料不足，土地歉收，送租之外，所得无几，更需要出卖一部分劳动力。荒时暴月，向亲友乞哀告怜，借得几斗几升，敷衍三日五日，债务丛集，如牛负重。他们是农民中极艰苦者"②。毛泽东也把小手工业者、店员、小贩归为半无产阶级，主要因其经济地位与贫农不相上下。关于无产阶级，毛泽东指出，工业无产阶级"经济地位低下。他们失了生产手段，剩下两手，绝了发财的望，又受着帝国主义、军阀、资产阶级的极残酷的待遇"③；农村无产阶级"在乡村中是最感困难者"，他们"不仅无土地，无农具，又无丝毫资金，只得营工度日。其劳动时间之长，工资之少，待遇之薄，职业之不安定，超过其他工人"④。毛泽东的调查深刻映照了当时半殖民者半封建社会弱势群体艰难的生活。

1927年，毛泽东在《湖南农民运动考察报告》中，谈及农村劳动大众的生活时，指出"他们中间有很多人，确实是'上无片瓦，下无插针之地'"⑤。其中赤贫占乡村人口的20%，他们"全然无业，即既无土地，又无资金，完全失去生活依据，不得不出外当兵，或出去做工，或打流当乞丐"⑥；次贫所占比重大些，占乡村人口的50%，他们处于"半无业，即略有土地，或略有资金，但吃的多，收的少，终年在劳碌愁苦中过生活"⑦。这个报告亦深刻反映了旧中国广大人民贫困不堪的生活。

新中国成立后，人民翻身成为国家的主人，政治和经济地位获得了极大地提高。广大农民分得了土地，生活基本上能够自给。新中国成立初期，中国共产党高度关注灾民、城市失业工人、农村贫困户等弱势群体的生活，并给予及时救助。随着三大改造的胜利，国家财力的

---

① 《毛泽东选集》第1卷，人民出版社1991年版，第7页。
② 同上。
③ 同上书，第8页。
④ 同上。
⑤ 同上书，第20页。
⑥ 同上书，第20—21页。
⑦ 同上书，第21页。

中国共产党与城市困难群体的社会救助(1992—2012)

增强，社会也日益稳定。新中国成立前灾民、贫民、小手工业者等弱势群体，通过改造和帮助，大多数已能够自食其力，不需要社会救助了。到20世纪50年代中期，中国大陆宣布基本解决失业问题，灾民、鳏寡孤独残疾者、妓女、乞丐等也得到安置与救助。此时，中国共产党认为，弱势群体主要指那些没有生活来源的孤、老、残、幼等。

由上可知，弱势群体是一个动态的概念，从中国共产党在不同时期对弱势群体的认识来看，我们发现，其对弱势群体构成思想的认识表现为以下几个特点：其一，从经济条件出发，较为全面地认识城乡弱势群体的构成。毛泽东认为弱势群体既有旧中国广受经济和政治压迫的半无产阶级和无产阶级等群体，也有因自然因素、生理因素、社会因素等原因造成的灾民、难民、失业人员、老弱病残等。其二，对弱势群体的定义抛弃了传统社会的伦理道德标准。这集中体现在无论是民主革命时期还是新中国成立初期，中国共产党人都将娼妓纳入弱势群体的范围。其三，坚持辩证地看待弱势群体问题，各个时期所关注的弱势群体是有所不同。譬如在民主革命时期，中国共产党把农民问题视为国民革命的中心问题，对农民尤其是贫农的生活境遇给予了极大的关切；在新中国成立初期，中国共产党从社会转型、经济改组的现实和巩固新生人民政权的需要出发，将解决"失业工人"这一弱势群体的问题作为一件大事来做。

(2) 关于弱势群体的成因。认为弱势群体的生存困境主要是旧社会制度造成的，在某种程度上说是以毛泽东为代表的中国共产党人的共识。中国共产党早期领导人李大钊在五四前后的《废娼问题》《新自杀季节》等文章中指出，妓女沦落、民众自杀现象都应"从社会制度上寻找他的原因"[①]。中共三大通过的《党纲草案》，进一步把"大多数的中产阶级和大多数的劳动平民便一天一天失掉了他们生活的保证，他们遭受贱价劳力的剧烈竞争，他们遭受一切政治上的压迫

---

① 《李大钊全集》第2卷，人民出版社2006年版，第273页。

第二章 中国共产党对城市困难群体及其社会救助诸问题的认识

和经济上的剥削,使他们无法生活"①的原因,看成是帝国主义入侵导致中国社会的殖民地性质的必然结果。1930年,毛泽东在《星星之火,可以燎原》一文中认为"因为国家的赋税加重,地主的租息加重和战祸的日甚一日,造成了普遍于全国的灾荒和匪祸,使得广大的农民和城市贫民走上求生不得的道路"②。1939年在《中国革命和中国共产党》一文中,毛泽东更为明确地指出,"中国的殖民地和半殖民地的地位,造成了中国农村中和城市中的广大的失业人群。在这个人群中,有许多人被迫到没有任何谋生的正当途径,不得不找寻不正当的职业过活,这就是土匪、流氓、乞丐、娼妓和许多迷信职业家的来源"③。《中国共产党中央委员会关于公布中国土地法大纲的决议》中仍坚持这种思想:"封建土地所有制,是我们民族屡受侵略、压迫及贫困、落后的根源"④。

新中国成立后至改革开放前,以毛泽东为代表的中国共产党人承继其革命时期的观点,仍然认为是旧的社会制度造成弱势群体。如1950年6月6日,毛泽东在七届三中全会上的报告《不要四面出击》中指出:"帝国主义和国民党反动派的长期统治,造成了社会经济的不正常状态,造成了广大的失业群。"⑤刘少奇在《国家的工业化和人民生活水平的提高》一文中认为,造成中国劳动人民生活水平很低并且过着穷困、痛苦和被侮辱生活的基本原因之一是"外国的帝国主义者和中国的封建地主、官僚、买办阶级在中国的长期统治"。他还进一步分析了这些阶级的基本属性,"他们无限制地掠夺中国人民的财富,欺侮和压迫中国人民,并造成长期的战争和大量的土匪,阻碍中国工业的发展,压制和毁坏已经是很低的中国的生产力。这样,就不能不使中国的劳动人民更加陷于穷困和饥寒生活的深渊"⑥。李先

---

① 《建党以来重要文献选编(1921—1949)》(第1册),中央文献出版社2011年版,第249页。
② 《毛泽东选集》第1卷,人民出版社1991年版,第101页。
③ 《毛泽东选集》第2卷,人民出版社1991年版,第645—646页。
④ 《中共中央文件选集》第13册,中共中央党校出版社1987年版,第722页。
⑤ 《毛泽东文集》第6卷,人民出版社1999年版,第69页。
⑥ 《刘少奇选集》下卷,人民出版社1985年版,第1页。

念在分析新中国成立初期武汉的形势时,指出:"经济上,由于帝国主义的掠夺和国民党政府的腐朽统治,长期战争的破坏,城镇市场萧条,物价飞涨,工人失业……"。[①]"失业现象是旧社会遗留下来的一个严重问题。"[②] 这种观点也反映到当时政府颁布的社会救助法规中。如1949年12月《中央人民政府政务院关于生产救灾的指示》中指出"由于帝国主义蒋匪帮的战争破坏、堤防水利失修、农村生产力降低,因而遭到此空前灾害。又由于帝国主义蒋匪帮的搜刮破坏,民无储蓄,使得救灾工作发生不少困难"[③]。1950年6月《政务院关于救济失业工人的指示》指出:"由于帝国主义的长期侵略与国内反动势力的长期统治,使中国经济遭受了重大的破坏,农村日益贫困破产,民族工业不仅不能发展,而且日益衰落,因而造成了城市中的广大失业群。"[④] 当然,此期间在全国执政的初期实践中,中国共产党初步认识到,滋生弱势群体,也有社会转型的因素。最为典型的就是关于"失业问题"社会转型因素论。同样是在《政务院关于救济失业工人的指示》中,周恩来明确指出:"人民政府最近几月来,在财政经济方面进行了若干重大措施,虽然扭转了12年来使广大人民遭受莫大损害和痛苦的通货膨胀的局面,使物价趋于平稳;但同时也带来了暂时的市场停滞和工商业凋敝,甚至关厂、停业的现象,某些原来从事投机买卖的工商业,一时转不过来,更无法维持。所有这一切使得某些城市中,尤其是上海、南京、武汉、广州、重庆等城市中,发生了相当严重的工人失业现象。"[⑤] 但此期间,居于主导地位的认识仍是旧的社会制度造成弱势群体。

以社会制度的原因来定论弱势群体的形成原因,反映了数千年来的剥削制度、特别是近代以来"三座大山"造成中国社会长期贫困,

[①]《李先念传(1949—1992)》上,中央文献出版社2009年版,第5页。
[②]《李先念建国初期文稿选集》,中央文献出版社2002年版,第501页。
[③]《中共中央文件选集1949.10—1966.5》第1册,人民出版社2013年版,第218—219页。
[④]《中华人民共和国法规汇编1949—1952》第1卷,中国法制出版社2005年版,第218页。
[⑤] 同上。

第二章 中国共产党对城市困难群体及其社会救助诸问题的认识

使民众动辄陷入困境甚至绝境，成为弱势群体的客观事实；也是中国共产党接受马克思主义对弱势群体问题认识的结果，因为制度造成贫困正是马克思主义理论的精髓之一。但认为到了新的社会主义社会就一定不会有弱势群体的存在，弱势群体的问题将不复存在，这样的论断显然不够科学，有失偏颇。这种错误的观点曾导致了我国社会救助工作一度停滞不前，如1958年的"大跃进"期间，认为中国已经消灭贫困，不存在弱势群体，停止发放救济款，社会救助工作被取消。

（3）关于社会救助途径。对弱势群体存在原因的分析直接影响着对其社会救助途径的选择。既然认为主要是旧的社会制度造成了弱势群体，那么社会救助的根本出路就应该是废除旧的社会制度，建立新的社会主义制度，即实现根本社会制度的置换。这一点在中国共产党的认识中是十分明确的。李大钊在《废娼问题》一文中初步提出了"根本解决"中国社会问题的主张，他认为救助妓女，"根本解决的办法，还是非把这个社会现象背后逼着一部分妇女不去卖淫不能生活的社会组织根本改造不可"[1]。蔡和森认为救济中国"失业的知识阶级""唯一的道路只有打倒压迫中国的外国帝国主义"。[2] 李达也认为："社会问题的解决，就不能不借阶级对抗的形式表现出来"，无产阶级"要解决社会问题，自身若不取得政权，是不能达到目的的，这就是各国社会革命的由来"[3]。将社会救助问题与废除剥削制度的社会革命有机地结合起来，是颇有见地的，不失为救助弱势群体的有效途径。但我们必须看到的是，革命意为除旧布新。废除旧的剥削制度视为"除旧"，那么"布新"，布什么样的"新"呢？中国共产党在长时期的革命和建设的实践中逐渐明确了根本制度置换的方向，即建立社会主义制度。早在1921年1月，毛泽东在新民学会长沙会员大会上发言就明确指出社会问题的解决，"社会政策，是补苴罅漏的政策，不成办法"，"激烈方法的共产主义，即所谓劳农主义，用阶

---

[1]《李大钊全集》第3卷，河北教育出版社1999年版，第214—216页。
[2]《蔡和森文集》，人民出版社1980年版，第435、75页。
[3]《李达文集》第1卷，人民出版社1980年版，第549页。

级专政的方法,是可以预计效果的,故最宜采用"。① 1922年8月,周恩来在《共产主义与中国》一文中指出:"共产主义革命的主要条件便是经济革命。在革命未成功前,我们只是个破坏,无所谓建设。革命成功后,生产的劳动阶级建立了强有力的政府,消灭了私有制度,集中了资本、公有了农田,重用世界上有作用的科学家来帮助无产者开发实业,振兴艺术,更进而求生产力和消费力的均平配合。"②新中国成立后,中国共产党关于社会主义制度的建立是解决弱势群体问题的根本途径的思想更为明晰和自觉。1950年刘少奇在《关于土地改革问题的报告》中阐述的观点颇具代表性:共产党从来就为劳动的穷苦人民的利益而奋斗,但共产党的观点从来就区别于那些慈善家的观点。土地改革的结果,是有利于穷苦的劳动农民,能够帮助农民解决一些穷困问题。但土地改革的基本目的,不是单纯地为了救济穷苦农民,而是为了要使农村生产力从地主阶级封建土地所有制的束缚之下获得解放,以便发展农业生产,为新中国的工业化开辟道路。只有农业生产能够大大发展,新中国的工业化能够实现,全国人民的生活水平能够提高,并在最后走上社会主义的发展,农民的穷困问题才能最后解决。仅仅实行土地改革,只能部分地解决农民的穷困问题,而不能解决农民的一切穷困问题。③ 1953年11月,毛泽东在关于农业互助合作的一次谈话中明确指出:"要搞社会主义。……搞农贷,发救济粮,依率计征,依法减免,兴修小型水利,打井开渠,深耕密植,合理施肥,推广新式步犁、水车、喷雾器、农药,反对'五多'等等,这些都是好事。但是不靠社会主义,只在小农经济基础上搞这一套,那就是对农民行小惠。这些好事跟总路线、社会主义联系起来,那就不同了,就不是小惠了。必须搞社会主义,使这些好事与社会主义联系起来。……不靠社会主义,想从小农经济上做文章,靠在个体经济基础上行小惠,而希望大增产粮食,解决粮食问题,解决国

---

① 《毛泽东文集》第1卷,人民出版社1993年版,第2页。
② 中国人民解放军政治学院党史教研室编:《中共党史参考资料》第1册,第536页。
③ 《建国以来刘少奇文稿》第2册,中央文献出版社2005年版,第231—232页。

第二章　中国共产党对城市困难群体及其社会救助诸问题的认识

计民生的大计,那真是难矣哉!"① 就农业来说,只有在农村中一步一步地实行社会主义制度,才能使农业生产和农民生活普遍地提高,……②"对于他们(注:农民)来说,除了社会主义,再无别的出路。……全国大多数农民,为了摆脱贫困改善生活,为了抵御灾荒,只有联合起来,向社会主义大道前进,才能达到目的。"这里,党的领袖们提出了"走社会主义道路"才是解决弱势群体问题根本出路的思想,也表达了社会主义制度建立后弱势群体问题就能迎刃而解的意思。毫无疑问,走社会主义道路是社会救助根本途径的认知是正确的;然而任何社会都会出现社会结构各部分发展失调的问题,进而导致社会问题的出现,认为随着社会主义制度的建立,弱势群体问题会随之自动消解是不现实的。这一点已被1956年社会主义制度在中国建立后的实践所证明。这也说明了解决弱势群体问题除了靠社会根本制度的变迁,还需要相应的社会政策与之协同作战。然而关于靠社会政策的创新来解决弱势群体问题的主张在改革开放前并未在中国共产党的社会救助思想中获得应有的地位。

(4)关于社会救助重要性的思想。主要体现在以下几个方面:一是夺取新政权可资利用的革命力量的需要。1925年毛泽东在《中国社会各阶级的分析》一文中指出:"失了土地的农民和失了工作机会的手工业工人"组成的"游民无产者","他们是人类生活中最不安定者。……处置这一批人,是中国的困难的问题之一。这一批人很能英勇奋斗,但有破坏性,如引导得法,可以变成一种革命力量"③。从中可以看出,中国共产党对社会救助与中国革命的关系已有了一些初步认识,认为社会救助涉及革命动力,即救助得法就可将"有破坏性"的社会力量转变为夺取新政权的可资利用的革命力量。二是践行全心全意为人民服务立党宗旨的具体体现。中国共产党把马克思恩格斯所提出的为无产阶级利益而奋斗的共产党的立党宗旨与中国人民的

---

① 《毛泽东文集》第6卷,人民出版社1999年版,第302页。
② 《毛泽东经济年谱》,中央文献出版社1993年版,第334—335页。
③ 《毛泽东选集》第1卷,人民出版社1991年版,第8—9页。

解放事业结合起来,认为党的立党宗旨就是在中国人民的解放事业中坚持全心全意地为人民服务。毛泽东指出,"我们这个队伍完全是为着解放人民的,是彻底地为人民的利益工作的。"① 这个为了中国人民的解放事业全心全意为人民服务的立党宗旨具体化"就是处处要想到群众,为群众打算,把群众的利益放在第一位"。因为只有把从生产劳动到柴米油盐和小孩上学这些小事做好,才能使广大群众认识到我们是代表他们利益的,是和他们呼吸相通的。三是夺取革命胜利的重要条件。这点,中国共产党在抗日战争时期的论述尤为丰富。毛泽东指出:"应把抗日战争与民主制度结合起来,以民主制度的普遍实行去争取抗日战争的胜利。"②"大敌当前,不解决民主民生问题,就不能建立抗日根据地抵抗日本的进攻。"③ 而民主目标的实现,又须与民生问题的解决相联系,抗日根据地建立的民主政权的重要职能就是要改善民生。1943年1月,他在给彭德怀的信中指出:"民主政权的实质是改善人民的经济生活与提高人民的政治觉悟,二者均为抗战。"改善人民的生活条件,"一是减轻农民对地主的负担……二是减轻农民对政府的负担……三是认真帮助农民发展生产、增加收入"④。1945年12月,毛泽东在《一九四六年解放区工作的方针》中再次明确指出:"各解放区有许多灾民、难民、失业者和半失业者,亟待救济。此问题解决的好坏,对各方面影响甚大。"⑤ 参照当时的历史背景,这个"各方面"自然是包括夺取政权的革命斗争的。四是巩固新生人民政权的重要一招。中国共产党从执政党的地位出发,深谙社会救助是关系到新政权巩固的大事。早在中共七届二中全会上,毛泽东就明确地指出:"如果我们在生产工作上无知,不能很快地学会生产工作,不能使生产事业尽可能迅速地恢复和发展,获得确实的成绩,首先使工人生活有所改善,并使一般人民的生活有所改

---

① 《毛泽东选集》第3卷,人民出版社1991年版,第1004页。
② 《毛泽东文集》第2卷,人民出版社1996年版,第130页。
③ 《毛泽东选集》第3卷,人民出版社1991年版,第1076页。
④ 《毛泽东文集》第3卷,人民出版社1996年版,第1页。
⑤ 《毛泽东选集》第4卷,人民出版社1991年版,第1176页。

第二章 中国共产党对城市困难群体及其社会救助诸问题的认识

善,那我们就不能维持政权,我们就会站不住脚,我们就会要失败。"①具体到社会救助,如1949年12月发出的《中央人民政府政务院关于生产救灾的指示》中明确表示:"生产救灾是关系到几百万人的生死问题,是新民主主义政权在灾区巩固存在的问题。"② 五是为经济发展创设良好社会环境。这一点在新中国成立初期表现尤甚。中国共产党认为弱势群体问题的存在使经济发展失却良好的社会环境。因为无序的社会是谈不上经济发展的。所以,毛泽东在《为争取国家财政经济状况的基本好转而斗争》中,就明确指出:"失业问题还是严重地存在",与土匪没有剿灭等问题,"使得有计划地进行经济建设的条件就没有获得。"③ 灾民问题更"是开展明年大生产运动、建设新中国的关键问题之一"④。

2. 以邓小平为代表的中国共产党人的社会救助思想

以邓小平为代表的中国共产党人在领导中国人民进行社会主义建设和改革的过程中,始终关注中国社会的弱势群体问题,在实践中形成了关于弱势群体及其社会救助诸问题的系统认识。

(1)关于弱势群体的构成。在改革开放初期,整个中国呈现出普遍贫穷的状态。正如邓小平所说:"我们干革命几十年,搞社会主义三十多年,截至1978年,工人的月平均工资只有四五十元,农村的大多数地区仍处于贫困状态。"⑤ 1978年,按中国政府确定的贫困标准统计,贫困人口为2.5亿人,占农村总人口的30.7%。⑥ 在可调配的社会资源十分有限的前提下,中国共产党更多的是从绝对贫困的角度出发来界定社会救助的对象。1979年11月,民政部召开全国城市社会救济福利工作会议,明确城镇救济对象主要是"无依无靠、无生

---

① 《毛泽东选集》第4卷,人民出版社1991年版,第1428页。
② 《中共中央文件选集1949.10—1966.5》第1册,人民出版社2013年版,第219页。
③ 《毛泽东文集》第6卷,人民出版社1999年版,第70页。
④ 《中共中央文件选集1949.10—1966.5》第1册,人民出版社2013年版,第219页。
⑤ 《邓小平文选》第3卷,人民出版社1993年版,第10—11页。
⑥ 《中国农村贫困监测报告2003》,中国统计出版社2003年版,第74页。

中国共产党与城市困难群体的社会救助（1992—2012）

活来源的孤老残幼和无固定职业、无固定收入、生活有困难的居民。对中央明文规定给予救济的人员，按规定办理"。① 此期间，农村社会救济对象主要包括无法定抚养义务人、无劳动能力、无生活来源的老年人、残疾人、未成年人和因病、灾、缺少劳动能力等造成生活困难的贫困者。② 应该说，这一时期，中国共产党关于弱势群体构成的认识，既考虑了救助对象的经济生活状况，也考虑了救助工作的政治功能。这一时期，不管是在农村还是在城市，中国共产党关于弱势群体或是救助对象的认定中，包括生活困难的起义、投诚人员，少数因错定成分在生活上造成困难的人员，精减退职的老职工等。社会救助尤其是对这些特殊人群社会救助工作的开展，缓解了阶层矛盾，维护了社会稳定，为改革开放的顺利推进创造了良好条件。

（2）关于弱势群体的成因。以邓小平为代表的中国共产党人较之毛泽东时期，有了新的认识，直面中国的贫困，认为上述弱势群体的存在不是社会主义根本制度造成的，而是社会主义具体制度不完善造成的。正如邓小平指出："我们过去照搬苏联搞社会主义的模式，带来很多问题。我们很早就发现了，但没有解决好。"③ "带来很多问题"，其中就包括弱势群体问题。应该说，邓小平的这一认识符合社会问题认定的基本规律，即任何社会都会存在结构失调的问题，进而导致包括弱势群体在内的社会问题的产生。作为"一个很好的名词"④ 的社会主义社会也不例外。

（3）关于社会救助途径。鉴于弱势群体存在的主要原因在于体制机制的不完善，而不是社会主义根本制度的不好，邓小平明确提出了

---

① 米勇生主编：《社会救助》，中国社会出版社2009年版，第66页。
② 详见1979年9月十一届四中全会通过的《中共中央关于加快农业发展若干问题的决定》，1980年9月中共中央印发的《关于进一步加强和完善农业生产责任制的几个问题的通知》，1982年12月民政部发出的《关于开展农村五保户普查工作的通知》及1983年7月发出的补充通知，1982年12月农牧渔业部、国家物资局、教育部、民政部、财政部、国家经济贸易委员会、商业部、对外经济贸易部、中国农业银行九部委联合发出的《关于认真做好扶助农村贫困户工作的通知》等文件。
③ 《邓小平文选》第3卷，人民出版社1993年版，第261页。
④ 《邓小平文选》第2卷，人民出版社1994年版，第313页。

第二章 中国共产党对城市困难群体及其社会救助诸问题的认识

通过改革,大力发展生产力,在生产力发展的过程中解决弱势群体问题的基本思路。他反复强调:改革是社会主义制度的自我完善和发展,"是为了扫除发展社会生产力的障碍,使中国摆脱贫穷落后的状态"。① 显然,邓小平树立了通过改革和发展解决弱势群体问题的基本理念。这一点和毛泽东时期通过社会革命进而实现根本制度的置换来解决弱势群体问题的思路是根本不同的。这一点在对农村贫困户的救济上体现得最为典型。改革开放初期,中国共产党从实际情况出发,结合新的社会环境,创造性地提出了扶贫救济模式,丰富和发展了社会救助途径思想。我国从20世纪80年代开始对贫困户、贫困县的救助从"输血型"转变为扶持发展的"造血型",仅1988年一年,全国各级民政部门扶持贫困户1106.8万户,当年脱贫337.8万户,脱贫率为30.52%,到1990年,使全国人均年纯收入在200元以下的贫困人口已从1.1亿人减少到4000万人②,"造血型"的社会救助体现了改革精神,贯穿了"发展就是硬道理"的理念,使落后地区的经济得到了较大发展。

(4)关于社会救助重要性的认识。以邓小平为代表的中国共产党人在继承以往关于社会救助重要性认识(如凝聚革命和建设的力量、创设夺取政权和巩固政权的条件、为经济发展服务、践行立党宗旨的体现等)的基础上,有了新的认识,即对弱势群体实施社会救助是社会主义本质的要求。弱势群体问题"很早就发现了,但没有解决好"很大程度上在于我们没有完全搞清楚"什么是社会主义、怎样建设社会主义"这一首要的基本理论问题,尤其是把社会主义特征当作社会主义本质来看待,导致为了固守社会主义的某种模式而长时期以阶级斗争为纲,很大程度忽视生产力的发展。邓小平多次指出:"什么叫社会主义,什么叫马克思主义?我们过去对这个问题的认识不是完全清醒的。马克思主义最注重发展生产力";"社会主义制度是个好制

---

① 《邓小平文选》第3卷,人民出版社1993年版,第135页。
② 梅哲:《浅论毛泽东、邓小平的社会保障思想》,《社会主义研究》2004年第2期,第31页。

度，必须坚持。……但问题是什么是社会主义，如何建设社会主义。我们的经验教训有许多条，最重要的一条，就是要搞清楚这个问题"；"我们总结了几十年搞社会主义的经验。社会主义是什么，马克思主义是什么，过去我们并没有完全搞清楚。……社会主义究竟是个什么样子，苏联搞了很多年，也并没有完全搞清楚"；"最根本的一条经验教训，就是要弄清什么叫社会主义和共产主义，怎样搞社会主义"①。而搞清楚这个问题的关键，是认清社会主义的本质。根据马克思主义的基本原理和社会主义建设的经验教训，邓小平科学地揭示了社会主义本质。20世纪80年代初，他就指出："经济长期处于停滞状态总不能叫社会主义。人民生活长期停止在很低的水平总不能叫社会主义。"② 以后，他又多次指出："从一九五八年到一九七八年这二十年的经验告诉我们：贫穷不是社会主义，社会主义要消灭贫穷。不发展生产力，不提高人民的生活水平，不能说是符合社会主义要求的。"③ 社会主义如果老是穷的，它就站不住。社会主义应该是富裕的，而且是共同富裕。"坚持社会主义的发展方向，就要肯定社会主义的根本任务是发展生产力，逐步摆脱贫穷，使国家富强起来，使人民生活得到改善。"④ 他在1992年南方谈话中，更以简短明晰的语言，对社会主义本质这一重大问题做了总结性的理论概括，指出："社会主义的本质，是解放生产力，发展生产力，消灭剥削，消除两极分化，最终达到共同富裕。"⑤ 邓小平关于社会主义本质的科学概括，言简意赅，石破天惊！这一概括突出强调了社会主义的根本目标是实现共同富裕，纠正了过去"穷社会主义""宁要贫穷的社会主义，不要富裕的资本主义"的错误观念，蕴涵了救助弱势群体是社会主义的本质要求的观点。

总之，在把建立社会主义市场经济体制确立为我国经济体制改革

---

① 《邓小平文选》第3卷，人民出版社1993年版，第63、116、137—139、223页。
② 《邓小平文选》第2卷，人民出版社1994年版，第312页。
③ 《邓小平文选》第3卷，人民出版社1993年版，第116页。
④ 同上书，第264—265页。
⑤ 同上书，第373页。

第二章　中国共产党对城市困难群体及其社会救助诸问题的认识

的目标之前，中国共产党在动员中国人民参加中国革命、建设、改革的实践中，对弱势群体的社会救助问题进行了卓有成效的探索，其中不乏真知灼见，充满着智慧的光芒，为1992—2012年间中国共产党社会救助思想尤其是关于城市困难群体社会救助的认识与主张的形成与实践的展开奠定了理论基础。

二　中国共产党关于城市困难群体及其社会救助问题的总体认识

马克思主义关于社会救助的思想为这一时期中国共产党关于城市困难群体社会救助思想的形成与实践的开展奠定了坚实的基础，同时由于城市困难群体大量存在的现实和社会救助急迫性的强有力推动，促使这一时期中国共产党形成自己的关于城市困难群体及其社会救助诸问题认识的独特体系。

（一）关于城市困难群体成因的认识

1998年诺贝尔经济学奖得主阿马蒂亚·森有一句名言："你不能凭富裕和繁华程度来判断一个社会的快乐程度，你必须了解贫困阶层的生活。"[①] 了解贫困阶层的生活，首先必须要了解贫困阶层为何贫困的真正原因。因为探寻贫困成因是世人认识、理解和分析贫困现象的基本角度，也是国家与社会回应和解决贫困问题的基本前提。[②]

纵观古今中外对贫困的认识，主要可以归纳为两种观点：一种是个体主义贫困观，即贫困者应该对自己的贫困负责。持这一观点的人总是把贫困看作个人不适应或病理学的结果，贫困者被看作是由于技能、道德的缺乏或身体方面的缺陷，缺少动机，或者能力低于一般水平而无法在社会上取得成功的人。一些学者试图在贫困者的生活方

[①] 转引自青连斌《贫困的成因与反贫困的战略》，《学习时报》2006年6月19日。
[②] 刘继同：《英国社会救助制度的历史变迁与核心争论》，《国外社会科学》2003年第3期，第64页。

式，以及与之相伴随的假定他们持有的态度和观点中寻找答案。一种是社会结构贫困观，即认为贫困是社会制度和社会结构力量制造和再制造的结果。持这一观点的人特别强调造成个体难以克服的贫困条件的更广泛的社会过程，贫困只不过是贫困者受环境束缚造成的一种后果。社会内部的结构性因素，比如阶层、性别、族群、职业地位、教育水平等因素塑造了资源的分配方式，而这种分配方式通常是不平等的。这两种认识基本上代表了传统与现代两种不同的理念，如在英国工业革命时期与中国古代社会，个体主义贫困观一直得到社会的广泛认同；人类进入现代社会以后，基本上认为是社会结构、制度等因素导致了困难群体的产生。

20世纪90年代以来中国共产党在城市困难群体成因问题上主要坚持的是社会归因论，认为体制转轨、社会转型是造就城市困难群体的主要原因。中国改革开放的逐步深入和社会主义市场经济体制的建立和逐步完善，使得中国在政治、经济、文化等方面经历着剧烈的变迁和整合，一个相对封闭和在计划经济条件下进行国家建设的社会逐步向一个对外开放和社会主义市场经济条件下进行国家建设的社会转变。社会变迁导致社会全方位的剧烈变动，"经济体制深刻变革，社会结构深刻变动，利益格局深刻调整，思想观念深刻变化"，使得部分城市居民或因不适应社会经济、政治、文化结构的急剧变迁，或作为社会大整合的必然结果而沦为困难群体。这自然也反映到中国共产党的思想理论中来，最突出地体现在中国共产党对国有企业部分职工生活困难问题的探讨上。1997年9月，江泽民在党的十五大报告中指出："随着企业改革深化、技术进步和经济结构调整，人员流动和职工下岗是难以避免的。这会给一部分职工带来暂时的困难。"[①] 1999年8月，江泽民在东北和华北地区国有企业改革和发展座谈会上进一步指出"一些企业经营机制不活，生产经营面临困境，经济效益下降，负债率过高，富余人员较多，社会负担重，部分职工生活比较困难"主要基于以下因素："传统计划经济体制的深刻影响不是短

---

① 《十五大以来重要文献选编》上，人民出版社2000年版，第23页。

第二章　中国共产党对城市困难群体及其社会救助诸问题的认识

期可以克服的，解决历史上遗留下来的诸多矛盾也需要一个过程，长期不合理的重复建设造成生产能力的大量过剩是许多企业陷入困境的重要原因之一，一些多年开采的矿山资源枯竭导致企业陷入困难，适应国内外市场的重大变化调整产业结构和企业组织结构要经历一个艰苦的过程。"[①] 2001年7月，江泽民在庆祝中国共产党成立八十周年大会上的讲话中将一些工人的下岗问题归为"我们实行公有制为主体、多种所有制经济共同发展的基本经济制度，发展社会主义市场经济，实行经济结构的战略性调整"的结果。这种经济体制从计划经济到市场经济的转轨、我们的不适应，从而导致部分职工生活困难的理念，是典型的贫困问题社会转型因素论。

这种思想不是江泽民个人所独有的。1996年5月，李瑞环在湖北指出："当前，生活困难职工所遇到的问题，有许多并不是他们自己造成的，而是旧体制遗留下来的。"[②] 1997年12月，朱镕基在中央经济工作会议上指出："随着科学的发展、技术的进步和国际经济结构重组的加速，国有经济特别是传统产业的结构调整和优化也必然加快，国有企业人员流动和职工下岗是不可避免的。这是经济发展中的客观规律和正常现象。世界上许多国家都曾经有过或正在发生着这样的问题。我们的国有企业人员过多、组织结构和产业结构不合理的矛盾十分突出，这是国有企业困难的重要原因。"[③] 1998年3月，李鹏在《政府工作报告》中表达了同样的观点，他认为："在国有企业改革和经济结构调整的过程中，会产生部分职工下岗的现象，给他们带来暂时的困难，也增加了就业的压力。"[④] 同年5月14日，在中共中央、国务院召开的国有企业下岗职工基本生活保障和再就业工作会议上，吴邦国指出："随着企业技术进步和资本有机构成的提高，必然

[①] 《十五大以来重要文献选编》中，人民出版社2001年版，第918—919页。
[②] 《新时期劳动和社会保障重要文献选编》，中国劳动社会保障出版社、中央文献出版社2002年版，第222页。
[③] 同上书，第278页。
[④] 《十五大以来重要文献选编》上，人民出版社2000年版，第233页。

会有部分职工转岗和下岗。"① 两天后，在同一次会议上朱镕基也明确指出："目前国有企业下岗职工增多，不是企业改革本身造成的，也不是什么人'炒'起来的。这里有多方面的原因，既有历史的原因，也有现实的问题。从根本上说，这是我国经济发展中多年积累的深层矛盾的综合反映，也是改革和发展进程中不能回避的问题。"他还进一步分析了这些矛盾与问题的基本属性，"由于盲目投资、重复建设严重，许多产品的生产能力大大超过社会需求，产品卖不出去，企业只能停产半停产，工人被迫下岗。建设规模搞得过大，项目资本金普遍不足，靠银行贷款，债务沉重，许多项目一投产就亏损，必然导致下岗职工增多。……总之，目前国有企业下岗职工增多，是计划经济向社会主义市场经济转变、传统经济向现代经济转变过程中不可避免的，还会延续下去。这个问题是绕不过去的，是前进中的问题、发展中的问题。"② 1998 年 6 月，《中共中央、国务院关于切实做好国有企业下岗职工基本生活保障和再就业工作的通知》更是反映了党和政府对此问题的共识："近年来出现职工大量下岗的现象，是计划经济条件下实行的就业体制和就业政策在经济转轨过程中的必然反映，也是长期以来重复建设、盲目建设以及企业经营机制深层次矛盾多年积累的结果。我们要建立起社会主义市场经济体制和现代企业制度，不可避免地要经历这样一个历史过程。"③ 这些资料表明，党和政府已经认识到社会转型、经济改组不可避免地会带来一些方面的失调，是滋生城市困难群体的主要缘由。

应该说，这种社会转型、体制转轨归因论克服了过去相当长一段时间内党关于只有旧的社会制度才能滋生困难群体，随着社会主义制度的建立，贫困问题会迎刃而解的有失偏颇的逻辑的不足，已经比较清醒地认识到"任何社会只要是在发展，就会产生社会结构本身各部分的发展失调问题……也会出现社会各个部分运行中的功能失调，从

---

① 《新时期劳动和社会保障重要文献选编》，中国劳动社会保障出版社、中央文献出版社 2002 年版，第 297 页。
② 《十五大以来重要文献选编》上，人民出版社 2000 年版，第 373—374 页。
③ 同上书，第 395 页。

第二章 中国共产党对城市困难群体及其社会救助诸问题的认识

而导致某些社会问题的产生"①。这反映了中国共产党对贫困问题的认识实现了与时俱进。

同时,这种归因论也反映了中国社会对贫困的看法正走向理解和宽容。从新中国成立起,中国社会的主流意识中就一直在宣扬对"不劳而获"的憎恶,甚至宣布"不劳动者不得食"。一开始,这种宣传是针对"剥削阶级"的。然而,在20世纪50年代,中国通过一碗饭三四个人分着吃的办法基本上做到了"充分就业"之后,"不劳动者不得食"的原则同样适用于一般市民,并且在计划经济时期成为一种全社会普遍认可的道德规范。于是,只有丧失劳动能力的人才能得到社会救济。但是,"吃救济"的人的社会地位是非常边缘的,甚至在很多正式的官方文献中,他们被称为"最可怜的人"。而社会主义市场经济条件下,中国共产党和中国政府正视贫困尤其是城市新贫困现象,将社会主义条件下出现的贫困主要归因于社会原因,而非传统意义上的个人"懒惰",为城市困难群体问题的解决指明了正确的方向。

(二)关于城市困难群体社会救助工作重要性与必要性的认识

社会救助是社会保障制度的基石,是社会保障体系的核心组成部分,是保障弱势群体最基本生活的最后一道防线。在人类社会发展的任何时期,社会救助都是必不可少的。尤其是在社会转型时期相对于其他社会保障措施,社会救助更及时、更直接,因此其必要性和重要性更为凸显。"根据国际经验,对付因经济与社会结构大调整而导致的较大规模的贫困问题,最有效的社会保障制度是社会救助而不是社会保险。"② 同时,承认城市困难群体的存在,认识到其成因,只是为城市困难群体的社会救助提供了合法前提,但对城市困难群体社会救助的力度和绩效如何,关键还是要看这一时期党和政府对城市困难

---

① 朱力:《社会问题概论》,社会科学文献出版社2002年版,第195页。
② 时正新、廖鸿:《中国社会救助体系研究》,中国社会科学出版社2002年版,第9页。

中国共产党与城市困难群体的社会救助(1992—2012)

群体社会救助的必要性和重要性的认识。

所以，对城市困难群体社会救助工作重要性与必要性的认识，是分析和把握城市困难群体社会救助问题的思想前提和又一关键之所在。20世纪90年代以来，在社会急剧变迁的历史时期，中国共产党是这样认识城市困难群体的社会救助工作的：

1. 实现社会秩序稳定的基石

城市贫困的存在反映了不平等，而这种不平等是社会各群体在利益分配过程中争夺有限资源的结果。在城市经济、文化和生活日新月异、欣欣向荣的同时，困难群体的生活环境却反差明显，这必然造成巨大的心理落差，他们的被剥夺感强烈，经常存在悲观、失落、抱怨的情绪，甚至发表反社会的言行。当困难群体在资源争夺过程中长期处于弱势时，他们易于采取对抗甚至是违法行为与其他群体抗争，即是说，贫富矛盾的激化必将造成社会的不稳定和不安全。这可以看出城市困难群体问题的严重性和社会救助的重要意义。

中国共产党从巩固执政党地位的角度出发，深刻认识到城市困难群体的社会救助工作是关系到社会稳定与和谐的大事。邹家华在《今后十五年我国社会发展的指导原则和工作重点》一文中强调："建立和完善有中国特色的社会保障体系，对于保障人民生活、维护社会稳定，有着极其重要的作用。"[①] 1994年11月，朱镕基在全国建立现代企业制度试点工作会议上讲话指出："破产企业的人员要妥善安置，工人的基本生活要有保障，否则社会不稳定。"[②] 1997年12月，江泽民在中央经济工作会议上指出："近年来下岗职工增多，再就业压力加大，少数城市居民生活存在困难，这已成为影响企业改革、经济发展和社会稳定的全局性大事。"[③] 1999年1月，朱镕基在国务院召开的国有企业下岗职工基本生活保障和再就业工作会议闭幕时的总结讲话中指出："做好国有企业下岗职工基本生活保障和再就业工作，是

---

① 《十四大以来重要文献选编》中，人民出版社1997年版，第1001页。
② 《新时期劳动和社会保障重要文献选编》，中国劳动社会保障出版社、中央文献出版社2002年版，第163页。
③ 同上书，第275页。

第二章　中国共产党对城市困难群体及其社会救助诸问题的认识

由我们党全心全意为人民服务的根本宗旨所决定的，直接关系到广大职工群众的切身利益，关系到保证改革开放和经济建设稳定发展的大局。"① 2001年9月，江泽民在《党的作风建设的核心问题是保持党同人民群众的血肉联系》中更是一针见血地指出："关心群众，首先要关心困难群体的疾苦；为最广大人民谋利益，首先要为困难群体谋好利益，因为他们眼前最困难，最需要帮助。他们的困难如果解决不好，就会挫伤他们的积极性，而且可能产生影响人民团结和社会安定、甚至影响改革开放和现代化建设大局的种种问题。我们常常讲要标本兼治，标本兼治关键是治本。千方百计帮助困难群体摆脱困难，使他们安居乐业，就是一种很重要很紧迫的治本。这一点，各级领导机关和领导干部务必充分注意。"② 而解决这些问题最基本的一招就是社会救助。正如胡锦涛在党的十七大报告中指出："社会保障是社会安定的重要保证。"③ 中国共产党关于城市困难群体的社会救助与社会秩序稳定之间正向关联的认识由此可见一斑。

此外，城市困难群体的大量存在使经济发展失却良好的社会环境。城市困难群体的社会救助问题事关社会秩序的稳定，自然也会影响经济的发展，这是党和政府关于城市困难群体问题认识的逻辑必然，因为无序的社会是谈不上经济发展的。所以，江泽民在《全党动手，动员全社会的力量，共同做好国有企业下岗职工基本生活保障和再就业工作》一文中，就认为"国有企业下岗职工的基本生活保障和再就业工作，……事关经济发展"④，解决得好，对于"促进国民经济持续快速健康发展，……具有十分重大的意义"⑤。

2. 社会主义制度优越性的具体体现

关注弱势群体是社会主义题中应有之义。社会主义所包含的本质

---

① 《新时期劳动和社会保障重要文献选编》，中国劳动社会保障出版社、中央文献出版社2002年版，第355页。
② 江泽民：《论党的建设》，中央文献出版社2002年版，第545页。
③ 《十七大以来重要文献选编》上，中央文献出版社2009年版，第30页。
④ 《十五大以来重要文献选编》上，人民出版社2000年版，第361页。
⑤ 同上书，第357页。

中国共产党与城市困难群体的社会救助(1992—2012)

内涵之一就是社会公正,使社会成员各得其所。马克思、恩格斯在论述社会主义必然代替资本主义时提到了两点原因,一是资本主义的生产方式阻碍了社会生产力的进一步发展;二是资本主义存在着严重的社会不公正。因为在资本主义社会中,工人阶级是绝对的弱势群体,他们遭受着资产阶级的残酷剥削,他们付出的劳动与其所得是不相称的,是严重失衡的。这种不公正造成的结果之一就是一方面是财富的积累,另一方面是贫困的增加。而贫困在一定的意义上就意味着贫困者在享有经济、政治和文化利益上的权利的被剥夺。所以,工人阶级只有推翻资产阶级的统治,才能解放生产力,发展生产力,实现社会公正,实现人的全面而自由的发展。可见关注和解决弱势群体问题是社会主义的题中应有之义。

具体到社会主义市场经济条件下的中国,贫困就意味着剥夺了城市困难群体对我国经济社会发展成果的享有,这种被剥夺是一种隐性的但是又实实在在存在着的不公正。这种状况同社会主义的精神实质是相悖的。

秉承关注弱势群体、追求社会公平正义的马克思主义传统,中国共产党把做好城市困难群体的社会救助工作上升到体现社会主义本质要求、彰显社会主义优越性的高度来看待。早在1995年9月,吴邦国强调:"有效地帮助困难企业解困,保障困难企业职工生活和分流安置富余人员,也是市场经济条件下处理好公平与效率关系的一个重要问题。我们实行的是社会主义市场经济,社会主义允许一部分人先富起来,逐步达到共同富裕,但社会主义绝不允许有人没饭吃。因此,我们处理市场经济条件下的公平与效率问题,应该处理得更好一些。"[①] 1997年12月,江泽民在中央经济工作会议上指出:"时刻关心群众生活,及时解决群众的实际困难,是我们党的根本宗旨和社会主义制度的本质要求。"[②] 1998年5月,江泽民在中共中央、国务院

---

① 《新时期劳动和社会保障重要文献选编》,中国劳动社会保障出版社、中央文献出版社2002年版,第185页。
② 同上书,第275—276页。

第二章　中国共产党对城市困难群体及其社会救助诸问题的认识

召开的国有企业下岗职工基本生活保障和再就业工作会议上进一步强调："实行减员增效、下岗分流，减轻国有企业的负担，帮助下岗职工搞好再就业，从根本上说都是为了把经济更快更好地搞上去，为最终实现包括职工群众在内的全体人民的共同富裕创造更有利的条件。"①《国务院办公厅关于进一步加强城市居民最低生活保障工作的通知》（2001年11月12日）指出："城市居民最低生活保障制度是我国社会保障体系的重要组成部分，是从制度上保障城市贫困人口基本生活的重要途径，体现了社会主义制度的优越性和全心全意为人民服务的根本宗旨。"②党的十六大报告提出要"在经济发展的基础上，促进社会全面进步，不断提高人民生活水平，保证人民共享发展的成果"③。在同一报告中，江泽民还向全党进一步要求："我们要保护发达地区、优势产业和通过辛勤劳动与合法经营先富起来人们的发展活力，鼓励他们积极创造社会财富，更要高度重视和关心欠发达地区以及比较困难的行业和群众，特别要使困难群众的基本生活得到保障、并积极帮助他们解决就业问题和改善生活条件，使他们切实感受到社会主义社会的温暖。"④ 在当前，既要给强势者提供施展创业才能的舞台，又要给弱势者提供生存保障和发展的机会，使社会成员既能合理享受自己的劳动成果，使其付出能得到相应的尊重和回报，又能共享社会发展的成果。不能以牺牲弱势群体的利益为代价来维护强势群体的利益，使社会财富向少数人一方聚集，而是要让社会发展成果"惠及十几亿人口"，而不是"惠及"少数人。正如恩格斯所说的，应"结束牺牲一些人的利益来满足另一些人的需要的情况"，使"所有人共同享受大家创造出来的福利"⑤。

3. 建立和完善社会主义市场经济体制的必然要求

构成现代市场经济体制框架有5个基本要素或环节：（1）规范化

---

① 《新时期劳动和社会保障重要文献选编》，中国劳动社会保障出版社、中央文献出版社2002年版，第283页。
② 同上书，第543—544页。
③ 《十六大以来重要文献选编》上，中央文献出版社2005年版，第6页。
④ 同上书，第12—13页。
⑤ 《马克思恩格斯选集》第1卷，人民出版社1995年版，第243页。

的市场主体；（2）现代化的市场体系；（3）灵活有效的宏观调控系统；（4）完善的社会保障制度；（5）兼顾效率与公平的分配制度。1993年党的十四届三中全会《关于建立社会主义市场经济体制若干问题的决定》所设计的社会主义市场经济体制的基本框架，在坚持公有制为主体、多种所有制经济共同发展的前提下，由5个大支柱构建而成。这就是：现代企业制度、全国统一开放的市场体系、健全的宏观经济调控体系、合理的个人收入分配制度、多层次的社会保障体系。

其中，作为市场经济发展必然产物的多层次的社会保障体系是维护市场经济有序运转的条件。一是社会保障是市场经济正常运行的稳定机制。市场经济运行实质上是市场对资源配置起基础性作用的过程，而这种配置又主要是靠市场竞争、市场供给和价格参数实现的。市场机制在资源配置过程中客观上要求参与市场竞争的各经济主体有均等的机会，而竞争的结果一般来说又是非均等的。这种竞争机会的均等性和竞争结果的不均等性的矛盾，使得那些无力参与竞争和竞争中的被淘汰者，需要通过社会保障制度保障基本生活，以维系社会劳动力生产的需要，并随时为经济系统的运行补充必要的劳动力，否则社会就不能安定，市场经济就不能健康发展。因此，社会保障制度是市场经济运行的"安全网"和"减震器"，是维系整个社会稳定的重要手段。二是社会保障具有化解市场经济风险作用。市场经济是一种具有各种不确定性的风险经济。在市场经济的运行过程中，市场主体随时都会遇到各种各样的经济风险。如果单纯依靠市场进行调节，任凭各种经济风险自然发生、自由发展，必然会给社会及其成员带来灾难性的后果，不仅会使部分社会成员丧失继续生活与生存的能力，而且还会使整个社会经济秩序陷入极度混乱之中，对社会生产力造成极大破坏。社会保障具有化解市场经济风险的重要作用，通过社会保障体系中的社会保险、社会救助和社会福利等保障措施，可以化解市场经济运行中所遇到的各种风险，使经济进入良性发展的轨道，保障社会生产力的正常发展。三是社会保障是市场经济运行调控机制的重要内容。从宏观角度看，社会保障制度中的社会保险是市场经济运行中劳动力再生产的重要保障机制，社会救助和社会福利是调整经济发展

第二章 中国共产党对城市困难群体及其社会救助诸问题的认识

与社会公平矛盾的必要的协调机制,社会保险基金的征收与支付又是国民收入分配的调节机制。社会保障在保障公民基本生活需要的同时,能够通过互济来调节收入的流量,调节收入差别,能使多数劳动者和贫困者保持一定的消费水平,直接提高劳动者收入水平,增加社会总需求,从而刺激经济增长,达到调节经济结构和经济运行速度的目的。

中国共产党深谙社会保障对于建立和完善社会主义市场经济体制的多维意义,认为"建立多层次的社会保障制度,为城乡居民提供同我国国情相适应的社会保障,促进经济发展和社会稳定"[①] 是构成社会主义市场经济体制基本框架的重要环节,还指出"建立多层次的社会保障体系,对于深化企业和事业单位改革,保持社会稳定,顺利建立社会主义市场经济体制具有重大意义"[②]。社会救助是多层次社会保障体系最重要也是最基础的组成部分。从这个角度而言,做好城市困难群体的社会救助工作,是建立和完善社会主义市场经济体制的必然要求。

4. 保护人权的基本体现

人权(基本人权或自然权利)是指"人,因其为人而应享有的权利"。它主要的含义是:每个人都应该受到合乎人权的对待。人权的这种普适性和道义性,是它的两种基本特征。按享受权利的主体分,人权包括个人人权和集体人权两种。前者是指个人依法享有的生命、人身和政治、经济、社会、文化等各方面的自由平等权利;后者是指作为个人的社会存在方式的集体应该享有的权利,如种族平等权、民族自决权、发展权、环境权、和平权等。按照权利的内容来划分,人权包括公民、政治权利和经济、社会、文化权利两大类。前者是指一些涉及个人的生命、财产、人身自由的权利以及个人作为国家成员自由、平等地参与政治生活方面的权利;后者是指个人作为社会劳动者参与社会、经济、文化生活方面的权利,如就业、劳动条件、

[①] 《十四大以来重要文献选编》上,人民出版社1996年版,第521页。
[②] 同上书,第535页。

中国共产党与城市困难群体的社会救助(1992—2012)

劳动报酬、社会保障、文化教育等权利。总之,人权是涉及社会生活各个方面的广泛、全面、有机的权利体系,是人的人身、政治、经济、社会、文化诸方面权利的总称。它既是个人的权利,也是集体的权利。

人权内含着对自由、平等、安全的共同需要和对幸福的追求,是人不可剥夺、不可转让的权利。1996年12月19日,国际人权公约《经济、社会和文化权利国际公约》中规定了较为广泛的基本人权,其中就包括社会保障和社会保险权、获得相当生活水准权、免于饥饿权等,其中涵盖对最贫困人群救助的人权内容。公民的社会救助权的深层依据源自人权理论。人权理论认为社会救助的目的是为了保障人权。社会救助权是现代社会基本的、独立的人权。

同时,社会救助权也是对人权中的生存权的基本保障。生存权是指社会中的任何一个人都有生存下去的权利,也就意味着当一个人不论任何原因陷入贫困、发生生存危机时,有从国家和社会获得物质帮助以维持生存的权利。人类只有能够生存才能被称之为人类,所以生存权是人类与生俱来的天赋权利,其作为一种自然权利的正当性几乎是不证自明的。生存权是人权的基础和核心。没有生存权,人权和公民权根本无从谈起。法国学者热内费耶夫·库碧说:"贫困本身就是对人权的侵犯,因为它妨碍了经济和社会权利的行使,并因此使其他人权和人类个体的基本权利无法实现。"① 所以说公民的生存权必须首先得到保障。而生存权是靠国家的积极干预来实现的一种权利。社会救助权就是成员享有的在生活困难或其他法定情况下所应享有的经济、物质方面的帮助权,社会救助通过再分配保证公民的基本生存需要,它的首要目标就是保障人的生存权。

因而,做好社会救助工作,给予城市困难群体关怀和帮助,是保护人权的基本体现。因为"对中国来说,确保人民的生存权和发展

---

① [法]热内费耶夫·库碧:《贫困:对人权的侵犯》,《国际社会科学杂志》(中文版)2005年第2期,第141页。

第二章 中国共产党对城市困难群体及其社会救助诸问题的认识

权,是首要的也是最大的人权保障。"① 为此,我国宪法明确规定:"中华人民共和国公民在年老、疾病或者丧失劳动能力的情况下,有从国家和社会获得物质帮助的权利。国家发展为公民享受这些权利所需要的社会保险、社会救济和医疗卫生事业。"1999 年 9 月 28 日国务院发布的《城市居民最低生活保障条例》规定:"持有非农业户口的城市居民,凡共同生活的家庭成员人均收入低于当地城市居民最低生活保障标准的,均有从当地人民政府获得基本物质生活帮助的权利。"②

正是基于城市困难群体社会救助关乎社会秩序的稳定、社会主义优越性的发挥、社会主义市场经济体制的建立和完善、人权的保护的这种认识,江泽民在党的十五大报告中指出:要"实行保障城镇困难居民基本生活的政策"③。社会主义市场经济条件下中国共产党才把对城市困难群体的救助工作当作重要的任务来抓,并认为这是"一项重大的政治任务"。中国共产党对城市困难群体社会救助工作重要性的认识非常重要。如果说社会归因论使得市场经济条件下城市困难群体的存在具备合法地位的话,那么党和政府对其社会救助工作重要性的思想,就会在一定程度上促使政府自觉担负起社会救助工作的责任,也在相当程度上增进社会救助工作的高效性和实施力度。

(三) 关于城市困难群体社会救助内涵与外延的认识

不论对城市困难群体成因及其"问题性"的认识如何,解决城市困难群体问题首先得诉诸社会救助工作。那么,什么是社会救助?怎样进行社会救助?对此,不同历史时期,人们的理解是不同的。这也直接决定了社会救助不同方式的选择。对这一问题的认识,涉及理论和实践两个层面的问题,在社会救助理念中具有重要意义。对城市困难群体的社会救助,20 世纪 90 年代以来,中国共产党由于自身历

---

① 《十四大以来重要文献选编》中,人民出版社 1997 年版,第 1548 页。
② 《新时期劳动和社会保障重要文献选编》,中国劳动社会保障出版社、中央文献出版社 2002 年版,第 416 页。
③ 《十五大以来重要文献选编》上,人民出版社 2000 年版,第 29 页。

中国共产党与城市困难群体的社会救助(1992—2012)

方位的变化,认识也随之发生了较大的发展。

1. 对社会救助内涵和途径的认识

社会保障学认为,社会保障制度是工业社会发展到一定阶段的产物,它与社会经济的发展具有密切的关系。没有经济的持续发展,社会保障制度不可能顺利地运行和发展。由此可见经济发展对于社会保障的重要意义。马克思主义唯物史观与社会保障学在经济发展与社会保障关系的认识上有相同之处。马克思主义认为,经济基础决定上层建筑。社会保障制度作为社会经济制度,属于上层建筑,它自然也是由经济基础——社会生产力的发展水平所决定的。而中国共产党和中国政府在社会主义市场经济条件下实施社会保障的历史基础是比较薄弱的,"近十二亿人口、资源相对不足、经济文化比较落后"[1],"我们的社会主义现代化建设还处在艰巨的创业时期"[2]。具体到提出把建立社会主义市场经济体制确立为我国经济体制改革目标的1992年,我国GDP总量只有26923.5亿元,人均GDP只有2311元[3],工业化水平还处在初级产品生产阶段,提供现代公共服务的能力受到很大程度的制约。在这一历史起点上,要实施社会保障,必须大力发展生产。

因此,已经从领导人民为夺取全国政权而奋斗的党,成为领导人民掌握全国政权并长期执政的党,已经从受到外部封锁和实行计划经济条件下领导国家建设的党,成为全面对外开放和发展社会主义市场经济条件下领导国家建设的党,对于社会救助,中国共产党更加强调依靠生产的发展来根本解决。1995年9月28日,江泽民在《正确处理社会主义现代化建设中的若干重大关系》的讲话中,高屋建瓴地把最广大人民根本利益实现的路径表述为:"发展是硬道理。中国解决所有问题的关键要靠自己的发展。增强综合国力,改善人民生活;巩固和完善社会主义制度,保持稳定局面;顶住霸权主义和强权政治的

---

[1] 《江泽民文选》第1卷,人民出版社2006年版,第369页。
[2] 同上书,第301页。
[3] 《中国统计年鉴2013》,中国统计出版社2013年版,第44页。

第二章　中国共产党对城市困难群体及其社会救助诸问题的认识

压力,维护国家主权和独立;从根本上摆脱经济落后状况,跻身于世界现代化国家之林,都离不开发展。"① 此后,他还多次强调:"我们的经济建设,是以四项基本原则为政治保证、以改革开放为强大动力的。"② "必须坚持用发展的办法解决前进中的问题。现在世界经济发展加快,各国都在寻求新的发展。新世纪之初,我们能不能搞得快一点,国内外都很关注。我国是发展中国家,又处在体制转换和结构调整时期,实现现代化建设的目标,解决经济和社会生活中存在的矛盾与问题,都需要保持较快的经济增长速度。"③ "我们进行现代化建设,必须有正确的政治方向和坚强的政治保障。古人说,'求木之长者,必固其根本'。四项基本原则就是管我们建设和发展的政治方向、政治保障的,因此我们说它是立国之本。如果动摇了四项基本原则,或者四项基本原则坚持得不好,那就会在政治方向、政治保障上出问题,我们的现代化事业就不能成功。"④ 2002年11月8日,江泽民在党的十六大报告中则进一步明确指出:"我们党在中国这样一个经济文化落后的发展中大国领导人民进行现代化建设,能不能解决好发展问题,直接关系人心向背、事业兴衰。党要承担起推动中国社会进步的历史责任,必须始终紧紧抓住发展这个执政兴国的第一要务,把坚持党的先进性和发挥社会主义制度的优越性,落实到发展先进生产力、发展先进文化、实现最广大人民的根本利益上来,推动社会全面进步,促进人的全面发展。紧紧把握住这一点,就从根本上把握了人民的愿望,把握了社会主义现代化建设的本质,就能使'三个代表'重要思想不断落实,使党的执政地位不断巩固,使强国富民的要求不断得到实现。……发展必须坚持以经济建设为中心,立足中国现实,顺应时代潮流,不断开拓促进先进生产力和先进文化发展的新途径。发展必须坚持和深化改革。一切妨碍发展的思想观念都要坚决冲破,

---

① 《江泽民文选》第1卷,人民出版社2006年版,第461页。
② 《江泽民文选》第2卷,人民出版社2006年版,第252页。
③ 《江泽民论有中国特色社会主义》(专题摘编),中央文献出版社2002年版,第91—92页。
④ 《江泽民文选》第3卷,人民出版社2006年版,第215页。

中国共产党与城市困难群体的社会救助(1992—2012)

一切束缚发展的做法和规定都要坚决改变,一切影响发展的体制弊端都要坚决革除。发展必须相信和依靠人民,人民是推动历史前进的动力。要集中全国人民的智慧和力量,聚精会神搞建设,一心一意谋发展。"① 李鹏也强调:"要在经济发展的基础上,使城乡人民收入稳步增长,着力解决群众生活中的突出问题。"②

进入新世纪新阶段,以胡锦涛为总书记的党中央在党的十六届三中全会上,总结国内外经验,提出"科学发展观"的重大战略思想,为这一阶段最广大人民群众根本利益的实现确立指导思想。科学发展观第一要义是发展,核心是以人为本,基本要求是全面协调可持续,根本方法是统筹兼顾。科学发展观就是要始终把实现好、维护好、发展好最广大人民的根本利益作为党和国家一切工作的出发点和落脚点,尊重人们主体地位,发挥首创精神,保障各项权益,走共同富裕道路,促进人的全面发展,做到发展为了人民、发展依靠人民、发展成果由人民共享。③ 温家宝则说得更明确:"经济发展是社会发展的前提和基础,也是社会发展的根本保证。"④

在这里,党的主要领导人不仅提出发展生产是实施包括社会救助在内的社会保障的根本手段,而且指出了发展生产的整体性逻辑:以以人为本为出发点和落脚点,以经济建设为中心,以四项基本原则为政治保证,以改革开放为强大动力,以统筹兼顾为基本方法论原则。很显然,这一思路坚持了效率与公平的有机统一。这说明,在中国共产党看来,虽然生产的发展对社会救助有决定意义,但仅有生产的发展是不能自动解决包括社会救助在内的一切社会问题的,还须有公平的制度(宏观上的根本制度——社会主义,微观上的具体制度——社会政策)来为社会救助提供可靠保障。

具体到城市困难群体的问题,中国共产党则直接阐述了依靠发展

---

① 《江泽民文选》第3卷,人民出版社2006年版,第538—539页。
② 《新时期劳动和社会保障重要文献选编》,中国劳动社会保障出版社、中央文献出版社2002年版,第250页。
③ 《十七大以来重要文献选编》上,中央文献出版社2009年版,第208页。
④ 《十六大以来重要文献选编》上,中央文献出版社2005年版,第762页。

第二章　中国共产党对城市困难群体及其社会救助诸问题的认识

生产来根本解决的好处。最为典型的是吴邦国1995年在困难企业职工生活保障和分流安置工作座谈会上的讲话，他指出："困难企业职工生活保障和分流安置不能仅仅着眼于补助、救济，而应着眼于发展生产力，解决生产力。这应是解决困难企业问题的基本战略。我们绝不能把失业职工和企业富余职工当成包袱，而应当把他们作为一种重要的劳动力资源，通过再次开发和合理利用，转换成创造社会财富的力量。对于困难企业职工，一方面，要切实保障他们的基本生活，我们建立失业保障制度的一个重要目的就在于此。另一方面，从我国的实际情况出发，又不能单纯以救济来维持他们的生活。更重要的是要尽快通过深化改革，加强管理，发展经济，开拓新的生产经营路子来解困。……解决困难企业问题，搞救济能够解决一段时间的生活困难，但不能从根本上解决问题。从长远讲，根本出路在于发展经济。这不仅能解决困难企业职工自身的生活问题，而且还可以使他们成为我国经济发展中一支新的生力军。"[①]

在主张根本救助的同时，中国共产党和中国政府也主张进行临时的社会救助，以解城市困难群体的燃眉之急。如李鹏在《关于国民经济和社会发展"九五"计划和二〇一〇年远景目标纲要的报告》中指出："逐步建立城市居民最低生活保障制度，帮助城市贫困人口解决生活困难。"[②] 李岚清指出："要进一步完善失业保险制度，强化城市居民最低生活保障制度，把所有符合条件的城市贫困居民都纳入'低保'范围，做到应保尽保。"[③] 温家宝进一步强调："高度重视解决城乡困难群众基本生活问题。各地要加快建立城乡特殊困难群众的社会救助体系，帮助他们解决看病、住房、子女就学等实际困难。"[④]

一般的临时性的社会救助注重物的传递，即主要通过给予物资救济来改善被救助者的穷困局面，而社会主义市场经济条件下中国共产

[①] 《新时期劳动和社会保障重要文献选编》，中国劳动社会保障出版社、中央文献出版社2002年版，第184—185页。
[②] 《十四大以来重要文献选编》中，人民出版社1997年版，第1764页。
[③] 《十五大以来重要文献选编》下，人民出版社2003年版，第2330页。
[④] 《十六大以来重要文献选编》中，人民出版社2006年版，第787页。

中国共产党与城市困难群体的社会救助(1992—2012)

党所主张的临时性的社会救助尽管有物的传递,如具有明显官方背景的工会的送温暖活动,但更强调和倡导生产精神,如主要面向下岗职工的再就业工程、把就业援助作为社会救助的重要内容等。这体现了中国共产党从历史唯物主义的基本观点出发,主张通过生产的发展最终解决贫困问题的一贯精神。

生产的发展是社会进步的基础和前提。通过发展生产来最终解决城市困难群体问题,无疑找到了社会主义初级阶段治理城市贫困的根本方法,因为城市困难群体之贫主要是由社会资源总量相对匮乏引起的。而发展生产与社会政策相结合,标本兼治,既立足当前,又着眼长远,这无疑是正确的。但需要注意的是,生产的高度发展,也并不能从根本上杜绝城市困难群体的出现,因为城市困难群体的产生既有经济、社会因素,也有个人原因。就目前来看,在按需分配的共产主义实现以前,任何社会都不可能不要效率,而只顾公平。如今,消除贫困仍然是全球热点问题,就很能说明问题。所以生产的发展不能自动解决一切社会冲突与矛盾,必须构建配套的社会协调机制,包括社会救助政策等。

综上所述,1992—2012年间中国共产党和中国政府关于城市困难群体的社会救助理念中,社会救助的内涵有广义和狭义之分,广义的救助就是为救助而采取的所有发展生产的办法,狭义的救助就是暂时的、临时性的补助措施。需要特别说明的是,本书研究的对象主要是狭义的救助。

2. 对社会救助外延的认识

"如何认识与对待弱势群体问题,是衡量社会文明进步的重要标准之一"[①],也是关乎弱势群体问题能否得以有效解决的前提。同样,要解决城市贫困问题,对于城市困难群体构成的认识和理解便显得尤为重要。

前已述及,在计划经济条件下,中国共产党把城市困难群体主要界定为"三无"人员,即传统民政对象。而在社会主义市场经济条

---

① 张敏杰:《中国弱势群体研究》,长春出版社2003年版,第256页。

第二章　中国共产党对城市困难群体及其社会救助诸问题的认识

件下，党和国家领导人对城市贫困问题给予了特别的关注，根据变化了的形势，在吸取国外经验的基础上，根据因自然、社会、经济、生理和心理等方面原因陷入贫困的公民的情况划贫困线，把处于贫困线以下的所有城市居民都纳入了救助范围。从特殊主义到普遍主义的转变，反映了中国共产党对城市困难群体的构成和理解也经历了一个嬗变的过程：从传统民政对象到传统民政对象和有单位的"非传统民政对象"再到处于贫困线以下的所有城市居民。关于这一变化的情况，我们可以从党和国家领导人的讲话、相关文献中窥见一斑。

第一阶段：从传统民政对象到传统民政对象和有单位的"非传统民政对象"

1995年9月，吴邦国在困难企业职工生活保障和分流安置工作座谈会上讲话指出："在深化改革和结构调整中，出现了一些困难和问题。其中比较突出的是，部分国有企业生产经营困难，亏损增加，职工收入减少，生活水平下降。这种情况在东北和西北地区，在煤炭、军工、森工等行业尤为突出，相当一部分在职或离退休职工的生活确实困难。"[①] 1996年召开的八届人大四次会议上，李鹏在讲话中提及："关心停产、半停产企业的职工、失业者和离退休人员，帮助他们解决生活困难。"[②] 在1996年11月中央经济工作会议上，江泽民指示："要积极解决关心群众疾苦的各种实际问题，当前要特别关心困难企业职工的生活，及时化解和消除影响稳定的各种因素。"1997年1月，江泽民在慰问北京市的困难企业和职工家庭并召开企业座谈会时再次强调："关心好、安置好停产半停产企业、困难企业职工的生活，解决各项实际困难，这既是各级党和政府的工作，也是群众观点、群众路线的具体体现。""年终岁末已到，各地区、各部门要采取积极、切实、有效措施，解决好困难企业和下岗待业职工的生活问题，把党

---

①《新时期劳动和社会保障重要文献选编》，中国劳动社会保障出版社、中央文献出版社2002年版，第181—182页。

② 民政部救灾救济司编：《城市居民最低生活保障制度文件资料汇编（一）》，民政部救灾救济司1998年编印，转引自唐钧等著《中国城市贫困与反贫困报告》，华夏出版社2003年版，第95页。

和政府的关怀带给群众。"① 在 1997 年 1 月召开的进一步解决城镇部分群众生活困难问题电视电话会议上,国务院副总理吴邦国在讲话中所指就更为具体:"部分国有企业由于不适应市场经济发展的要求,生产经营困难,效益不好,亏损增加,拖欠职工工资,导致部分职工生活发生困难。同时,由于社会保障体系还不健全,部分离退休人员和少数低收入居民,以及孤寡老人、残疾人的生活得不到保障。"他还进一步阐释:"这些问题,是改革过程中难以避免的,是前进中的问题。但是,如果得不到妥善解决,势必影响改革、发展、稳定的大局,而且也有悖我们党的宗旨和我国的社会主义性质。"② 1997 年 3 月,李鹏在八届人大五次会议上就曾指出:"对城镇低收入者给予必要的帮助是政府的重要职责,也是维护社会稳定所必需的。"③ 在中共十五大召开前夕,国务院专门召开电话会议,对建立城镇居民最低生活保障制度作出了总体性的部署,随即下发了《国务院关于在全国建立城镇居民最低生活保障制度的通知》。在这个文件中,明确规定保障对象为家庭人均收入低于当地最低生活保障标准的持有非农业户口的城市居民。同时,这个文件还规定了三种具体的保障对象:(1) 无生活来源、无劳动能力、无法定赡养人或抚养人的居民;(2) 领取失业救济金期间或失业救济期满仍未能重新就业,家庭人均收入低于最低生活保障标准的居民;(3) 在职职工和下岗人员在领取工资或最低工资、基本生活费后以及退休人员领取退休金后,其家庭人均收入仍低于最低生活保障标准的居民。在党的十五大政治报告中,江泽民则对解决城市贫困问题作出了具体部署:"随着企业改革深化、技术进步和经济结构调整,人员流动和职工下岗是难以避免的。这会给一部分职工带来暂时的困难。"对此,"党和政府要采取积极措施,依靠各方面的力量,关心和安排好下岗职工的生活,搞好

---

① 《中国劳动年鉴1998》,中国劳动出版社1999年版,第9页。
② 同上书,第8页。
③ 民政部救灾救济司编:《城市居民最低生活保障制度文件资料汇编(一)》,民政部救灾救济司1998年编印,转引自唐钧等著《中国城市贫困与反贫困报告》,华夏出版社2003年版,第97页。

第二章　中国共产党对城市困难群体及其社会救助诸问题的认识

职业培训，拓宽就业门路，推进再就业工程。广大职工要转变就业观念，提高自身素质，努力适应改革和发展的新要求"。[1]

归纳党和国家领导人的历次讲话，我们发现他们对城市困难群体的界定主要包括：下岗无业的职工、失业人员、被欠发退休金的离退休人员、困难企业的职工、孤寡老人和残疾人，即属于传统民政对象的"三无"人员和"有单位"的"非传统民政对象"。

研究社会救助问题的首要难题是确定谁是救助对象、依据什么标准确定救助对象。"表面上，这个问题是非常技术性和操作性的议题，实质上，这是最基础与最关键的价值议题，因为它能够典型地反映特定社会价值取向与社会主流意识形态，反映社会的宽容大度、同情不幸、博爱世人、互助互济和保护弱者之情。"[2] 通俗一些说，哪些人处于贫困状态是一种无须争议的客观存在，但究竟哪些贫者能被纳入到政府的救助范围中来，便要看政府的价值取向了。

从这一时期中国共产党关于城市困难群体的认定中，我们发现并不是所有的城市贫者都被列为救助对象。从上文列出的党和国家领导人的历次讲话中，可以很清晰地发现当时能被纳入社会救助范围的城市困难群体是有助于社会稳定或是维护社会稳定所需要的。因为"在社会主义初级阶段，正确处理改革、发展同稳定的关系，保持稳定的政治环境和社会秩序具有极端重要的意义。没有稳定，什么事也干不成"[3]。1998年5月，朱镕基在中共中央、国务院召开的国有企业下岗职工基本生活保障和再就业工作会议上进一步指出："现在为什么要强调做好这项工作？因为解决好国有企业下岗职工的问题，具有极大的重要性和迫切性。这项工作，直接关系到广大职工群众的利益，关系到国有企业改革的成败，关系到改革、发展、稳定的大局。现在国有企业下岗职工很多，其中一些人基本生活没有保障，由此造成的社会问题日益突出。如果不抓紧解决这个问题，任其发展下去，就会

---

[1]　《十五大以来重要文献选编》上，人民出版社2000年版，第23—24页。
[2]　刘继同：《英国社会救助制度的历史变迁与核心争论》，《国外社会科学》2003年第3期，第64页。
[3]　《十五大以来重要文献选编》上，人民出版社2000年版，第17页。

造成人心不稳、社会不稳。没有稳定的社会环境,改革就不能深入进行,已经确定的经济发展目标也没法达到。"① 同时,这也是社会主义初级阶段中国政府提供公共服务能力不足前提下的一种迫不得已的选择。但是,仅仅从"社会稳定"的角度去考虑问题则有可能造成政策上的被动。有学者认为:"细分起来,社会保障的目标可以有三:一是经济目标,即'经济稳定器'说;二是政治目标,即'社会安全网'说;三是民生目标,即'保障基本生活'说。其实,在这三个目标中,民生的目标是基础,另外两个目标的实现都有赖于民生目标的实现。"② 未被纳入社会救助范围的城市贫者报复社会、破坏社会稳定从而使经济建设失却良好条件的行为时有发生就充分地说明了这一点。这也是之后中国共产党对城市困难群体社会救助对象的认识从特殊主义走向普遍主义的一个很重要的动因。

第二阶段:从传统民政对象和有单位的"非传统民政对象"到处于贫困线以下的所有城市居民

世纪之交,随着整个中国社会对于城市贫困问题的认识不断深化和中国政府提公共服务能力的不断增强,社会政策也表现出了更加务实、更加注重解决民生问题的倾向。党和国家领导人的多次讲话都充分表达了这种倾向:

2000年,江泽民在中央经济工作会议上指出:"不断改善人民生活,是我们党全心全意为人民服务宗旨和'三个代表'要求的最终体现,是处理好改革发展稳定关系的结合点。……各级党委和政府必须始终坚持'一要吃饭,二要建设'的原则。现在各方面建设任务都很重,要统筹安排财力,正确处理'吃饭'和'建设'的关系,把人民生活放在首位。"③ 2001年7月,江泽民在庆祝中国共产党成立八十周年大会上再次强调:"各级领导干部时刻都要把人民群众的

---

① 《十五大以来重要文献选编》上,人民出版社2000年版,第372—373页。
② 转引自唐钧等著《中国城市贫困与反贫困报告》,华夏出版社2003年版,第98页。
③ 民政部救灾救济司编:《城市居民最低生活保障制度文件资料汇编(五)》,民政部救灾救济司2002年编印,转引自唐钧等著《中国城市贫困与反贫困报告》,华夏出版社2003年版,第99页。

第二章 中国共产党对城市困难群体及其社会救助诸问题的认识

安危冷暖放在心上，关心群众疾苦，努力为群众办实事、办好事。各级领导机关和领导干部，要特别关心那些工作和生活上暂时遇到困难的群众，把他们的事情摆上重要议事日程，重点考虑，重点解决，切实安排好他们的就业和生活。"① 2002年12月，胡锦涛在西柏坡学习考察时强调："各级领导干部要坚持深入基层、深入群众，倾听群众呼声，关心群众疾苦，时刻把人民群众的安危冷暖挂在心上，做到权为民所用，情为民所系，利为民所谋。尤其要关心那些生产和生活遇到困难的群众，深入到贫困地区、困难企业中去，深入到下岗职工、农村贫困人口、城市贫困居民等困难群众中去，千方百计地帮助他们解决实际困难。"② 2004年10月，曾庆红在党的十六届四中全会上指出："我们加强党的执政能力建设的根本目的，就是要带领全国各族人民实现国家富强、民族振兴、社会和谐、人民幸福。"③ 2005年1月，胡锦涛在新时期保持共产党员先进性专题报告会上再次要求："共产党员心里要始终装着群众。……对群众生产生活面临的这样那样的困难，特别是对下岗职工、农村贫困人口和城市贫困居民等困难群众遇到的实际问题，一定要带着深厚的感情去帮助解决，切实把中央为他们脱贫解困的各项政策措施落到实处，让他们感受到党和政府的温暖。"④ 同年10月，他在党的十六届五中全会上再次强调："我们坚持把关心群众生产生活特别是帮扶困难群众作为一件关系全局的大事，重点抓好为下岗失业人员、破产关闭企业职工、困难企业离退休人员、城乡贫困人口等困难群众排忧解难的工作。"⑤ 2008年3月，温家宝在十一届全国人大一次会议上强调："必须坚持执政为民。政府的一切权力都是人民赋予的，执政为民是各级政府的崇高使命。我们要牢记全心全意为人民服务的宗旨，把实现好、维护好、发展好最广大人民的根本利益，作为政府工作的出发点和落脚点。更加注重保

---

① 《十五大以来重要文献选编》下，人民出版社2003年版，第1910—1911页。
② 《十六大以来重要文献选编》上，中央文献出版社2005年版，第84页。
③ 《十六大以来重要文献选编》中，中央文献出版社2006年版，第383页。
④ 同上书，第624页。
⑤ 同上书，第1033—1034页。

中国共产党与城市困难群体的社会救助(1992—2012)

障和改善民生,特别要关心和解决城乡低收入群众的生活困难,使全体人民共享改革发展成果。"① 2010年2月,他在省部级主要领导干部深入贯彻落实科学发展观加快经济发展方式转变专题研讨班上再次强调:"在社会主义市场经济条件下,政府的主要职责就是保障人民群众的基本需求、保障公共利益。"②

社会政策上的转变最早始于1999年《城市居民最低生活保障条例》(以下简称《条例》)。《条例》规定:"持有非农业户口的城市居民,凡共同生活的家庭成员人均收入低于当地城市居民最低生活保障标准的,均有从当地人民政府获得基本生活物质帮助的权利。"③《条例》的进步在于从法律上认可了所有城市居民在"共同生活的家庭成员人均收入低于当地城市居民最低生活保障标准"时,都有获取最低生活保障的这项基本"权利"。此后,为了进一步落实《条例》精神,2000年5月《国务院关于切实做好企业离退休人员基本养老金按时足额发放和国有企业下岗职工基本生活保障工作的通知》中再次强调:"凡家庭人均收入低于当地最低生活保障标准的城市居民,都要纳入最低生活保障范围,实行最低生活保障。"④ 同年12月25日国务院印发的《关于完善城镇社会保障体系的试点方案》亦规定:"对企业改组改制和产业结构调整过程中出现的特殊困难人群,特别是中央、省属企业和城镇集体企业在职职工、下岗职工、退休人员,以及下岗职工基本生活保障向失业保险并轨过程中的下岗、失业人员,按规定计算其应得待遇后,家庭人均收入仍然低于当地城市居民最低生活保障标准的,享受最低生活保障待遇。"⑤《国务院办公厅关于进一步加强城市居民最低生活保障工作的通知》(2001年11月12日)要求:"各地区要全面贯彻执行《城市居民最低生活保障条例》,

---

① 《十七大以来重要文献选编》上,中央文献出版社2009年版,第304页。
② 《十七大以来重要文献选编》中,中央文献出版社2011年版,第494页。
③ 《新时期劳动和社会保障重要文献选编》,中国劳动社会保障出版社、中央文献出版社2002年版,第416页。
④ 同上书,第459页。
⑤ 同上书,第493—494页。

第二章　中国共产党对城市困难群体及其社会救助诸问题的认识

按照属地管理的原则，将中央、省属企业，尤其是远离城镇的军工、矿山等企业符合条件的贫困职工家庭纳入最低生活保障范围，不得以任何理由将他们排斥在外。当前，对企业改组改制和产业结构调整过程中出现的特殊困难人群，特别是中央、省属企业和城镇集体企业的特困职工家庭，以及下岗职工基本生活保障向失业保险并轨中新出现的需要最低生活保障的人员，要作为工作重点，及时纳入最低生活保障范围。同时，要坚决克服按非农业人口一定比例下达保障对象指标等简单化的办法，尽快把所有符合条件的城市贫困人口纳入最低生活保障范围。"[1] 民政部、卫生部、劳动保障部、财政部《关于建立城市医疗救助制度试点工作的意见》（2005年2月26日）要求："合理确定救助对象。主要是城市居民最低生活保障对象中未参加城镇职工基本医疗保险人员、已参加城镇职工基本医疗保险但个人负担仍然较重的人员和其他特殊困难群众。"[2]

但从上述中国共产党关于城市困难群体的认定中我们也可以发现，党主要是把共同生活的家庭成员人均收入低于当地城市居民最低生活保障标准的城市困难群体列为救助对象，而一些因家庭负担比较重而支出过甚导致基本生活比较困难的城市贫困人口，事实上是被排除在救助范围之外的。这说明党对城市困难群体的认定，主要以收入型贫困为标准。国家统计局、民政部和一些地方政府的调研情况也印证了这一点：城市贫困人口通常是享受低保人数的两倍之多，比例为7.5%—8.7%。这反映了在目前我国社会资源动员模式仍然是政府主导型的背景下，党和国家在社会问题认定中的作用，大大超过了一般社会的权力集团，社会问题认定的其他环节是薄弱的或是缺席的；同时也反映了在社会主义初级阶段，我国社会资源总量相对有限，党和政府在解决社会问题时回旋余地不大，只能是有先有后，循序渐进。

此外，城市困难群体的社会救助包括哪些内容，也是认识1992—

---

[1] 《新时期劳动和社会保障重要文献选编》，中国劳动社会保障出版社、中央文献出版社2002年版，第544页。

[2] 湖北省最低生活保障管理办公室编：《湖北省社会救助政策文件汇编》下册，第514页。

中国共产党与城市困难群体的社会救助(1992—2012)

2012年间中国共产党关于城市困难群体社会救助外延的一个重要方面。从总体上说,中国共产党对城市困难群体的社会救助以生活救助为主,以教育救助、医疗救助、住房救助等专项救助为辅。我们从党和国家领导人的讲话谈话、相关文件中可以很清楚地看到这一点。《国务院办公厅关于进一步加强城市居民最低生活保障工作的通知》(2001年11月12日)明确要求:"要认真落实最低生活保障对象在住房、医疗、子女教育、税收、水、电、煤气等方面的社会救助政策。"① 2004年11月,温家宝在辽宁沈阳召开的振兴东北地区等老工业基地工作座谈会上在要求各地方都要毫不松懈地做好"两个确保"和城市"低保"工作的同时,强调"还要注意积极帮助城市低收入群体解决就医、上学、冬季取暖等基本生活问题。对于低收入者集中的'棚户区'群众,要通过多种途径帮助他们摆脱生活困境。"② 胡锦涛在党的十七大报告中明确提出:"完善面向所有困难群众的就业援助制度,及时帮助零就业家庭解决就业困难。……健全廉租住房制度,加快解决城市低收入家庭住房困难。"③ 2010年4月,他在全国劳动模范和先进工作者表彰大会上讲话再次强调:"要切实完善社会保障体系,健全就业帮扶、生活救助、医疗互助、法律援助等帮扶制度,着重解决困难劳动群众生产生活问题,在经济发展的基础上不断提高广大劳动群众生活水平和质量,使他们不断享受到改革发展成果。"④ 关于城市困难群体社会救助内容的全面性在一些地方性文件、法规中也是有所体现的。2002年7月1日起施行的《湖北省城市居民最低生活保障实施办法》第十五条明确规定:"地方各级人民政府及其有关部门对享受城市居民最低生活待遇的对象,应当优先安排其就业,扶持其开展生产经营,并在子女义务教育、医疗、住房、用

---

① 《新时期劳动和社会保障重要文献选编》,中国劳动社会保障出版社、中央文献出版社2002年版,第547页。
② 《十六大以来重要文献选编》中,中央文献出版社2006年版,第447页。
③ 《十七大以来重要文献选编》上,中央文献出版社2009年版,第30—31页。
④ 胡锦涛:在2010年全国劳动模范和先进工作者表彰大会上的讲话,新华网,http://news.xinhuanet.com/politics/2010—04/27/c_1259809_3.htm。

第二章　中国共产党对城市困难群体及其社会救助诸问题的认识

水、用电等方面制定社会救助政策，减免有关费用。"① 这也反映了中国共产党建设中国特色社会主义的根本目的是实现人的自由而全面的发展。

（四）关于城市困难群体社会救助主客体权利与义务关系的认识

人类对社会救助中主客体权利与义务关系的认识，是随着历史的演进逐步发展的。在现代社会保障制度建立之前，西方早期人道观的社会救助，将慈善事业看作是对穷人的一种施舍和恩惠，谈不上什么权利义务问题；随着社会的发展进步，1601年英国的《济贫法》才把社会救助规定为国家的责任和公民应享有的合法权利，从此国家开始在社会救助中扮演主要角色。权利与义务相互依存，有权利必有义务。当国家介入社会救助后，考虑到救助政策的政治、经济和社会影响，往往在救助穷人的同时，开始附带一些条件，即强调穷人要尽一定的义务。这样，有关社会救助主、客体权利与义务的理念也就出现了，而且许多西方国家还将这种关系用法律的形式加以确立。这一理念不仅反映了一个社会的文明程度，还决定了弱势群体利益的保障程度，同时也决定了社会救助是促进社会进步的动力还是妨碍社会发展的消极因素。②

我们可以通过细细爬梳1999年的《城镇居民最低生活保障条例》、党和国家领导人的一些言论、相关的部门条例以及一系列的专门法规等来探究1992—2012中国城市困难群体的社会救助中主、客体权利与义务关系。我们发现，中国共产党在这方面的理念是有自己的独到之处的。

1. 社会救助是政府的责任

马克思主义与社会保障学在国家与社会保障关系的认识上有相同之处。马克思主义认为"国家是社会在一定发展阶段上的产物，国家

---

① 湖北省最低生活保障管理办公室编：《湖北省社会救助政策文件汇编》上册，第194页。
② 高冬梅：《新中国成立初期中国共产党社会救助思想与实践研究（1949—1956）》，人民出版社2009年版，第50—51页。

中国共产党与城市困难群体的社会救助(1992—2012)

是承认:这个社会陷入了不可解决的自我矛盾,分裂为两个不可调和的对立面而又无力摆脱这些对立面,这些经济利益互相冲突的阶级,不致在无畏的斗争中把自己和社会消灭,就需要有一种表面上凌驾于社会之上的力量,这种力量应当缓和冲突,把冲突保持在'秩序'的范围以内:这种从社会中产生但又自居于社会之上并且日益同社会相异化的力量,就是国家。"① 这其中阐释了国家的一项非常重要的职能,即管理公共事务的职能,包括对弱势群体实施社会救助。社会保障学认为,现代社会保障制度是伴随着工业革命后的社会化的发展和市场经济的建立而发展起来的,以政府在社会保障中承担法定责任为典型特征。国家作为政治实体,政府作为国家权力的执行机构,理所当然地要承担国家对公民的社会保障责任,这种责任是国家行使政治、经济、社会等管理权力,实现其政治职能和社会职能的相应条件,是国家存在合法性的基础,表征着国家伦理与社会公平正义的实现程度。正如德国学者罗尔夫·斯特博指出:"实现社会国家原则是国家的一个中心任务,国家应保证经济最低生存条件。"② 罗斯福指出,在现代社会,把个人的安全建立在邻里和家庭的帮助之上是根本不行的,因为他们的力量根本不足以抵御社会变动的冲击,只有政府才能为人们提供保障,并借此减缓巨大的社会变动给人们带来的冲击。③ 由此可见,政府责任的切实到场对于社会保障的重要意义。

中国共产党亦持同样的观点。早在 1950 年 4 月 26 日,董必武在中国人民救济代表会议上做了题为《新中国的救济福利事业的报告》,报告中提到,救济福利事业"不再是统治阶级欺骗麻醉人民的装饰品,也不再是少数热心人士的孤军奋战,而是政府和人民同心协力医治战争创伤并进行和平建设的一系列工作中的一个组成部分"④。

---

① 《马克思恩格斯选集》第 4 卷,人民出版社 1995 年版,第 170 页。
② [德]罗尔夫·斯特博:《德国经济行政法》,中国政法大学出版社 1999 年版,第 65 页。
③ 刘海年主编:《经济、社会和文化国际公约研究》,中国法制出版社 2000 年版,第 8 页。
④ 《新中国的救济福利事业的报告》,《人民日报》1950 年 5 月 5 日,第 1 版。

第二章 中国共产党对城市困难群体及其社会救助诸问题的认识

具体到城市困难群体的社会救助实践中,20世纪90年代以来,党和政府不仅把社会救助看作党的政治任务,而且也看成政府的责任。1995年9月,吴邦国在困难企业职工生活保障和分流安置工作座谈会上指出:"关心困难企业职工生活是我们党和政府义不容辞的责任,……我们党的宗旨是为人民服务,我们的政府是为人民服务的政府,我们搞的是社会主义市场经济,当广大职工遇到生活困难时,我们有责任、有义务关心他们的生活,体察他们的疾苦,帮助他们解决困难,这是我们各级党委和政府义不容辞的责任。因此,我们要把做好困难企业职工生活保障和分流安置工作,提高到密切党和政府与人民群众联系的高度来认识。"[1] 1996年5月,李瑞环在中共湖北省委汇报会和企业家座谈会上指出:"我们是共产党领导的社会主义国家,全心全意为人民服务是我们党的最高宗旨,保证群众有饭吃是我们最起码的责任。特别是当前,生活困难职工所遇到的问题,有许多并不是他们自己造成的,而是旧体制遗留下来的。"[2]《国务院关于在全国建立城市居民最低生活保障制度的通知》(1997年9月2日)指出:"妥善解决城市贫困人口的生活困难问题,是当前我国经济和社会发展中的一个重要任务。"[3] 1997年3月,李鹏在八届全国人大五次会议上的《政府工作报告》中指出:"做好农村扶贫工作,对城镇低收入者给予必要的帮助,是政府的重要职责,也是维护社会稳定所必需的。"[4] 2000年5月,朱镕基在进一步完善社会保障体系座谈会上强调:"建立和完善社会保障体系,营造稳定、良好的社会环境,是在发展社会主义市场经济条件下,人民政府义不容辞的重要任务和主要职责。"[5] 2000年11月,江泽民在中央经济工作会议上再次强调:"各级领导干部必须从政治的高度和稳定的大局出发,始终把解决好

---

[1]《新时期劳动和社会保障重要文献选编》,中国劳动社会保障出版社、中央文献出版社2002年版,第182—183页。
[2] 同上书,第222页。
[3] 同上书,第259页。
[4] 同上书,第250—251页。
[5]《十五大以来重要文献选编》中,人民出版社2000年版,第1253页。

人民生活问题作为党和政府的根本任务。"① 2007年8月出台的《国务院关于解决城市低收入家庭住房困难的若干意见》明确要求把解决城市低收入家庭住房困难作为"政府公共服务的一项重要职责""城市人民政府的重要责任"②。2010年2月,温家宝在省部级主要领导干部深入贯彻落实科学发展观加快经济发展方式转变专题研讨班上讲话明确指出:"保障城乡低收入困难群众基本生活。这是政府的一项基本职责。"③ 在此次讲话中,他还明确要求各级领导干部要"把维护社会事业的公益性、保障人民群众基本公共服务需求作为政府的主要职责"④,并进一步强调:"社会事业涉及人民群众基本需求和普遍公共利益,公共性是其基本特征。社会事业的公益性一旦受到损害,人民群众的基本需求和权益就得不到保障,社会就会失去起码的公平和正义。在社会主义市场经济条件下,政府的主要职责就是保障人民群众的基本需求、保障公共利益。……在社会事业特别是涉及基本民生方面,包括就业、社保、教育、文化、医药卫生等,都要建立健全保障人民基本需求的制度,这是政府义不容辞的责任。"⑤ 由此可见党和政府对人民负责的拳拳之心。各省市也对城市困难群体的社会救助工作给予了高度重视,如在2002年4月10日下发的《湖北省人民政府办公厅关于进一步加强城市居民最低生活保障工作的通知》中,要求"各级党委、政府要从讲政治的高度,充分认识做好城市低保工作的重要性和紧迫性,以对贫困群众高度负责的态度,把这项工作作为一项政治任务,列入政府工作重要议程,采取有力措施,进一步加大城市低保工作力度,坚决按照中央要求,在党的十六大召开之前,把符合条件的城市困难居民全部纳入低保范围"⑥。这些都说明政府是被作为城市困难群体社会救助的责任主体来看待的。

---

① 《十五大以来重要文献选编》中,人民出版社2001年版,第1471页。
② 《十六大以来重要文献选编》下,中央文献出版社2008年版,第1112、1118页。
③ 《十七大以来重要文献选编》中,中央文献出版社2011年版,第486页。
④ 同上书,第493页。
⑤ 同上书,第493—494页。
⑥ 湖北省最低生活保障管理办公室编:《湖北省社会救助政策文件汇编》上册,第199页。

第二章　中国共产党对城市困难群体及其社会救助诸问题的认识

2. 社会救助既是城市困难群体的一项权利，也是实现城市困难群体利益的重要手段

社会救助是不是城市困难群体应该享有的一项权利？关于这一点，学者高冬梅认为"中国共产党和政府的认识既不同于'恩赐观'，也与'权利观'有所区别，更多地将社会救助看作是共产党践行为人民服务（谋利益）的宗旨，意即是实现人民的利益而不是权利"①。

关于与"恩赐观"的区别，我们很容易捕捉到。秉承马克思主义的中国共产党人坚持人民群众是历史创造者的历史唯物主义的基本观点，对党员干部中存在的"恩赐思想"经常予以批评。如时任广东省委书记汪洋2012年5月在广东省第十一次党代会上的报告中就明确指出：追求幸福，是人民的权利；造福人民，是党和政府的责任。我们必须破除人民幸福是党和政府恩赐的错误认识，切实维护并发挥好人民群众建设幸福广东的主动性和创造性，尊重人民首创，让人民群众大胆探索自己的幸福道路。② 这说明党对恩赐观是持否定态度的。

关于中国共产党更多地将社会救助看作是城市困难群体的利益而不是权利这一点，我们需要做详细分析。不可否认，早期共产党人受"五四"时期"人的解放思想"的影响，曾朦胧地提出社会救助是人的权利，如李大钊对废娼问题的探讨。③ 又如毛泽东曾在《更宜注意的问题》中将救助失业者看成是保障失业群体人权的途径。④ 但随着中国共产党把马克思主义确立为自己的指导思想，并接受"马克思主义政党的一切理论和奋斗都应致力于最广大人民的根本利益"这一最鲜明的政治立场后，人民利益观成为中国共产党的主导价值观，"人

---

① 高冬梅：《新中国成立初期中国共产党社会救助思想与实践研究》，人民出版社2009年版，第52页。
② 汪洋在中国共产党广东省第十一次代表大会上的报告（8）—中国共产党新闻—人民网，http://cpc.people.com.cn/GB/64093/64094/17905700.html。
③ 《李大钊全集》第3卷，河北教育出版社1999年版，第214—216页。
④ 《毛泽东年谱（1893—1949）》上卷，人民出版社1993年版，第94页。

中国共产党与城市困难群体的社会救助(1992—2012)

民利益"成为中国共产党话语系统中的主流话语,社会救助的"人权观"逐渐被"人民利益观"所取代。[①] 查阅土地革命战争至"文革"结束前党的文献,很难找到获得社会救助是弱势群体的权利这样的表述,即为明证。1954年宪法中"新中国劳动者在年老、疾病或者丧失劳动能力的时候,有获得物质帮助的权利"这样的表述,在这一时期不仅是很少见的,而且是遭到排斥和抵触的。1979年3月22日,《北京日报》发表了"人权不是无产阶级口号"的文章,文章指出:"人权是资产阶级的口号。它从来就不是无产阶级的战斗旗帜。不能把'人权'这个早已成为粉饰资产阶级反动专政的破烂武器,也搬来作为治理社会主义国家的良药。"在文章中还提出质问:"在人民当家作主的今天,提出'要人权',究竟是向谁要'人权'?"这种观念与现实的断裂,更多是基于意识形态的对立造成的。

改革开放后,尤其是社会主义市场经济体制建立后,中国面临着以美国为首的西方国家对中国人权问题较之过去更为频繁的发难,国内人民群众的思想观念逐渐呈现出多元化态势、权利意识得到空前高涨;同时,随着经济全球化的进一步发展和中国对外开放的深入推进,中国共产党和中国政府更为主动去学习西方一些治理社会的先进经验。在这样的大背景下,中国共产党关于社会救助的基本主张开始明显呈现出"权利观"的色彩。这首先体现在突破人权问题上意识形态的束缚,结合中国实际始终强调生存权和发展权的首要地位。1991年4月,在会见美国前总统卡特时,江泽民陈述了生存权和发展权的重要地位:"对于中国来说,最重要的人权就是生存权。在旧中国,人民生活在水深火热之中,根本就没有生存的权利……现在我们可以自豪地说,我们解决了11亿多人的温饱问题,这在世界上是独一无二的……对于中国来讲,第二个最重要的问题就是发展,要把中国建设起来,实现现代化是每一个中国人的愿望。"[②] 1994年4月,

---

[①] 高冬梅:《新中国成立初期中国共产党社会救助思想与实践研究》,人民出版社2009年版,第53页。

[②] 中国人权取得历史性进步——国新办人权动态专题报道,http://www.scio.gov.cn/zt2008/rqfz30n/03/200812/t243831.htm。

第二章　中国共产党对城市困难群体及其社会救助诸问题的认识

江泽民会见加拿大总督内蒂辛时，指出："在中国，保证人民的生存权，始终是最大的人权问题。"[①] 1995年10月，江泽民在美中协会等六团体举行的午餐会上发表演讲："对中国来说，确保人民的生存权和发展权，是首要的也是最大的人权保障。"[②] 1997年10月，江泽民在美中协会等六团体举行的午餐会上的演讲又指出："今天，我国人民享受人权保障，是过去从来没有的。中国是一个有12亿人口的发展中国家，这个国情决定了在中国生存权、发展权是最基本最重要的人权。不首先解决温饱问题，其他一切权利都难以实现。"[③] 1999年10月，江泽民同希拉克会见记者时重申："中国有12.5亿人口，我们首先必须考虑如何使人民吃得饱、穿得暖，也就是说，必须首先保障人民的生存权和发展权，不然一切其他权利都无从谈起。对于这一点，中国人民是有深切的体会的。"[④]而社会救助很大程度上解决的就是弱势群体包括城市困难群体的最底线的生存和发展问题。从广义上来说，社会救助权是生存权和发展权最为重要的内容之一。其次表现为在保障人权方面，致力于社会权利的提升。党的十七大报告首次将"民生问题"列为单篇进行阐述，在报告的第八部分指出："社会建设与人民幸福安康息息相关。必须在经济发展的基础上，更加注重社会建设，着力保障和改善民生，推进社会体制改革，扩大公共服务，完善社会管理，促进社会公平正义，努力使全体人民学有所教、劳有所得、病有所医、老有所养、住有所居，推动建设和谐社会。"[⑤] 报告在该部分详细地对作为基本人权的、包括社会救助权在内的社会权利的保障措施作了明确说明，为公民的社会权利的实现提供了有力的指导。再次表现为推进人权制度建设。2004年3月，十届全国人

[①] 中国人权取得历史性进步——国新办人权动态专题报道，http://www.scio.gov.cn/zt2008/rqfz30n/03/200812/t243831.htm。

[②] 同上。

[③]《江泽民论有中国特色社会主义》（专题摘编），中央文献出版社2002年版，第323页。

[④]《江泽民出访欧亚六国——中法两国元首会见中外记者》，《人民日报》1999年10月26日，第6版。

[⑤]《十七大以来重要文献选编》上，中央文献出版社2009年版，第29页。

中国共产党与城市困难群体的社会救助(1992—2012)

大二次会议明确将"国家尊重和保障人权"写入宪法第33条第三款,尽管相关阐述还很抽象、概括,但意义深远:这是我国首次将"人权"由政治概念提升到了法律概念,并赋予人权极高的宪法地位。之后,为了在社会实践中贯彻落实具体的人权,我国立法机关制定和修改了多部法律,进一步完善了保障各项人权的法律制度。尽管在笔者研究的时限范围内(1992—2012),关于社会救助的专门法尚未通过,但关于社会救助立法的讨论和各项准备工作一直在进行。在此背景下,中国共产党从权利的角度来思考城市困难群体的社会救助问题便是应时而动了。我国现行宪法第二章《公民的基本权利和义务》中有这样的规定:"中华人民共和国公民在年老、疾病或者丧失劳动能力的情况下,有从国家和社会获得物质帮助的权利。国家发展为公民享受这些权利所需要的社会保险、社会救济和医疗卫生事业。"宪法明确赋予人民的社会救助权利。1999年9月28日国务院发布的《城市居民最低生活保障条例》明确提出:"持有非农业户口的城市居民,凡共同生活的家庭成员人均收入低于当地城市居民最低生活保障标准的,均有从当地人民政府获得基本物质生活帮助的权利"[1],即明确提出了社会救助"权利观"。后来,《国务院关于进一步加强和改进最低生活保障工作的意见》进一步强调,最低生活保障"是维护困难群众基本生活权益的基础性制度安排"[2]。

但同时中国共产党也认为,城市居民最低生活保障制度等社会救助政策的建立和实施"体现了社会主义制度的优越性和全心全意为人民服务的根本宗旨"[3]。这一点在社会主义市场经济条件下党和国家主要领导人的论述、相关文件中都有体现。2002年11月,江泽民在党的十六大报告中明确指出:"我们……更要高度重视和关心欠发达地区以及比较困难的行业和群众,特别要使困难群众的基本生活得到保障,并积极帮助他们解决就业问题和改善生活条件,使他们切实感

---

[1] 《新时期劳动和社会保障重要文献选编》,中国劳动社会保障出版社、中央文献出版社2002年版,第416页。

[2] 《十七大以来重要文献选编》上,中央文献出版社2009年版,第1102页。

[3] 《十五大以来重要文献选编》下,人民出版社2000年版,第2062页。

第二章　中国共产党对城市困难群体及其社会救助诸问题的认识

受到社会主义社会的温暖。"① 2003 年 7 月，胡锦涛在"三个代表"重要思想理论研讨会上讲话强调："群众利益无小事。凡是涉及群众的切身利益和实际困难的事情，再小也要竭尽全力去办。要时刻把群众的冷暖安危挂在心上，对群众生产生活面临的这样那样的困难，特别是对下岗职工、农村贫困人口和城市贫困居民等困难群众遇到的实际问题，一定要带着深厚的感情帮助解决，切实把中央为他们脱贫解困的各项政策措施落到实处。"② 2005 年 1 月，他在新时期保持共产党员先进性专题报告会上再次强调："共产党员心里要始终装着群众。……对群众生产生活面临的这样那样的困难，特别是对下岗职工、农村贫困人口和城市贫困居民等困难群众遇到的实际问题，一定要带着深厚的感情去帮助解决，切实把中央为他们脱贫解困的各项政策措施落到实处，让他们感受到党和政府的温暖。"③ 2005 年 10 月，李长春在全国精神文明建设工作表彰大会上强调："要特别关注困难群体，广泛开展送温暖、献爱心活动，帮助他们解决生产生活中的实际困难，让他们感受到党和政府的温暖，感受到社会的关爱。"④ 2006 年 1 月，黄菊在劳动和社会保障工作座谈会上指出："做好劳动保障工作，解决好人民群众最关心、最直接、最现实的就业再就业、社会保障、劳动权益维护等问题，是以人为本的直接体现，也是构建社会和谐的坚实基础。"⑤ 2007 年 3 月，温家宝在十届全国人大五次会议上的政府工作报告中指出："在全国城乡建立最低生活保障制度，对于促进社会公平、构建和谐社会具有重要而深远的意义。……要让城乡百姓特别是困难群众都能够享受到公共财政的阳光。"⑥ 2007 年 8 月出台的《国务院关于解决城市低收入家庭住房困难的若干意见》明确要求把解决城市低收入家庭住房困难作为维护群众利益的重要工

---

① 《十六大以来重要文献选编》上，中央文献出版社 2005 年版，第 13 页。
② 同上书，第 372 页。
③ 《十六大以来重要文献选编》中，中央文献出版社 2006 年版，第 624 页。
④ 《十六大以来重要文献选编》下，中央文献出版社 2008 年版，第 30 页。
⑤ 同上书，第 213 页。
⑥ 同上书，第 950 页。

作。① 2008年3月，温家宝在十一届全国人大一次会议上的政府工作报告中指出："必须坚持执政为民。政府的一切权力都是人民赋予的，执政为民是各级政府的崇高使命。我们要牢记全心全意为人民服务的宗旨，把实现好、维护好、发展好最广大人民的根本利益，作为政府工作的出发点和落脚点。"② 同年9月，安徽省民政厅关于印发《安徽省民政系统民生工程联系点制度》的通知明确指出决定建立民生工程联系点制度是为了"切实让城乡广大困难群众沐浴公共财政的阳光，感受党和政府的温暖"③。这又是人民利益观，而且这种认识事实上处于主导地位。《中华人民共和国宪法》第五十一条明确规定：中华人民共和国公民在行使自由和权利的时候，不得损害国家的、社会的、集体的利益。

是人民利益观还是公民权利观居于主导地位，实质上是价值取向中如何协调公共利益与个人权利的冲突问题。公共利益与个人权利相互限制。社会生活中，利益主体的偏私性和追求利益最大化的倾向，可能会带来违背公共道德、贫富过度分化、破坏生态环境等有损公共利益的行为，因此应对个人权利进行一定限制。但公共利益有时也受制于个人权利、特别是基本权利。博登海默说，公共利益是一种独立的利益形态，它并非所有社会成员利益的总和，社会成员的利益有时与公共利益产生冲突，且不同成员间的利益也会产生冲突，甚至侵害和危及公共利益。④ 德国学者哈特穆特·毛雷尔说，公共利益和个人利益有时相互一致，有时相互冲突。⑤ 因此，如何实现公共利益与个人权利的协调，是现代社会治理中的一个重大理论与现实问题。在人类社会治理史上，关于个人权利与公共利益相互冲突的理论观点和实践形态主要有三种，即："对立统一论""个人权利本位论"和"公

---

① 《十六大以来重要文献选编》下，中央文献出版社2008年版，第1112页。
② 《十七大以来重要文献选编》上，中央文献出版社2009年版，第304页。
③ 《城市居民最低生活保障制度文件资料汇编（2008年度）》，民政部社会救助司，2009年8月，第137页。
④ ［美］博登海默：《法理学》，邓正来译，华夏出版社1987年版，第297页。
⑤ ［德］毛雷尔：《行政法学总论》，高家伟译，法律出版社2000年版，第40页。

第二章　中国共产党对城市困难群体及其社会救助诸问题的认识

共利益本位论"。其中,"公共利益本位论"认为,在个人权利与公共利益的矛盾冲突中,公共利益居于主要地位。根据公共利益在这一矛盾中的地位不同,公共利益本位论也分为两种不同派别,一派认为公共利益居于绝对决定地位,一派认为公共利益居于相对优先地位。显然,社会主义市场经济条件下,中国共产党持公共利益优先论。中国共产党作出这种选择,有其深刻的内部机理:

首先,深受中国传统文化的影响。在我国古代,儒家承认社会中存在私人利益,但私人利益并非属于个人而是属于群体——家庭、世系或社会。按照孔子的观点,人生于社会之中,不会单独发达,个人依赖于群体的和谐和力量。[①] 因此,儒家一向轻利重义,轻个体权利而重整体利益。"子罕言利",在孔子看来,义与利是区分君子与小人的试金石。他说:"君子喻于义,小人喻于利。"《孟子》曰:"王何必曰利?亦有仁义而已矣!王曰,何以利吾国,大夫曰,何以利吾家,士庶人曰,何以利吾身,上下交征利,而国危矣。"在个人权利与公共利益问题上,还有一些类似观点:《韩非子》曰,"私义行则乱,公义行则治";《淮南子》称,"公正无私,一言而万民齐";《朱子语类》云,"官无大小,凡事只有一个公"。意思是,治理之道在于正确处理公私关系,即公正无私,不徇私情,个人应该服从整体,私益应该服从公益。在中国传统文化的浸润中成长起来的中国共产党主张公共利益优先论遵循了历史的逻辑。

其次,对马克思主义基本原则的坚持。马克思主义是充分体现人民利益至上的理论。马克思、恩格斯在《共产党宣言》中指出,过去的一切运动都是少数人或为少数人谋利益的运动。无产阶级的运动是绝大多数人的、为绝大多数人谋利益的运动。这是马克思、恩格斯所创立的科学社会主义的根本观点。为绝大多数人谋利益,坚持人民利益至上,彰显了马克思主义的根本立场和价值取向。中国共产党把马克思、恩格斯所提出的马克思主义的根本立场、价值取向与中国人民的解放事业结合起来,认为立党宗旨就是在中国人民的解放事业中

---

① 夏勇:《公法》第 1 卷,法律出版社 1999 年版,第 63 页。

中国共产党与城市困难群体的社会救助(1992—2012)

坚持全心全意地为人民服务。毛泽东指出,"我们这个队伍完全是为着解放人民的,是彻底地为人民的利益工作的。"[①] 邓小平则将为人民服务的思想落实到改革开放的具体行动中,把"人民拥护不拥护、赞成不赞成、高兴不高兴、答应不答应"作为衡量一切工作成败得失的标准,强调重视人民利益的极端重要性。可见,人民利益至上是马克思主义的应有之义,也是中国共产党一贯的观点。社会主义市场经济条件下中国共产党在城市困难群体社会救助问题上其所持"人民利益观"居主导地位,正是对马克思主义"人民利益至上"原则的坚持。

最后,对新民主主义革命时期和重工业优先发展战略阶段中国共产党在公共利益与个人权利之间价值取向上存在"路径依赖"[②]的结果。在新民主主义革命时期,为了实现国家独立和人民解放,中国共产党和农村革命根据地政府、敌后抗日根据地政府、解放区政府广泛发动群众,调动一切可调动的积极因素,为大家、舍小家,为新民主主义革命的最终胜利提供了强大的人力、物力、财力保障。新中国成立之后,贫穷落后的国情和异常复杂的国际环境,使得中国共产党和中国政府在现代化建设问题上作出了优先发展重工业的战略选择。在重工业优先发展战略下,为了完成重工业的原始积累,中国在国民收入的分配上,不得不实行高积累、低消费政策,经济发展的成果主要用于建设大型重工业项目。高积累、低消费政策的实施,对推进中国工业化,尽快建立现代工业基础起到了重要的作用。高积累、低消费政策,就是典型的公共利益优先。路径依赖理论认为,一种制度及其所塑造的人们的社会行为,都会有一种不可避免的行为"惯性",一旦采取某种制度,贯彻某种社会行为,进入了某种特定的路径,那么,这种制度和行为就会形成一种惯性,为人们进一步的路径选择形成一种依赖结构。新民主主义革命时期

---

① 《毛泽东选集》第3卷,人民出版社1991年版,第1004页。
② 路径依赖理论由制度经济学家诺斯首先提出,主要是描述过去的制度对现在和将来所实施的制度、人们过去的行为对现在和将来的行为产生影响的过程和机制。

第二章 中国共产党对城市困难群体及其社会救助诸问题的认识

和重工业优先发展战略阶段中国共产党在公共利益与个人权利之间的价值取向正是如此，它在经验的层面上，成为一种路径依赖，嵌入于制度安排的长期趋势中，从而使社会主义市场经济条件下中国共产党更多的是将社会救助作为实现城市困难群体利益而不仅仅是权利的手段来看待。

还需要说明的是，虽然中国共产党和中国政府在城市困难群体的社会救助问题上公民权利观并不居主导地位且专门的社会救助法并未出台，但这并没有影响党和政府对城市困难群体的关注与社会救助工作的热忱。城市困难群体社会救助实践与绩效就有力地说明了这一点。

政府为了实现城市困难群体的利益而担起社会救助的责任，并不表明人民就只是被动的接受者。中国共产党历来强调社会救助中政府和人民群众的互动，特别主张群众的自救。在城市困难群体的社会救助工作中，这一点得到明显的体现。1999年10月1日起施行的《城市居民最低生活保障条例》第三条明确规定："城市居民最低生活保障制度遵循保障城市居民基本生活的原则，坚持国家保障与社会帮扶相结合、鼓励劳动自救的方针。"① 这成为社会主义市场经济条件下城市困难群体社会救助工作的指导原则。据此，《城市居民最低生活保障条例》还进一步规定："在就业年龄内有劳动能力但尚未就业的城市居民，在享受城市居民最低生活保障待遇期间，应当参加其所在的居民委员会组织的公益性社区服务劳动。"②《湖北省城市居民最低生活保障实施办法》第十四条亦规定："享受城市居民最低生活保障待遇的对象有劳动能力的，应当按照当地人民政府或社区居委会的要求参加社会公益劳动，无正当理由拒不参加公益劳动的，可取消其本人的最低生活保障待遇。"③《长沙市城市居民最低生活保障办法》第

---

① 《新时期劳动和社会保障重要文献选编》，中国劳动社会保障出版社、中央文献出版社2002年版，第416页。

② 湖北省最低生活保障管理办公室编：《湖北省社会救助政策文件汇编》上册，第186页。

③ 同上书，第194页。

三十四条则规定得更为具体:"享受城市居民最低生活保障待遇的居民应当履行下列义务:(一)如实申报家庭收入,提供有关证件、证明,主动及时通报家庭人口增减和收入变化情况。(二)按时签名认证,接受动态管理,配合低保管理机构检查,自觉信守《长沙市城市居民最低生活保障诚信承诺书》的承诺。(三)在劳动年龄内有劳动能力的必须到有关机构办理求职登记,并接受就业推荐。(四)按规定参加社区义务劳动,参加社区组织的学习。"① 从国家和地方层面的文件中,我们可以很清楚地看到,中国共产党认为,在社会救助中,被救助的弱势群体包括城市困难群体是要尽一定的义务的。在这里,包括城市困难群体在内的受助者其所履行的义务与其所享受的权利是不对称的。

总之,社会主义市场经济条件下中国共产党和中国政府是把城市困难群体的社会救助工作当作自身的责任来看待的;也认为社会救助既是实现城市困难群体利益的手段,也是城市困难群体的一项公民权利;同时救助中城市困难群体要尽一定的义务。这些理念反映了中国共产党人的价值追求,也引领着中国社会救助工作发展的方向。

(五) 关于城市困难群体社会救助基本原则的认识

社会救助不仅是理念,更是实践。如何将党和政府关于城市困难群体社会救助的理念有机转化为切实有效的实践,应该说是较之提出理念更为重要的事情。为此,中国共产党提出了有效开展城市困难群体社会救助工作的若干原则。这些原则的提出及确立是历史经验与教训的总结,是马克思主义、毛泽东思想尤其是中国特色社会主义理论体系与社会主义市场经济条件下中国城市困难群体社会救助实践相结合的结果,为正确处理社会救助与经济社会发展的关系、协调社会救助中各种利益关系、规范社会救助实践中人们的行为提供了准绳。

---

① 《城市居民最低生活保障制度文件资料汇编(2008年度)》,民政部社会救助司,2009年8月,第214页。

第二章　中国共产党对城市困难群体及其社会救助诸问题的认识

1. 统筹兼顾的原则

社会救助是经济、社会政策系统中的子系统，与宏观的经济、社会政策有着密切的联系，所以社会救助政策的制定必须以经济社会发展水平为转移，必须有利于经济、社会政策的实施，而不能对经济、社会政策产生负面影响，否则社会救助政策就是失败的社会政策。基于此，中国共产党提出在社会救助中坚持统筹兼顾的原则。《中共中央关于建立社会主义市场经济体制若干问题的决定》强调："社会保障水平要与我国社会生产力发展水平以及各方面的承受能力相适应。"[①] 1994年10月，邹家华在全国社会发展工作会议上讲话强调："发展社会事业要坚持把社会效益放在首位，防止为了片面追求经济效益而牺牲社会效益。在资金投入上，不仅要安排好经济建设，而且要统筹考虑，安排好社会事业的发展。"[②] 2000年11月，江泽民在中央经济工作会议上谈到建立社会保障体系要把握的几个原则时也把"从国情出发，与国民经济发展水平以及各方面承受能力相适应"[③]作为摆在第一位的原则。2006年10月，胡锦涛在中共十六届六中全会第二次全体会议上讲话强调："要根据本地经济实力，合理确定社会保障水平，增加财政社会保障投入，逐步扩大社会保障覆盖面，形成经济发展和社会保障相互促进的良好局面。"[④] 2010年2月，温家宝在谈及社会事业领域的改革时进一步指出："要强调一点，就是保'基本'需求的标准，要与经济社会发展水平和阶段相适应，随着经济发展、财力增强而逐步提高。既不能滞后也不能超前。滞后了，人民群众的基本需求得不到有效保障，就会产生不满情绪，积累社会矛盾；超前了，财政压力过大或无力支撑，反而不可持续。也就是说，既要尽力而为，又要量力而行。愿望超前和能力滞后永远是一对矛盾。"[⑤] 这就深刻论述了社会保障与经济社会发展之间的辩证关系，

---

① 《十四大以来重要文献选编》上，人民出版社1996年版，第535页。
② 《十四大以来重要文献选编》中，人民出版社1997年版，第998页。
③ 《十五大以来重要文献选编》中，人民出版社2001年版，第1471—1472页。
④ 《十六大以来重要文献选编》下，中央文献出版社2008年版，第688页。
⑤ 《十七大以来重要文献选编》中，中央文献出版社2011年版，第494页。

即社会保障必须从大局出发，要以客观经济条件为转移；只有与经济发展水平相协调，社会保障才能保持正确的方向。社会保障是如此，作为社会保障子系统的城市困难群体社会救助自然也一样。这一原则的提出反映了中国共产党对社会救助与经济社会政策的关系——微观与宏观的关系——有着清醒而深刻的认识，为中国社会救助事业的发展指明了方向。但是，社会救助作为保障基本民生的最后一道防线，无论是质还是量应具有不可动摇的刚性，而非统筹安排。从某种程度上说，这是中国共产党囿于社会主义初级阶段基本国情的认识上的不足。

2. 政府与社会协同联动的原则

这是就救助主体而言的。在长期的革命、建设和改革的实践中，中国共产党人把马克思主义唯物史观运用于自己的实践，创造了群众观点和群众路线，比较科学地把握了政党与群众或政府与社会的关系，这就是，政党和政府要为人民群众服务，但同时要一切依靠群众，因为"我们党所领导的改革开放和现代化建设事业，是人民群众参加的、为人民群众谋利益的事业，只有相信和依靠群众，充分发挥他们的积极性创造性，才能获得成功。"[1] "人民是我们国家的主人，是决定我国前途命运的根本力量。"[2] "人民群众是社会主义现代化建设事业的最终决定力量。"[3] "在当代中国，工人阶级和广大劳动群众始终是推动我国经济社会发展、维护社会安定团结的根本力量。实现我们确定的宏伟目标，必须高度重视和充分发挥我国工人阶级和广大劳动群众的主力军作用。"[4] 无论是党还是政府，只能"自觉地认定自己是人民群众在特定的历史时期为完成特定的历史任务的一种工具"，"确认这个关于党的观念，就是确认党没有超乎人民群众之上的权力，就是确认党没有向人民群众实行恩赐、包办、强迫命令的权

---

[1] 江泽民：《论党的建设》，中央文献出版社2002年版，第226页。
[2] 《江泽民文选》第2卷，人民出版社2006年版，第261—262页。
[3] 《江泽民思想年编（1989—2008）》，中央文献出版社2010年版，第483—484页。
[4] 胡锦涛：在2010年全国劳动模范和先进工作者表彰大会上的讲话—高层动态—新华网，http://news.xinhuanet.com/politics/2010—04/27/c_1259809_3.htm。

第二章 中国共产党对城市困难群体及其社会救助诸问题的认识

力,就是确认党没有在人民群众头上称王称霸的权力"①。所以,坚持党和政府的领导,一切依靠群众,努力发挥群众的积极性、主动性和创造性,成为中国共产党长期以来制定路线、方针、政策的依据,成为处理党群关系的根本立场和态度,成为党正确的领导原则和工作方法。

社会主义市场经济条件下,城市困难群体社会救助政策的制定和工作的开展亦是坚持了这一根本立场和态度。早在1994年,邹家华就明确指出:"坚持社会各界和人民群众的广泛参与。社会发展事业在政府主管部门统一规划、具体指导下,鼓励和提倡社会事业社会办,要特别重视非政府组织和社区的作用,积极支持他们的活动,并在政策上予以扶持和引导。"② 1998年5月,江泽民在中共中央、国务院召开的国有企业下岗职工基本生活保障和再就业工作会议上明确要求:"要建立自上而下的再就业服务体系,充分发挥政府、企业、社区的各自作用,动员全社会的力量,为下岗职工再就业服务。"③国务院于1999年9月28日发布的《城市居民最低生活保障条例》更是把"坚持国家保障与社会帮扶相结合、鼓励劳动自救"④作为做好城市居民最低生活保障工作的基本方针。后来,在一次讲话中,温家宝还从厘清政府与市场关系的角度更为深刻地论述了在发展包括城市困难群体社会救助在内的社会事业时坚持政府与社会协同联动原则的必要性。他指出:"社会需求总是呈现多层次和多样性。怎样确定政府的责任范围、划分政府与市场的界限,这是社会事业领域改革必须明确的一个问题。当前各方面反映公共服务领域政府包揽多,社会资本进入难。政府把责任和保障面定得过宽,不仅会降低保'基本'的能力和水平,还会影响社会各方面参与发展社会事业的积极性和活力。各项社会事业都应当区分'基本'和'非基本'。'非基本'的

---

① 《邓小平文选》第1卷,人民出版社1994年版,第218页。
② 《十四大以来重要文献选编》中,人民出版社1997年版,第999页。
③ 《十五大以来重要文献选编》上,人民出版社2000年版,第363页。
④ 《新时期劳动和社会保障重要文献选编》,中国劳动社会保障出版社、中央文献出版社2002年版,第416页。

中国共产党与城市困难群体的社会救助(1992—2012)

社会事业交给社会和市场,通过发展相关产业,满足多层次、个性化的需求,政府要履行监管责任。……由政府保障的基本公共服务,也要深化改革、提高绩效。在服务提供上,应该更多地利用社会资源,建立购买服务的机制。要逐步做到凡适合面向市场购买的基本公共服务,都采取购买服务的方式;不适合或不具备条件购买服务的,再由政府直接提供。要鼓励社会资本投资建立非营利性公益服务机构。各类社会机构和企业愿意参与基本公共服务的,只要具备资质、符合条件,就应当鼓励进入。政府择优为人民群众购买服务,基本公共服务领域就会逐步形成有序竞争和多元化参与的局面。这样就能有效动员和综合利用社会资源来加强和改善基本公共服务,提高服务质量和效率。"① 即是说,具体到城市困难群体的社会救助上,也一定要依靠群众,发挥政府救助和民间救助两个积极性。这是对社会主义市场经济条件下社会资源外溢、国家资源垄断地位逐渐解体这一现实的深刻反映,强调了社会救助工作中政府的责任性及其能力的有限性,与现代政治学的理念高度契合。政府与社会协同联动原则,无疑对城市困难群体社会救助的有效开展大有裨益。

3. 救助与发展一致性原则

在社会救助实施的过程中要充分发挥人的潜能,因为每个人在生理、心理及智力方面都有很大的差异。通过社会救助体系的建立与发展,发动各种力量共同帮助困难群体,使他们有机会发挥其潜能,摆脱困境,是社会救助所应遵循的基本原则之一。社会救助作为应急型的应对贫困的一种机制,在最底层上提供的是最基本的生活保障。生活得到保障也就为接受救助者提供了一种发展的基础和条件。所以,为困难者提供一定程度的生活帮助是社会救助的目的,但是社会救助作为一种社会制度在设计的理念上同时也包含了为接受救助者提供发展条件的意义。因此,救助与发展一致性原则是社会救助作为制度形式存在的合理性表现。

在中国共产党的关于救助城市困难群体的思想体系中,救助手段

---

① 《十七大以来重要文献选编》中,中央文献出版社 2011 年版,第 494—495 页。

第二章　中国共产党对城市困难群体及其社会救助诸问题的认识

包括三个层面：其一，根源于社会转型、体制转轨造就贫困的思想认识，中国共产党一直把改革作为解决城市贫困问题的根本措施之一，并为此不懈努力。其二，根据唯物史观，中国共产党从国情出发，主张发展是解决当代中国一切问题的关键，大力提倡依靠发展生产解决城市困难群体问题。1995年9月，吴邦国在一次会议上的讲话比较有代表性，他说："困难企业职工生活保障和分流安置不能仅仅着眼于补助、救济，而应着眼于发展生产力，解放生产力"①，"对于困难企业职工，一方面，要切实保障他们的基本生活，……另一方面，从我国的实际情况出发，又不能单纯以救济来维持他们的生活，更重要的是尽快通过深化改革、加强管理、发展经济，开拓新的生产经营路子，帮助他们解决困难。……从长远来讲，根本出路在于发展经济。"② 其三，根据人民史观，中国共产党十分注重调动城市困难群体自救的积极性。一方面，"要转变最低生活保障对象单纯依靠政府救济的观念，鼓励和帮助他们自谋职业，自食其力，逐步改善生活状况。"③ 另一方面在制度设计上使"依赖国家的'等、靠、要'思想"无滋生的土壤，主要体现有二：一是"要合理确定失业保险和城市居民最低生活保障水平，拉开最低工资标准、失业保险金标准、城市居民最低生活保障标准之间的距离，分清层次，相互衔接，形成合理配套的标准体系，既要切实保障困难群体的基本生活，更要有利于调动有劳动能力人员就业的积极性"④，即是说确定城市居民最低生活保障标准应坚持既保证城市贫困居民的基本生活又有利于鼓励就业的原则。二是给予政策支持，如"对下岗职工从事社区居民服务业的，要简化工商登记手续，三年内可免征营业税、个人所得税以及行政性收费"⑤。可见，社会主义市场经济条件下中国共产党在城市困难群体

---

① 《新时期劳动和社会保障重要文献选编》，中国劳动社会保障出版社、中央文献出版社2002年版，第184页。
② 同上书，第184—185页。
③ 同上书，第547页。
④ 《十六大以来重要文献选编》下，中央文献出版社2008年版，第54页。
⑤ 《十五大以来重要文献选编》上，人民出版社2000年版，第399—400页。

的社会救助问题上,将社会主义制度的自我完善与发展、改变生存环境,与发展生产、增加社会财富以及帮助城市困难群体恢复其自救能力、为其自救创造条件等治本之策叠加起来进行救助,体现了救助与发展的一致性原则。这不仅可以为城市困难群体的自救和发展提供平台,有利于调动个体的潜能,以发展促救助,从而实现有效救助;而且可以钝化社会矛盾,维护社会公平和提升社会效率。这对于推动中国社会保障事业的可持续性发展和中国经济社会的全面进步无疑具有深远且重要的意义。

第三章 中国共产党领导的城市困难群体社会救助制度考察

1992—2012年间中国共产党和中国政府的城市困难群体社会救助工作，无论是救助的力度、规模，还是效果等，较之计划经济时期，有长足的进步。究其原因，笔者认为其中重要的一条就是社会救助工作制度化的程度逐渐提高，已形成了一个以生活救助为核心，以医疗救助、住房救助、教育救助、司法救助相配套，以临时救助为补充，与慈善事业相衔接的、较为完整的现代社会救助制度体系。而制度是理念的物化与体现，是实践操作的遵循和前提。只有进一步研究社会救助制度，才能展现1992—2012年间中国城市困难群体社会救助工作的全貌。因此，有必要对这一时期有关城市困难群体社会救助制度的框架体系和运行模式等进行深入的分析与研究。

一 城市困难群体社会救助制度的框架体系

所谓社会制度，是指在一定历史条件下形成的社会活动和社会关系的规范体系。以各种形式表现着的社会制度，都是由复杂的内部要素构成的。揭示社会制度的构成要素，是深入认识社会制度的必要环节。从一般意义上分析，社会制度由价值理念、行动规则、制约对象、预期目标四个要素构成。笔者认为，这种划分方法不仅适用于1992—2012年间城市困难群体社会救助制度，而且可以丰富对这一时期社会制度的解释维度。因此，下文将以此为基础，重点从价值理念、预期目标、行动规则三个方面对1992—2012年间城市困难群体社会救助制度加以剖析和阐释。

(一) 价值理念

各种领域的社会制度都包含了某种价值理念。社会保障制度也不例外。任何国家的社会保障制度的形成或存在都以一定的价值理念为基础，没有价值理念的社会保障制度是不存在的。更进一步说，只存在社会保障制度价值理念的差异问题，并不存在社会保障制度价值理念的有无问题。社会保障制度的价值理念问题是人们在"追问"社会保障制度存在的价值依据过程中产生的。价值理念所体现的是通过社会保障制度要实现和达到的某种深层的或终极的价值目标。

从一般意义上而言，社会保障制度的价值理念是公平与效率的统一。公平与效率是市场经济发展的永恒主题，也是人们评价社会文明的重要价值标准。资本主义社会从法律上废除了封建制，宣布所有人一律享有平等的自由，并第一次把"平等自由"的理念列入法律之中，体现了商品交换是以交换者的人格平等和意志自由为原则的主导思想。公平作为一种观念，根源于所在社会的经济生活条件，同时它"始终只是现存经济关系的或者反映其保守方面，或者反映其革命方面的观念化的神圣化的表现"①。建立社会保障制度的目的就在于消除城乡差别、地区差别、职业差别、系统行业差别、所有制的差别、劳资差别和干群差别，以保障社会成员的基本生活权利并使之生活水平不因改革措施而受到影响。在市场经济条件下，人们的一切行为都是以有效地利用资源、最大限度地增加社会财富为目的的。从这个意义上说，市场经济就是效率经济。社会保障制度应当建立在公平与效率统一的价值理念基础上。公平可以预防因分配不均所造成的社会抵触情绪，最大限度的利用物质财富，用最小的物质消耗实现社会保障的最大价值。

社会主义市场经济条件下，中国社会保障制度以什么作为自己的价值理念呢？毫无疑义，坚持公平与效率的统一是社会主义市场经济

---

① 《马克思恩格斯文集》第3卷，人民出版社2009年版，第323页。

第三章　中国共产党领导的城市困难群体社会救助制度考察

条件下中国社会保障制度的基本价值取向。笔者认为，对这一基本价值取向比较符合逻辑的理解应该是：公平是体现与包含效率的公平，效率是体现与包含公平的效率。但要注意的是，公平正义是中国特色社会主义的内在要求，也是中国特色社会主义的价值追求。显然，在公平与效率的动态平衡中，公平更具终极性，追求效率最终是为了实现更有质量的公平。从这个意义上说，社会主义市场经济条件下中国社会保障制度的价值理念是实现社会公平。正如党的十六届六中全会指出："社会公平正义是社会和谐的基本条件，制度是社会公平正义的根本保证。"[①]

作为社会保障制度重要一环的社会救助制度（包括城市困难群体社会救助制度），从理论层面来讲其所追求的价值理念应该服从社会保障制度的终极目标；从实践层面来看，"保障弱势群体的基本生活"作为社会救助制度最为直接的目标，是实现人的生存权、发展权的前提条件，也是社会公平正义的底线。可见，只有以社会公平为基本的价值理念，才符合社会救助制度的本性，才与全面建成小康社会的根本要求相吻合，才能正确处理经济发展与社会发展的关系，实现"公正的社会发展"。

（二）预期目标

人类的一切活动都带有自身的主观目的性，社会制度的安排亦是如此。可以说，社会制度的确立或实行，都包含了对可能产生的结果的预期。那么，社会主义市场经济条件下中国共产党和中国政府救助城市困难群体，其目标何在？

首先是保障城市困难群体的基本生活。《中共中央、国务院关于切实做好国有企业下岗职工基本生活保障和再就业工作的通知》明确要求："要加快建立城市居民最低生活保障制度，使下岗职工家庭的基本生活得到保证。"[②] 1999 年 9 月国务院通过的《城市居民最低生

[①] 《十六大以来重要文献选编》下，中央文献出版社 2008 年版，第 657 页。
[②] 《十五大以来重要文献选编》上，人民出版社 2000 年版，第 400 页。

中国共产党与城市困难群体的社会救助(1992—2012)

活保障条例》中,明确指出制定该条例的原因是"为了规范城市居民最低生活保障制度,保障城市居民基本生活"①。2005年2月民政部、卫生部、劳动保障部、财政部《关于建立城市医疗救助制度试点工作的意见》在论及试点的指导思想时指出:"从各地实际情况出发,通过多渠道筹措资金,逐步建立适合我国国情的城市医疗救助制度,切实帮助城市贫困群众解决就医方面的困难和问题。"② 2007年12月起施行的《廉租住房保障办法》第一条明确指出制定该办法的原因是"逐步解决城市低收入家庭的住房困难"③。2007年6月下发的《民政部关于进一步建立健全临时救助制度的通知》表达了同样的思想,进一步建立健全临时救助制度是为了"妥善解决城市贫困居民的突发性、临时性生活困难"④。2008年6月,"为缓解成品油等价格调整对低收入人群基本生活的影响"⑤,民政部、财政部下发了《关于提高城乡低保对象补助水平的通知》。各地方贯彻中央精神也把保障城市困难群体的基本生活作为社会救助工作的首要目标,如1995年3月《湖北省财政厅湖北省民政厅关于提高社会救济对象生活补助标准的通知》开篇就明确指出了调整救济标准的目的——"为保障救济对象的基本生活"⑥。由此可见,保障城市困难群体的基本生活是社会救助的主要目的之一。

其次是稳定社会秩序、巩固政权。1996年上海市人民政府发布的《上海市社会救助办法》,明确指出制定该办法的目的除了"保障本市城乡居民的基本生活,帮助个人或者家庭克服生活困难"外,还

---

① 《新时期劳动和社会保障重要文献选编》,中国劳动社会保障出版社、中央文献出版社2002年版,第416页。
② 湖北省最低生活保障管理办公室编:《湖北省社会救助政策文件汇编》下册,第512页。
③ 同上书,第839页。
④ 同上书,第766页。
⑤ 《城市居民最低生活保障制度文件资料汇编(2008年度)》,民政部社会救助司,2009年8月,第43页。
⑥ 湖北省最低生活保障管理办公室编:《湖北省社会救助政策文件汇编》下册,第810页。

第三章 中国共产党领导的城市困难群体社会救助制度考察

要"维护社会稳定,促进社会进步"。1997年4月起施行的《哈尔滨市城市居民最低生活保障暂行办法》指出制定本办法是为了"维护社会稳定"。1997年11月下发的《浙江省人民政府关于加快建立最低生活保障制度的通知》明确要求"各级政府和各部门要统一思想,提高认识,把建立最低生活保障制度作为贯彻落实党的十五大精神的具体行动,作为事关改革、发展和稳定大局、事关民心向背和政府形象的大事,……摆上议事日程,切实加强领导,加大工作力度,把这项工作落到实处"①。2008年2月天津市下发的《关于建立基本生活必需品价格上涨与困难群众生活补助联动机制的通知》中,要求各区县人民政府、各部门要高度重视,切实加强领导,因为"建立联动机制,事关我市经济社会和谐发展"②。

最后是促进经济体制改革的顺利进行。1996年6月发布的《重庆市城市居民最低生活保障暂行办法》明确指出制定该办法是"适应社会主义市场经济的发展"③。同月,《北京市人民政府批转市民政局等部门关于实施城镇居民最低生活保障制度意见的通知》则更为详细地宣布:"为加快建立社会主义市场经济体制,进一步完善本市社会保障体系,保障低收入城镇居民的基本生活,根据八届全国人大四次会议通过的《国民经济和社会发展'九五'计划和2010年远景目标纲要》关于加快社会保障制度改革,建立城市最低生活保障制度的要求,市政府决定,从1996年7月1日起,在本市建立并实施城镇居民最低生活保障制度。"④ 1997年9月《国务院关于在全国建立城市居民最低生活保障制度的通知》要求各级人民政府"要把建立城市居民最低生活保障制度当作一项重要工作抓紧抓好",因为这一工

---

① 浙江省人民政府关于加快建立最低生活保障制度的通知,法规政策—中国社会救助网,http://106.120.238.38:815/fgzc/info—5017.shtml。
② 《城市居民最低生活保障制度文件资料汇编(2008年度)》,民政部社会救助司,2009年8月,第65页。
③ 重庆市城市居民最低生活保障暂行办法,法规政策—中国社会救助网,http://106.120.238.38:815/fgzc/info—9101.shtml。
④ 北京市人民政府批转市民政局等部门关于实施城镇居民最低生活保障制度意见的通知,法规政策—中国社会救助网,http://106.120.238.38:815/fgzc/info—5006.shtml。

作有利于"促进经济体制改革的顺利进行"。①

综上所述，社会主义市场经济条件下城市困难群体社会救助目标的一个鲜明的特点就是把保障城市困难群体的基本生活作为首要目的。此期间的一些法规、文件中，如2001年11月下发的《国务院办公厅关于进一步加强城市居民最低生活保障工作的通知》中，对城市最低生活保障制度的认识，首先是"从制度上保障城市贫困人口基本生活的重要途径"，其次才是"体现了社会主义制度的优越性和全心全意为人民服务的根本宗旨，对于完善社会主义市场经济体制、维护社会稳定、保障国有企业改革的顺利进行和国家的长治久安具有十分重要的意义"②；前述《浙江省人民政府关于加快建立最低生活保障制度的通知》中，首先认为"最低生活保障制度是国家为救助难以维持最低生活水平的社会最困难成员而实行的一种社会救济制度，是最基本的群众生活保障项目"，其次才是"事关改革、发展和稳定大局、事关民心向背和政府形象的大事"，"深化经济体制改革尤其是完善社会保障体系的重要措施"。③ 这都表明城市困难群体社会救助制度的宗旨首先是保障城市困难群体的基本生活。这一制度宗旨既是对马克思主义民生情怀的发扬与践行，也是现代社会救助制度的优先价值选择。

此外，我们还要注意到的是这一时期城市困难群体社会救助目的呈现出多重性的特点。如上所述，社会主义市场经济条件下城市困难群体社会救助不仅要保障城市困难群体的基本生活，还要发挥维护社会秩序稳定、巩固党的执政地位、为经济体制改革的顺利推进保驾护航等功能。社会救助目标的多重性，反映了社会救助在经济社会发展中的重要性，也是党和国家领导人将社会救助纳入社会转型、体制转轨中加以关注的情形的鲜明写照。这一方面有利于城市贫困问题的有

---

① 《新时期劳动和社会保障重要文献选编》，中国劳动社会保障出版社、中央文献出版社2002年版，第259页。
② 《十五大以来重要文献选编》下，人民出版社2003年版，第2062—2063页。
③ 浙江省人民政府关于加快建立最低生活保障制度的通知，法规政策—中国社会救助网，http：//106.120.238.38：815/fgzc/info—5017.shtml。

第三章 中国共产党领导的城市困难群体社会救助制度考察

效缓解;另一方面也容易使社会救助工作因其所承载的工具性价值过重而发生异化。因为目标是制度系统的灵魂所在,"它决定了制度的性质,规定了制度运动和发展的方向"①。不过,我们比较欣喜地看到,一方面,随着社会经济的发展,政府有更多力量来处理包括社会救助在内的各种难题;另一方面,政府在制定各种社会政策的导向正在发生着转变,从更多地关注经济发展,到更多地凝聚民生情怀。在这样的大背景下,中国共产党和中国政府在社会救助制度问题上,逐渐还原其目的性价值,弱化其工具性价值,进一步突出其民生目标。如《国务院关于进一步加强和改进最低生活保障工作的意见》中,认为"最低生活保障事关困难群众衣食冷暖,事关社会和谐稳定和公平正义,是贯彻落实科学发展观的重要举措,是维护困难群众基本生活权益的基础性制度安排。"② 可以说,这也是建立社会主义市场经济体制以来尤其是党的十六大以来城市困难群体社会救助事业取得长足进步的重要原因之一。

（三）行动规则

社会救助制度的价值理念体现在具体的社会救助实践中,社会救助制度预期目标的实现最终也得依靠具体的社会救助实践。而在实践中,要践行价值理念,要达到制度目标,必须有相应的规则来规范社会救助中人们的行为,否则制度就失去了实际作用。

社会救助规则,是在社会救助中处理人们之间关系、指导人们行为的规则和规范,社会救助法律、法规、条例、办法、通知等是其表现形式。服从当时的社会救助目标要求,1992—2012 年间中国城市困难群体社会救助规则主要包括以下几项:

1. 最低生活救助规则

综合《国务院关于在全国建立城市居民最低生活保障制度的通

---

① 贺培育:《制度学:走向文明与理性的必然审视》,湖南人民出版社2004年版,第17页。

② 《十七大以来重要文献选编》下,中央文献出版社2013年版,第1102页。

知》《城市居民最低生活保障条例》《国务院办公厅关于进一步加强城市居民最低生活保障工作的通知》《民政部关于进一步加强城市低保对象认定工作的通知》《民政部关于开展基层低保工作规范化建设活动的通知》《民政部、国家发展和改革委员会、财政部、国家统计局关于进一步规范城乡居民最低生活保障标准制定和调整工作的指导意见》等一系列文件，城市困难群体最低生活救助的基本方针是"坚持国家保障与社会帮扶相结合、鼓励劳动自救的方针"[①]。具体来说，城市居民最低生活保障制度实行各级人民政府负责制，主要体现在政府要承担城市困难群体社会救助制度供给、财政、实施和监管、引导民间救助、宣传等方面的责任。倡导社会互助，"广泛动员社会力量，积极开展扶贫济困送温暖活动，形成全社会互助互济的良好风尚"[②]。同时，还要"教育群众体谅国家的困难，鼓励和支持有劳动能力的保障对象自谋职业、自食其力，通过劳动增加收入，逐步改善生活状况。对从事个体经营的保障对象，应给予必要的扶持"[③]。

城市困难群体最低生活救助工作的运作大致分为以下几个步骤：（1）最低生活保障线的确定。低保标准是城乡低保制度的关键环节，是界定低保范围、核定低保对象、确定补助水平以及安排补助资金的重要依据。按照《城市居民最低生活保障条例》的规定："城市居民最低生活保障标准，按照当地维持城市居民基本生活所必需的衣、食、住费用，并适当考虑水电燃煤（燃气）费用以及未成年人的义务教育费用确定。"[④] 2011年5月下发的民政部、国家发展和改革委员会、财政部、国家统计局《关于进一步规范城乡居民最低生活保障标准制定和调整工作的指导意见》进一步规定："各地在制定和调整城乡低保标准时，可以采用基本生活费用支出法、恩格尔系数法或消

---

① 《新时期劳动和社会保障重要文献选编》，中国劳动社会保障出版社、中央文献出版社2002年版，第416页。
② 《十五大以来重要文献选编》下，人民出版社2003年版，第2066页。
③ 《新时期劳动和社会保障重要文献选编》，中国劳动社会保障出版社、中央文献出版社2002年版，第261页。
④ 同上书，第417页。

第三章 中国共产党领导的城市困难群体社会救助制度考察

费支出比例法"①，并指明了具体操作的方法。（2）低保对象申请。《城市居民最低生活保障条例》规定："申请享受城市居民最低生活保障待遇，由户主向户籍所在地的街道办事处或者镇人民政府提出书面申请，并出具有关证明材料，填写《城市居民最低生活保障待遇审批表》。"② 相关证明材料包括户籍、就业状况、收入证明、家庭财产等。（3）居委会、街道办初步调查、审核。根据《民政部关于进一步加强城市低保对象认定工作的通知》，初步调查、审核主要包括：入户调查、民主评议、张榜公示。其中，入户调查"应存录原始资料。入户调查和邻里走访应由两人以上同行，并详细、真实记录低保申请人家庭生活情况，以备街道和区（县）级民政部门审核、审批时查验"。民主评议"应规范、简便，讲求实效。民主评议的参加人员应为社区居民委员会成员、街道及社区低保工作人员、居民代表以及驻社区人大代表、政协委员等，总人数不得少于7人，并定期轮换。评议时，应充分了解低保申请家庭的情况，必要时，可向低保申请人或者其代理人询问。民主评议应采取无记名的方式使与会人员充分表达意见，并当场公布评议结果。评议结果无论同意与否，都应上报街道、乡镇低保经办机构"。张榜公示"应限定范围和时间。一般情况下，公示的范围应限于低保申请人所居住的社区居委会，不提倡在互联网站上公示；公示的内容应仅限于拟批准享受低保的户主姓名、家庭人口数及享受金额，应注意保护其家庭特别是儿童的隐私；对于老年人家庭、残疾人家庭等家庭收入无变化或变化不大的，不宜实行常年公示。"③（4）上报区民政局待复核、审批，报市民政局备案。《城市居民最低生活保障条例》明确规定："县级人民政府民政部门经审查，对符合享受城市居民最低生活保障待遇条件的家庭"，应当"批

---

① 湖北省最低生活保障管理办公室编：《湖北省社会救助政策文件汇编》上册，第258页。
② 《新时期劳动和社会保障重要文献选编》，中国劳动社会保障出版社、中央文献出版社2002年版，第417—418页。
③ 湖北省最低生活保障管理办公室编：《湖北省社会救助政策文件汇编》上册，第240—241页。

准其享受城市居民最低生活保障待遇";"县级人民政府民政部门经审查,对不符合享受城市居民最低生活保障待遇条件的,应当书面通知申请人,并说明理由";"管理审批机关应当自接到申请人提出申请之日起的三十日内办结审批手续"。① (5)建档、动态化管理。《城市居民最低生活保障条例》规定:"享受城市居民最低生活保障待遇的城市居民家庭人均收入情况发生变化的,应当及时通过居民委员会告知管理审批机关,办理停发、减发或者增发城市居民最低生活保障待遇的手续。管理审批机关应当对享受城市居民最低生活保障待遇的城市居民的家庭收入情况定期进行核查。在就业年龄内有劳动能力但尚未就业的城市居民,在享受城市居民最低生活待遇期间,应当参加其所在的居民委员会组织的公益性社区服务劳动。"② (6)行政复议。《城市居民最低生活保障条例》规定:"城市居民对县级人民政府民政部门作出的不批准享受城市居民最低生活保障待遇或者减发、停发城市居民最低生活保障款物的决定或者给予的行政处罚不服的,可以依法申请行政复议;对复议决定仍不服的,可以依法提起行政诉讼。"③ 由此可见,最低生活救助操作程序是严格规范的,是从程序层面追求社会公平正义的体现。

2. 医疗救助规则

尽管《国务院办公厅转发民政部等部门关于建立城市医疗救助制度试点工作意见的通知》和民政部、财政部、卫生部、人力资源和社会保障部联合下发的《关于进一步完善城乡医疗救助制度的意见》两个文件从整体层面涉及医疗救助规则,但比较抽象、宏观,不好把握。因此,要了解这一时期城市困难群体医疗救助的相关规则,必须对各省、自治区、直辖市所制定的地方性法规进行解剖麻雀式的分析。

根据相关文件法规,城市医疗救助的对象主要包括城市居民最低

---

① 《新时期劳动和社会保障重要文献选编》,中国劳动社会保障出版社、中央文献出版社2002年版,第418页。
② 同上书,第419页。
③ 同上书,第420页。

第三章　中国共产党领导的城市困难群体社会救助制度考察

生活保障对象中未参加城镇职工基本医疗保险人员、已参加城镇职工基本医疗保险但个人负担仍然较重的人员和其他特殊困难群众。根据这一原则规定，各地从实际出发，界定了本地的城市医疗救助对象。如 2000 年 11 月《上海市民政局、财政局、医疗保险局关于做好医疗救助工作的通知》中明确规定："本市城镇居民中下列人员可申请医疗救助：（一）无生活来源、无劳动能力又无法定赡养人、扶养人或者抚养人的人员；（二）最低生活保障家庭中丧失劳动能力的无业人员以及最低生活保障家庭中本人虽有医保待遇，但因患大病重病，在享受基本医疗保险待遇和其他补贴后个人负担医疗费仍有困难的人员。（三）市人民政府规定的其他特殊贫困人员。"[①] 次年 1 月，上海市民政局、财政局、医疗保险局印发了《关于做好医疗救助工作的实施意见》，对医疗救助对象的外延作了如下解释："（一）'无生活来源、无劳动能力又无法定赡养人、扶养人或者抚养人的人员'是指享受民政部门定期定量救济的孤老、孤儿、孤残等人员。（二）'城镇最低生活保障家庭中丧失劳动能力的无业人员'是指经有关部门确认丧失劳动能力的无业人员。（三）'城镇最低生活保障家庭中本人有医保待遇的人员'是指因患大病重病，在享受基本医疗保险待遇和其他补贴后个人负担医疗费仍有困难的人员。（四）'市人民政府规定的其他特殊贫困人员'是指原由民政部门给予定期定量救济的各类特殊救济对象；尿毒症透析病人、精神病人、癌症病人等大病患者获得互助帮困后，但个人自负医疗费仍影响实际基本生活的人员等市政府规定的特困人员。"[②] 再如 2005 年下发的《福建省城市医疗救助试行办法》明确规定："现阶段救助对象为具有当地城镇居民户籍的下列贫困群众：（一）城市居民最低生活保障对象中未参加城镇职工基本医疗保险的人员。（二）重点优抚对象（含革命'五老'人员，即老

[①] 上海市民政局、财政局、医疗保险局关于做好医疗救助工作的通知，法规政策—中国社会救助网，http：//106.120.238.38：815/fgzc/info—5058.shtml。

[②] 上海市民政局、上海市财政局、上海市医疗保险局关于印发《关于做好医疗救助工作的实施意见》的通知，法规政策—中国社会救助网，http：//106.120.238.38：815/fgzc/info—5061.shtml。

地下党员、老游击队员、老接头户、老交通员、老苏区干部)。(三)社会福利机构收养的'三无'人员,即无劳动能力、无生活来源、无法定抚养人。"① 这样就使得城市医疗救助更具针对性和操作性。

  但是,这种以城市居民最低生活保障对象为基础的医疗救助范围的界定,使得一些包括城市低收入家庭重病患者在内的特殊困难人员,因得不到救助而产生不满。2009年6月,民政部、财政部、卫生部、人力资源和社会保障部联合下发了《关于进一步完善城乡医疗救助制度的意见》,明确要求要"合理确定救助范围。在切实将城乡低保家庭成员和五保户纳入医疗救助范围的基础上,逐步将其他经济困难家庭人员纳入医疗救助范围。其他经济困难家庭人员主要包括低收入家庭重病患者以及当地政府规定的其他特殊困难人员。具体救助对象界定标准,由地方民政部门会同财政等有关部门,根据本地经济条件和医疗救助基金筹集情况、困难群众的支付能力以及基本医疗需求等因素制定,并报同级人民政府批准。"② 据此,各地又进一步明确了符合本地实际的城市医疗救助对象。如2009年11月,宁夏回族自治区人民政府印发的《宁夏回族自治区城镇医疗救助办法(试行)》明确规定:"城镇医疗救助实行属地管理。救助对象为具有城镇户口的下列人员:(一)享受城镇居民最低生活保障的人员;(二)贫困孤残人员,包括无劳动能力、无生活来源又无法定赡养人、抚养人、扶养义务人或者其法定赡养人、抚养人、扶养义务人无赡养、抚养、扶养能力的老年人、残疾人、未成年人;(三)享受高龄低收入老人津贴的人员;(四)家庭月人均收入低于当地城市居民最低生活保障标准150%以下的低收入困难家庭成员;(五)家庭年总收入低于家庭成员重特大疾病医疗支出费用50%以下的特殊困难家庭

---

  ① 福建省城市医疗救助试行办法,法规政策—中国社会救助网,http://106.120.238.38:815/fgzc/info—10402.shtml。
  ② 湖北省最低生活保障管理办公室编:《湖北省社会救助政策文件汇编》下册,第533—534页。

第三章 中国共产党领导的城市困难群体社会救助制度考察

成员。"①

医疗救助主要方式有：资助参保、住院大病救助、门诊救助、优惠减免。政府对各类救助办法的实施也有详细的规定。

其一，资助参保。按照政策规定，由政府资助城市居民最低生活保障对象参加城镇居民基本医疗保险应缴纳的全部或部分费用。

其二，住院大病救助。医疗救助对象患病住院的，其医疗费用扣除各种医疗保险报销（补偿）、医疗机构减免和社会捐助后，对政策范围内个人实际负担医疗费用，按照规定的标准给予救助。

其三，门诊救助。医疗救助对象患有常见病、慢性病，需要长期药物维持治疗以及急诊、急救的，可给予一定金额的门诊救助。

其四，优惠减免。医疗救助对象在定点医疗机构就诊时，定点医疗机构应当按照有关规定给予门诊挂号费、治疗费、医疗设备检查费、住院床位费等优惠减免。

医疗救助程序分为三步。首先是申请登记。"救助对象本人向社区居民委员会提出申请城市医疗救助的书面材料并提供有关证明材料。"其次是审核批准。"街道办事处（乡镇人民政府）对上报的申请表和有关证明材料进行审核；县级政府民政部门对街道办事处（乡镇人民政府）上报的有关材料进行审批。"② 最后是分类实施救助。这里依然以宁夏为例，《宁夏回族自治区城镇医疗救助办法（试行）》规定：

> 第十条 享受国家资助参加城镇居民基本医疗保险的，民政和财政主管部门对人力资源和社会保障、教育主管部门提供的参保对象名册进行审核后，将救助资金直接拨付社保基金专户。
>
> 第十一条 门诊医疗救助按照下列规定执行：（一）贫困孤残人员、享受高龄低收入老人津贴人员和城镇低保人员的救助

---

① 宁夏回族自治区城镇、农村医疗救助办法，法规政策—中国社会救助网，http://106.120.238.38：815/fgzc/info—8758.shtml。
② 湖北省最低生活保障管理办公室编：《湖北省社会救助政策文件汇编》下册，第515页。

金，由民政主管部门按照救助标准，于每年3月1日前通过银行直接汇入被救助人员的个人账户。（二）城镇低保人员中孕产妇的救助金，由本人或其亲属持《城镇居民最低生活保障证》、医疗机构证明向县（市、区）民政主管部门提出申请，民政主管部门审核通过后，将救助金直接汇入被救助人员的个人账户。（三）本《办法》第七条第四项规定的被救助人员，持县以上医疗机构诊断证明、医疗费用收据、《城镇居民最低生活保障证》或者乡镇人民政府、街道办事处出具的家庭收入状况证明等凭据，向县（市、区）民政主管部门提出申请，民政主管部门审核后，将救助金额通过银行直接汇入被救助人个人账户。

第十二条　城镇低保人员、贫困孤残人员和享受高龄低收入老人津贴人员持《城镇居民最低生活保障证》《高龄低收入老年人基本生活津贴证》和《城镇居民基本医疗保险证》（以下简称"三证"）到定点医疗机构住院治疗。住院费用按照下列规定办理：（一）在实行即时结算的定点医疗机构住院，住院费用在2000元以下的，由定点医疗机构垫付住院费用，按照城镇居民医疗保险政策报销后，除被救助人员应当自付的费用外，定点医疗机构凭被救助人的"三证"复印件、住院费用收据和结算清单到民政主管部门结算，民政主管部门审核后，将住院费用通过银行直接拨付定点医疗机构。（二）住院费用在2001元以上的，被救助人出院后，由本人或其近亲属凭"三证"、医疗诊断证明、住院和出院证明、医疗费用收据、城镇居民医疗保险报销凭证等有关证明材料，向当地县（市、区）民政主管部门提出申请，民政主管部门审核后，按照规定标准给予救助。（三）被救助人员跨年度的住院费用，在下一年度给予救助。

第十三条　城镇低保人员、贫困孤残人员、享受高龄低收入老人津贴人员，因治疗需要确需转院治疗的，应当由定点医疗机构出具转院证明，报民政主管部门备案。城镇低保人员、贫困孤残人员、享受高龄低收入老人津贴人员住院治疗，医疗费用较大的，民政主管部门应当适当垫付部分医疗费用，垫付费用从被救

第三章 中国共产党领导的城市困难群体社会救助制度考察

助人救助金中抵扣。

第十四条 患有重特大疾病的低收入困难家庭成员和特殊困难家庭成员，符合本《办法》第八条第二项、第三项规定的，被救助人员向户籍所在地居民委员会提出书面申请，居民委员会对其患病情况及家庭收入状况进行调查后，出具证明，连同申请人的申请材料报送乡镇人民政府或者街道办事处审核。乡镇人民政府或者街道办事处审核后报送县（市、区）民政主管部门，由民政主管部门提交医疗救助评审委员会评审，符合条件的，依照规定标准给予救助。①

此外，对于遇到突发性大病患者或其他突发性事故造成救助对象入院治疗但因家庭困难支付不了入院费用的，应特事特办，及时审批并提前支付规定限额内的部分救助资金，治疗完结后，再根据医疗救助的相关规定进行审核审批。可见，救助规则是详尽且充满人文关怀的！

3. 住房救助规则

城市困难群体住房救助规则主要体现在《城镇最低收入家庭廉租住房管理办法》《城镇最低收入家庭廉租住房申请、审核及退出管理办法》《建设部、民政部关于开展城镇最低收入家庭住房情况调查的通知》《国务院关于解决城市低收入家庭住房困难的若干意见》《廉租住房保障办法》《住房和城乡建设部、民政部、财政部关于加强廉租住房管理有关问题的通知》等文件法规中。2004年3月1日起施行的《城镇最低收入家庭廉租住房管理办法》规定：符合市、县人民政府规定的住房困难的最低收入家庭，可以申请城镇最低收入家庭廉租住房。2007年12月1日起施行的《廉租住房保障办法》把住房救助范围扩大到城市低收入住房困难家庭（即城市和县人民政府所在地的镇范围内，家庭收入、住房状况等符合市、县人民政府规定条件

---

① 宁夏回族自治区城镇、农村医疗救助办法，法规政策—中国社会救助网，http：//106.120.238.38：815/fgzc/info—8758.shtml。

的家庭）。

廉租住房保障方式实行货币补贴和实物配租等相结合。货币补贴是指县级以上地方人民政府向申请廉租住房保障的城市低收入住房困难家庭发放租赁住房补贴，由其自行承租住房。补贴额度按照城市低收入住房困难家庭现住房面积与保障面积标准的差额、每平方米租赁住房补贴标准确定。每平方米租赁住房补贴标准由市、县人民政府根据当地经济发展水平、市场平均租金、城市低收入住房困难家庭的经济承受能力等因素确定。其中对城市居民最低生活保障家庭，可以按照当地市场平均租金确定租赁住房补贴标准；对其他城市低收入住房困难家庭，可以根据收入情况等分类确定租赁住房补贴标准。实物配租是指县级以上地方人民政府向申请廉租住房保障的城市低收入住房困难家庭提供住房，并按照规定标准收取租金。配租面积为城市低收入住房困难家庭现住房面积与保障面积标准的差额。实物配租的住房租金标准实行政府定价，按照配租面积和市、县人民政府规定的租金标准确定。有条件的地区，对城市居民最低生活保障家庭，可以免收实物配租住房中住房保障面积标准内的租金。

救助程序也是分三步。首先是提交申请。申请廉租住房保障的家庭，应当由户主向户口所在地街道办事处或者镇人民政府提出书面申请，并同时应当提供反映家庭收入情况、家庭住房状况的证明材料、家庭成员身份证和户口簿以及市、县人民政府规定的其他证明材料。

其次是审核审批。街道办事处或者镇人民政府应当自受理申请之日起30日内，就申请人的家庭收入、家庭住房状况是否符合规定条件进行审核，提出初审意见并张榜公布，将初审意见和申请材料一并报送市（区）、县人民政府建设（住房保障）主管部门。建设（住房保障）主管部门应当自收到申请材料之日起15日内，就申请人的家庭住房状况是否符合规定条件提出审核意见，并将符合条件的申请人的申请材料转同级民政部门。民政部门应当自收到申请材料之日起15日内，就申请人的家庭收入是否符合规定条件提出审核意见，并反馈同级建设（住房保障）主管部门。经审核，家庭收入、家庭住房状况符合规定条件的，由建设（住房保障）主管部门予以公示，

第三章 中国共产党领导的城市困难群体社会救助制度考察

公示期限为 15 日；对经公示无异议或者异议不成立的，作为廉租住房保障对象予以登记，书面通知申请人，并向社会公开登记结果。经审核，不符合规定条件的，建设（住房保障）主管部门应当书面通知申请人，说明理由。申请人对审核结果有异议的，可以向建设（住房保障）主管部门申诉。在这个过程中，建设（住房保障）主管部门、民政等有关部门以及街道办事处、镇人民政府，可以通过入户调查、邻里访问以及信函索证等方式对申请人的家庭收入和住房状况等进行核实。申请人及有关单位和个人应当予以配合，如实提供有关情况。

最后是实施救助。建设（住房保障）主管部门应当综合考虑登记的城市低收入住房困难家庭的收入水平、住房困难程度和申请顺序以及个人申请的保障方式等，确定相应的保障方式及轮候顺序，并向社会公开。对已经登记为廉租住房保障对象的城市居民最低生活保障家庭，凡申请租赁住房货币补贴的，要优先安排发放补贴，基本做到应保尽保。实物配租应当优先面向已经登记为廉租住房保障对象的孤、老、病、残等特殊困难家庭，城市居民最低生活保障家庭以及其他急需救助的家庭。对轮候到位的城市低收入住房困难家庭，建设（住房保障）主管部门或者具体实施机构应当按照已确定的保障方式，与其签订租赁住房补贴协议或者廉租住房租赁合同，予以发放租赁住房补贴或者配租廉租住房。发放租赁住房补贴和配租廉租住房的结果，应当予以公布。租赁住房补贴协议应当明确租赁住房补贴额度、停止发放租赁住房补贴的情形等内容。廉租住房租赁合同应当明确下列内容：（一）房屋的位置、朝向、面积、结构、附属设施和设备状况；（二）租金及其支付方式；（三）房屋用途和使用要求；（四）租赁期限；（五）房屋维修责任；（六）停止实物配租的情形，包括承租人已不符合规定条件的，将所承租的廉租住房转借、转租或者改变用途，无正当理由连续 6 个月以上未在所承租的廉租住房居住或者未交纳廉租住房租金等；（七）违约责任及争议解决办法，包括退回廉租住房、调整租金、依照有关法律法规规定处理等；（八）其他约定。①

4. 教育救助规则

城市困难群体教育救助主要分三类：义务教育阶段救助、高中教育阶段救助、高等教育阶段救助。具体救助规则主要体现在各省、市、自治区所制定的地方性法规中。

关于义务教育阶段救助。这里结合民政部、教育部的相关文件和上海市的相关情况对救助规则加以阐释。根据2004年8月《民政部、教育部关于进一步做好城乡特殊困难未成年人教育救助工作的通知》、2005年8月《上海市人民政府办公厅转发市教委等五部门关于本市进一步做好义务教育阶段帮困助学工作实施意见的通知》，救助范围主要包括：持有城市居民最低生活保障证家庭的义务教育阶段学生、城镇特殊困难家庭的义务教育阶段学生（上海市对城镇特殊困难家庭界定为这样几类：为国牺牲，被人民政府批准为烈士的子女；父母双亡，且指定监护人家庭经济困难的学生；父母一方患大病重病或完全丧失劳动能力且家庭经济困难的学生；父母一方为重度残疾且家庭经济困难的学生；经济困难的丧偶单亲家庭学生。）、当地政府规定的其他经济困难学生。具体手段是"两免一补"（免杂费、免书本费、补助寄宿生活费）。其中，上海市规定，针对低保家庭和特殊困难家庭学生，教育救助内容是免杂费、免书本费、补助生活费；针对其他经济困难家庭学生，主要是减免杂费和发放助学金。上海市的具体运作方式：（1）城镇低保家庭和特殊困难家庭学生（或监护人）向户籍所在地的街道（乡镇）社会救助事务管理所提出免杂费、书本费及补助生活费的书面申请，填写《义务教育阶段帮困助学申请表》，经街道（乡镇）社会救助事务管理所审核确认后，对符合条件者发放相应的帮困助学券（以下简称"助学券"）。申请手续每学期办理一次。学生到校注册报到时，将助学券交给学校。学校按市教委有关收费标准，办理相应的免费手续。学校核对助学券、加盖图章、登记造

---

① 湖北省最低生活保障管理办公室编：《湖北省社会救助政策文件汇编》下册，第839—846页。

第三章　中国共产党领导的城市困难群体社会救助制度考察

册后,与区县教育局结算。助学券一学期结算一次。助学券实行实名制,不得转让和兑换现金。享受助学券的困难学生,同时享受生活补助。(2)其他经济困难家庭学生:一是减免杂费。学生向学校提出书面申请,填写《杂费减免申请表》,由学校根据学生实际困难程度,经学校领导批准后予以减免。二是发放助学金。学生向学校提出书面申请,并填写《学生助学金申请表》,详细说明家庭收入及困难情况,经学校领导批准后按月发放。每学期评定一次,开学时办理申请手续。①

关于高中教育阶段救助。根据财政部、教育部制定的《普通高中国家助学金管理暂行办法》,普通高中国家助学金的资助对象为具有正式注册学籍的普通高中在校生中的家庭经济困难学生。普通高中国家助学金平均资助标准为每生每年1500元,用于资助家庭经济困难学生的学习和生活费用开支,具体标准由各地结合实际在1000—3000元范围内确定,可以分为2—3档。国家助学金由中央和地方政府共同出资设立。地方所属普通高中国家助学金所需资金由中央与地方财政按比例分担。中央部门所属普通高中国家助学金政策,与所在地区同步实施,所需经费按照现行经费渠道予以保障。国家助学金按学年申请和评审,按学期发放。学校要制定国家助学金具体实施办法,要为每位受助学生分别办理银行储蓄卡,直接将国家助学金发放到受助学生手中,一律不得以实物或服务等形式,抵顶或扣减国家助学金。为学生办理银行储蓄卡,不得向学生收取卡费或押金等费用,也不得从学生享受的国家助学金中抵扣。

关于高等教育阶段救助。主要包括新生入学救助、困难毕业生救助和特困生补助。关于新生入学救助,2009年12月下发的《山东省关于实施城乡低保家庭高等教育新生入学救助办法的通知》规定:山东省城镇居民最低生活保障家庭中参加当年全国普通高等教育入学考

---

① 上海市人民政府办公厅转发市教委等五部门关于本市进一步做好义务教育阶段帮困助学工作实施意见的通知,法规政策—中国社会救助网,http://106.120.238.38:815/fg-zc/info—11489.shtml。

试，经山东省教育考试院高等学校招生办公室正式录取的全日制本科教育大学新生，可以申请一次性新生入学救助，每人一次性救助不低于4000元。考取师范、军校等专业免交学费的学生不享受此项救助。① 关于困难毕业生救助，2005年1月湖北省民政厅下发的《关于做好普通高等学校困难毕业生救助工作的通知》要求：高校毕业生（含大学专科、大学本科、研究生）因患病等原因短期无法就业或就业后生活发生困难，毕业生户口迁回原籍的，按规定纳入低保救助范围；毕业生户口迁入非原籍地的，由所在地民政部门参照当地低保标准，给予临时救助。② 关于特困生补助，2001年印发的《北京市教育委员会、北京市财政局关于印发北京市属（市管）普通高等学校特困生补助办法的通知》明确规定：国家计划内招收的北京市属（市管）全日制普通高校本科生、专科生（不包括定向生）中家庭人均收入低于本市最低生活保障线者为特困生。学校对特困生补助的评定程序：学生提出申请，并提供相关证明；班主任、辅导员核实学生的生活和收支情况；系领导综合审核，上报主管部门；主管部门报校特困生评审小组批准后，发放补助费；有条件的学校可建立特困学生档案，以更好地对本校的特困生进行认定和管理。补助费的发放：对于极其困难的学生按补助标准全额发放，对于一般困难的学生可按补助标准的半额发放。关于补助费发放的标准，每生每月平均190元，全年（按10个月计）1900元。③

5. 失业救助规则

这里，我们以上海市的情况作为分析的对象。根据上海市劳动和社会保障局于2003年4月发出并实施《关于对本市就业特困人员开展就业援助若干意见的通知》和上海市人社局《关于进一步加强就

---

① 山东省关于实施城乡低保家庭高等教育新生入学救助办法的通知，法规政策—中国社会救助网，http：//106.120.238.38：815/fgzc/info—5557.shtml。
② 湖北省最低生活保障管理办公室编：《湖北省社会救助政策文件汇编》下册，第822页。
③ 北京市教育委员会、北京市财政局关于印发北京市属（市管）普通高等学校特困生补助办法的通知，法规政策—中国社会救助网，http：//106.120.238.38：815/fgzc/info—5067.shtml。

第三章 中国共产党领导的城市困难群体社会救助制度考察

业援助工作的若干意见》,城市中的就业特困群体即"具有本市城镇户籍、处于劳动年龄段人员中,具有劳动能力、就业愿望迫切、就业能力特别差、经多次职业介绍仍未能实现就业,个人及家庭符合城镇居民最低生活保障条件(以下简称'低保')的失业、协保人员"。

关于就业特困人员的申请和确认程序,主要有本人申请、街道(乡镇)核实、区县确认三个环节。申请人可携带本人身份证(或社会保障卡)、户口簿和《劳动手册》等材料到户籍所在地街道(乡镇)劳动保障事务所提出申请,并须签订《接受就业服务承诺书》,如实填写《就业特困人员申请表》(以下简称《申请表》),承诺服从安排,愿意从事收入不低于本市最低工资标准的"保洁、保绿、保养、保安"工作(以下简称"四保")。在受理申请后,街道(乡镇)劳动保障事务所应及时指定就业援助员对申请人的个人及家庭等情况进行调查,并将调查情况在《申请表》上做好记载。街道(乡镇)劳动保障事务所应在《申请表》上记载由街道(乡镇)民政部门反馈的申请人及其家庭是否符合享受低保情况,并在对申请人的就业特困情况进行核实后签署意见。对基本符合就业特困人员条件的,街道(乡镇)劳动保障事务所应负责将其个人基本信息和家庭符合享受"低保"情况输入劳动保障管理信息系统,并将《申请表》上报至区县就业促进中心;对不符合条件的,街道(乡镇)劳动保障事务所应及时通知本人。区县就业促进中心接到申请材料后,应指定专人对申请人进行职业指导。区县就业促进中心负责人应根据职业指导情况在《申请表》上签署确认或不予确认的意见,并转由街道(乡镇)劳动保障事务所通知申请人,同时应在劳动保障管理信息系统做好相应的记载。对经确认的就业特困人员,各区县应按照上海市人民政府办公厅《关于本市建立促进就业责任考核体系的通知》(沪府办发〔2003〕6号)的规定,做好就业托底工作。

关于就业特困人员的安置途径:区县劳动保障部门应在就业特困人员确认之日起3个月内指定公益性劳动组织安排其从事社区"四保"工作。社区"四保"工作岗位一时难以满足就业特困人员安置需要的,可由区县职业介绍所推荐就业特困人员至本市单位(劳务输

· 169 ·

出类公司除外，以下同）从事"保洁、保绿"等后勤服务工作，其中，各级财政出资形成的劳务项目应优先安排就业特困人员。用人单位应与就业特困人员签订一年以上劳动合同（含特殊劳动关系的劳动协议），并按规定办理用工登记备案手续。

关于相关费用的补贴。——对就业特困人员从事社区"四保"工作的，按照《通知》规定的比例给予岗位补贴。（1）就业特困人员的月收入（含劳动收入和岗位补贴），在扣除各项社会保险费后，应不低于本市企业职工月最低工资标准，最高一般不超过本市企业职工月最低工资标准的150%。岗位补贴标准原则上为本市企业职工月最低工资标准的50%。其中属城镇登记失业人员的，应按规定参加社会保险，并另行享受社会保险缴费专项补贴，标准为月最低缴费额的50%。（2）因本人健康原因或家庭原因不能从事全日制工作的，可由本人向街道（乡镇）劳动保障事务所提出申请，报区县就业促进中心批准后按小时计算收入。小时收入（含劳动收入和岗位补贴）标准应不低于市劳动保障部门颁布的小时工小时最低工资标准，岗位补贴标准为小时工小时最低工资标准的50%。（3）公益性劳动组织安置的就业特困人员，由于各种原因而达不到以上规定的最低收入标准，区县应按照《通知》的规定，予以补足。对本市单位招用就业特困人员从事"保洁、保绿"等后勤服务工作的，根据实际招用人数由失业保险基金给予一次性补贴。

关于费用补贴的拨付：（1）区县就业促进中心应建立公益性劳动组织安置的就业特困人员工资发放专户。就业特困人员收入由工资发放专户通过指定银行直接发放。（2）公益性劳动组织应按月编制享受岗位补贴人员工资单和填写《公益性劳动组织岗位补贴审批表》，由街道（乡镇）劳动保障事务所核实后，一并上报区县就业促进中心，并及时将就业特困人员的劳动收入和区县补贴费用汇入工资发放专户。区县就业促进中心核准后，由区县失业保险部门将失业保险基金发放的岗位补贴（含社会保险缴费专项补贴）直接拨付到工资发放专户。

(3) 就业特困人员社会保险费通过工资发放专户实行代扣代缴。①

6. 城市困难群体社会救助规则的特点

第一，提供基本生活保障的原则。在社会保障体系中，社会救助制度的设定，一般是以维持一个人生存的最低限度的基本生活为原则。所谓基本生活是指吃饭、穿衣、住房、治病等方面。社会主义市场经济条件下，党和政府通过法规、条例等形式尽量满足城市困难群体的这些需要。但基于我国正处于并将长于社会主义初级阶段的基本国情和为了防止社会救助工作带来的负面影响，党和政府对城市困难群体基本生活保障定位在社会认可的最低水平。这与中国社会既有的勤劳工作、强调自助的传统保障文化是一致的，也可以有效避免社会保障中使人变懒惰的道德风险。

第二，区别对待的原则。基于不同对象以不同方式、不同内容的救助是社会救助的基本要求。社会主义市场经济条件下，根据城市困难群体致贫原因、最直接最现实最紧要诉求的不同，政府在救助制度安排中基本遵循"区别对待、分类指导"的原则。首先，对致贫原因不同或最直接最现实最紧要诉求不同的城市困难群体采取不同对策。其次，在致贫原因相同或最直接最现实最紧要诉求相同的城市困难群体内也坚持这一原则。如医疗救助，2012年6月《内蒙古自治区关于进一步规范完善城乡医疗救助工作的通知》第三部分论及医疗救助方式和标准，其中对"资助参保"作了这样的区别对待、分类实施的要求：不属于城镇职工医疗保险覆盖范围的城市低保对象、"三无"对象、孤儿、重度残疾人员参加城镇居民基本医疗保险，个人应缴纳的参保费用除城市"三无"对象和孤儿给予全额资助外，其他救助对象每人每年按不低于个人负担参保费用的40%给予资助。救助对象家庭中在校就读的学生参加城镇居民基本医疗保险的，在上述资助标准的基础上每人每年增加

---

① 关于做好本市城镇居民低保家庭中就业援助对象的就业促进工作的通知，法规政策—中国社会救助网，http：//106.120.238.38：815/fgzc/info—5135.shtml；关于进一步加强就业援助工作的若干意见，http：//www.1128.org/html/zchb/rlzyglzc/gljyzypx/2010/11/doc64949.shtml。

10元的资助。在"区别对待"的基础上，党和政府又坚持优先保障、重点救济的原则，即对城市困难群体中的最弱势的个体实行优先保障，政策合理倾斜。如在住房救助中，实物配租应当优先面向已经登记为廉租住房保障对象的孤、老、病、残等特殊困难家庭，城市居民最低生活保障家庭以及其他急需救助的家庭。区别对待与优先保障的有机结合，充分体现了社会工作服务对象的个别化原则。

第三，定向原则。从国际社会救助发展潮流看，国际范围内"多元救助"的主张日益深入人心，逐步从"普遍性原则"（人人都有权利享受国家救助）向"定向原则"（又称选择性原则或补缺原则）过渡，即国家只救济最困难的人和老年人、残疾人、儿童等弱势群体，要求人们为自己的养老、医疗承担更多的责任；主张国家支持家庭、社区、社会团体和企业都为帮助最困难的人作出贡献。社会救助的定向原则事实上把社会救助同社会福利区分开了。一般来说，社会救助不是针对社会中所有的人群，而是特殊的人群，是经过一定程序选择出来的符合救助条件的人群。社会救助的定向原则也就决定了社会救助本身所应有的针对性。从前文所述情况来看，有关城市困难群体的最低生活救助、医疗救助、住房救助、教育救助等的实施对象是已经处于生活困境中的社会成员。这只是他们能获得社会救助的必要条件，而非充分条件。要获得救助，还需要经过严格的资格审查程序，特别是要经过家庭经济状况调查，以便核实申请者是否具备受救助的条件。资格审查体现救助制度的规范性，通过严格的手段来对受助对象进行审核，是社会财富再分配和社会发展的要求，它遵循的社会价值最大可能的体现社会救助制度的效率和"瞄准性"。可见，受助对象是具有特定性的。同时，要注意的是，定向原则不仅是国际潮流，同时也是我国正处于并将长期处于社会主义初级阶段这一国情在社会救助领域的反映。

第四，救助手段多样性，救助内容丰富。根据社会救助现象的复杂性和救助工作的针对性，社会救助的内容可以按照不同的依据和标准，从多角度做出不同的类别划分。按照救助的机制，可以分

第三章　中国共产党领导的城市困难群体社会救助制度考察

为一般救助和专项救助。一般救助，主要指就救助项目而言，不是针对某个单一方面所采取的救助措施，其救助内容具有一般性，主要包括孤寡病残救助、社会互济、贫困户救助等形式；专项救助，与一般项目相对应，是指根据某一方面的需求提供的专门救助，具有单一性和专门性，主要体现为生活救助、医疗救助、住房救助、教育救助等机制。按照救助时间的长短，可以分为临时救助和长期救助。按照救助的主体，可以分为政府救助和民间救助。按照救助的手段，可以分为资金型救助和服务型救助，其中资金型救助又可分为实物救助和现金救助。社会主义市场经济条件下，中国城市困难群体的社会救助，以专项救助为主、一般救助与专项救助相结合，长期救助与临时救助相结合，政府与社会协同联动的，包括实物救助、现金救助、服务救助等涉及城市困难群体生活方方面面的手段多样、内容丰富的社会救助。

当然，由于城市贫困尤其是城市新贫困是社会主义市场经济条件下党和政府面临的新情况、新问题，在解决该问题时难免会出现经验不足等情形，其中表现之一就是有关城市困难群体社会救助规则中存在着一些在所难免的缺陷。

首先，缺乏综合的测评体系对受助者的实际状况进行测评。这集中反映在贫困认定标准过于简单，无法反映贫困的程度、维度以及持久性等问题。各城市对贫困的认定，基本都以贫困线为标准，人均收入低于贫困线的家庭即为贫困户，依据政策可以申请低保补助。在运用家计调查"觅标"的过程中，家庭收入和财产在现阶段根本无法通过金融、证券、税收、公积金管理、社会保险等机构进行查询核实[①]，只能通过观察家庭生活形态、考察日常消费支出来确定家庭经

---

① 在湖南省岳阳市岳阳楼区，一方面，一些部门以保护公民隐私等各种理由拒绝提供信息。例如金融机构，市民政局工作人员先后多次上门衔接，领导不见面，部门互相推诿，并明确答复不同意提供申请对象银行存款信息；另一方面，一些部门认为信息提供存在政策壁垒。如市金融证券部门反映查询个人证券信息必须经公检法和省证券局委托才可进入查询系统；市房产部门反映，房产信息提供机构为自收自支单位，查询信息必须缴纳信息费用。由于部门信息难以收集，致使核对机制运行不畅，导致救助申请对象的家庭经济状况难以核准，一些瞒保、骗保行为难以发现。

济状况。城市基层社区在执行相关规定时，往往采用最直观的办法，规定诸多消费禁区，包括住房、车辆、收藏、家用电器、服装购买、休闲娱乐、子女教育、水电费开支、宠物饲养等方面，把它们作为并列条件，满足任何一项均丧失低保资格。这些"土政策"的出台，实际扩大了贫困内涵，极大缩小了贫困的外延，造成对城市困难群体的制度排斥①，形成大批低保边缘户和其他阶段性贫困户，也无法更好地为低保家庭提供服务。

其次，衡量救助与否的标准过于单一和简单。如前文所述，社会主义市场经济条件下，党和政府对城市困难群体的社会救助主要是物质救助，但物质需要并不代表受助对象的全部的价值诉求。同时，相关的社会救助法规、条例、办法等规定一旦救助对象达到能够维持生存的标准就不再给予救助。即是说，"物"的衡量成为是否救助的标准，而不考虑为了这部分社会成员的发展给予继续救助的可能，在不排除他们返贫的可能情况下，当他们达到贫困线即再次纳入救助范围。这极易形成贫困的恶性循环，也易导致社会救助资金配置效率的低下。

最后，在基本理念层面尚未形成获取救助是公民权利的自觉意识。如社会救助规则中暴露出的施恩思想与"防止福利依赖"的思想，把社会救助作为政府的恩赐，强调受助者应该知恩图报，用公益劳动来报答政府的恩情，并借此防止穷人产生依赖心理，成为政府和社会的负担，避免"懒汉和无赖"的产生。这种观念与现代福利思想中把接受救助作为穷人的平等权利的理念存在一定差距。同时，也使得"救助者常常以'观世音'自居而沾沾自喜，社会救助工作中挪用专款、优亲厚友的现象仍然存在"。再如在社会救助资格审查过程中受助者必须接受硬性的财产调查、社会救助经办机构对受助对象进行张榜公布和群众监督，造成污名效应等，客观上伤害了受助者的隐私权和尊严，导致救助对象的主体性不足。

---

① 祝建华：《城市低保制度目标定位过程中的家计调查及方法改进》，《浙江工业大学学报》（社会科学版）2011年第3期，第15页。

此外，社会制度一定要有明确的制约对象，无论是企业管理、行政事务和组织活动中正式制度的制约对象，还是日常生活中的风俗习惯等非正式制度的制约对象，都是比较明确的。具体到城市困难群体社会救助制度，前述有关城市困难群体社会救助诸项规则中均已清楚阐述，这里就不赘言了。

二 城市困难群体社会救助制度的运行模式

要了解社会救助制度是如何达到救助弱势群体的目标，在明晰制度的立体结构之外，还有必要研究社会救助制度是如何"见之于"救助实践的。实践证明，社会救助制度的运行过程很大程度上就是基金的筹集运行、政策制度的执行以及被救助者的参与过程。笔者拟从基金的筹集与发放、工作人员的管理、社会动员这三个切入点来考察社会主义市场经济条件下中国城市困难群体社会救助制度的运行模式。

（一）基金的筹集与发放

社会救助的本质是要解决人的生存问题，无论各国社会制度和国情差异有多大，都要面对和解决国民的生、老、病、死、残等社会问题，而解决这些问题都离不开经费的征集和再分配。如何筹集基金、管理基金、实现基金有效率的发放，便成为一个亟待解决的现实问题了。

1. 基金的筹集

社会救助基金是为实施各项社会救助事业而用行政、经济和法律手段建立起来的专款专用的经费。社会救助基金是建立社会救助制度的经济基础，是实现社会救助政策目标的物质保障。从这个意义上说，资金问题是社会救助的核心问题。根据社会主义市场经济条件下中国经济社会发展需要而逐步建立起来的现代社会救助制度是一个包含生活救助、医疗救助、教育救助、住房救助、灾害救助、法律援助等多方面内容的复杂系统，且各项救助事业均有其独特的运行机制，因此，在实践中不是将各项救助经费合并起来建立综合性的社会救助

中国共产党与城市困难群体的社会救助(1992—2012)

基金,而是按照不同的救助项目分别建立基金,且基金的来源也不尽相同,但从总体上看,国家财政拨款是社会救助基金来源的主渠道,社会捐赠、福利彩票发行等各种形式的社会募捐是重要的辅助来源渠道。具体到城市困难群体的社会救助事业,其救助基金主要来源也不外乎这两种情况:

一是作为主渠道的国家财政拨款。"在现代社会保障制度中,最重要的责任主体无疑是政府,政府财政拨款变成了筹措社会保障资金的一个固定的、主要的来源渠道。没有国家财政作为经济后盾,很难建立起健全的社会保障制度,或者即使建立了相应的社会保障制度也难以获得健康的发展。因此,社会保障基金与政府财政存在着不可分割的关系。"① 作为社会保障子系统的社会救助与国家财政的关系无疑也是这样的。正是基于此,许多国家将社会救助基金直接纳入国家财政的预算范畴。例如在丹麦,用于最低收入保障的救助支出,一半由国家预算承担,另一半由地方政府支付;在荷兰,国家负担90%的支出;在英国、爱尔兰等则100%由国家负担;在日本,救助所需资金也全部由财政拨款。社会主义市场经济条件下中国城市困难群体的社会救助也基本如此。

——城市居民最低生活保障基金。《城市居民最低生活保障条例》第五条规定:城市居民最低生活保障所需资金,由地方人民政府列入财政预算,纳入社会救济专项资金支出项目,专项管理,专款专用。因此,在制度建立之初,主要由地方财政负担城市低保的资金支出。如1999年城市低保资金的投入比例中地方财政投入的比重高达74.03%。② 从2002年开始,中央财政的投入大幅度增加,并逐步超过了地方财政的投入。中央财政补助城市居民最低生活保障总支出的比重从2001年的43%大幅提高到2012年的70%左右,2011年甚至高达76%,12年提高了20多个百分点"(详见表3-1)。

---

① 郑功成主编:《社会保障学》,商务印书馆2000年版,第338页。
② 刘喜堂:《建国60年来我国社会救助发展历程与制度变迁》,《华中师范大学学报》(人文社会科学版)2010年第4期,第24页。

第三章 中国共产党领导的城市困难群体社会救助制度考察

表3-1　　2001—2012年城市低保支出与中央财政补助情况

年份	各级财政低保总支出（亿元）	中央财政补助（亿元）	补助占总支出的比重（%）
2001	54	23	43
2002	109	46	42
2003	151	92	61
2004	173	105	61
2005	192	112	58
2006	224	136	61
2007	277	160	58
2008	393	239	61
2009	482	359	74
2010	525	366	70
2011	660	502	76
2012	674	439	65

资料来源：中华人民共和国民政部网站http://www.mca.gov.cn/。

中央财政主要补助财政困难的中西部地区和老工业基地。如2008年，中央补助内蒙古自治区城市居民最低生活保障补助资金10.13亿元，比2007年增加了70.6%[1]；甘肃共支出城市低保资金13.17亿元，其中中央补助9.18亿元[2]；吉林省共筹集发放城市低保资金21.39亿元，其中：争取中央补助16.38亿元，比2007年增加了33.5%[3]。

地方财政也加大对城市居民最低生活保障资金的投入。如2008年，海南省级财政在2007年投入城市低保资金1012万元的基础上，进一步增加资金投入力度，全年累计安排城市低保资金4477万元，安排城市低保联动补助资金1069万元。市县财政2008年安排城市低

---

[1] 《城市居民最低生活保障制度文件资料汇编（2008年度）》，民政部社会救助司，2009年8月，第330页。
[2] 同上书，第364页。
[3] 同上书，第335页。

中国共产党与城市困难群体的社会救助(1992—2012)

保资金3863万元,比2007年的2216万元增加了1647万元,增长了135%。① 再如云南省玉溪市,2007年发放城市低保资金4000万元,比建立低保制度初期的1999年的117.7万元,增加了近3883万元;2008年,玉溪市级财政预算安排城市低保资金1521万元,比2007年增加了800万元。②

同时,城市居民最低生活保障资金支出占国家财政支出的比重从1997年1.2‰提高到2010年的5.8‰,14年间增长近4倍(详见表3-2)。

表3-2　　　　1997—2010年全国城市低保资金规模增长

(单位:亿元,‰)

年份	城市居民最低生活保障支出	国内生产总值	"低保"资金所占GDP比重	财政支出	"低保"资金占财政支出比重
1997	11.5	77653.1	0.15	9233.6	1.2
1998	12.0	83024.3	0.14	10789.2	1.1
1999	19.7	88189.0	0.22	13187.7	1.5
2000	29.6	98000.5	0.30	15886.5	1.9
2001	54.2	108068.2	0.50	18902.6	2.9
2002	109.0	119095.7	0.92	22053.2	4.9
2003	151.0	135174.0	1.12	24650.0	6.1
2004	173.0	159586.7	1.08	28486.9	6.1
2005	191.9	183956.1	1.04	33930.3	5.7
2006	222.1	209406.7	1.06	40422.7	5.5
2007	274.8	246619.0	1.11	49565.4	5.5
2008	393.4	314045.4	1.25	62592.7	6.3
2009	482.1	340506.9	1.42	76299.9	6.3

---

① 《城市居民最低生活保障制度文件资料汇编（2008年度）》,民政部社会救助司,2009年8月,第349页。
② 同上书,第405页。

第三章　中国共产党领导的城市困难群体社会救助制度考察

续表

年份	城市居民最低生活保障支出	国内生产总值	"低保"资金所占GDP比重	财政支出	"低保"资金占财政支出比重
2010	524.7	401202.0	1.31	89874.2	5.8

资料来源：1997—2007 年的数据来自潘家华、牛凤瑞、魏后凯主编：《城市蓝皮书：中国城市发展报告 No.2》，社会科学文献出版社 2009 年版，第 170 页；2008 年、2009 年、2010 年的数据来自《中国统计年鉴（2011）》。

由此可见，稳定的财政投入机制为城市居民最低生活保障制度的平稳运行提供了保障。

——医疗救助。《关于建立城市医疗救助制度试点工作的意见》要求：通过财政预算拨款、专项彩票公益金、社会捐助等渠道建立城市医疗救助基金。地方财政每年安排城市医疗救助资金并列入同级财政预算，中央和省级财政对困难地区给予适当补助。据此，中央和地方各级人民政府积极制定具体的医疗救助财政安排规范，并积极下拨医疗救助资金。如北京市财政每年安排一定资金用于市劳动保障部门管理的医疗救助对象的医疗救助补助和对困难区县医疗救助资金缺口的补助；各区县根据上年度享受城市低保待遇的人数，按照每人每月城市低保标准的 15% 安排医疗救助资金，列入区县财政预算。再如 2008 年，中央财政和省级财政下拨给云南省的城市医疗救助资金达 9790 万元，其中中央财政补助 8195 万元、省级财政安排 1595 万元。[1] 就全国而言，仅 2011 年，城市医疗救助的各级财政筹集 73.4 亿元，比上年提高 8.9%，其中，中央财政补助资金 45 亿元，比上年增长了 8%；地方财政预算资金 28.4 亿元，比上年增长了 10%。[2]

——住房救助。《廉租住房保障办法》规定：廉租住房保障资金来源包括年度财政预算安排的廉租住房保障资金、提取贷款风险准备

---

[1] 《城市居民最低生活保障制度文件资料汇编（2008 年度）》，民政部社会救助司，2009 年 8 月，第 354 页。

[2] 2011 年全国城乡医疗救助工作进展情况，中华人民共和国民政部，http://www.mca.gov.cn/article/yw/shjz/llyj/201306/201306004746039.shtml。

金和管理费用后的住房公积金增值收益余额、土地出让净收益中安排的廉租住房保障资金、政府的廉租住房租金收入、社会捐赠及其他方式筹集的资金；并进一步规定：提取贷款风险准备金和管理费用后的住房公积金增值收益余额，应当全部用于廉租住房建设。

——教育救助。其主要来源渠道：在中央和地方财政预算之内列入的贫困地区教育专项拨款。

二是作为辅助来源渠道的社会募捐。为了弥补政府财力的不足，党和政府还充分调动个人、企事业单位、机关、社会团体的积极性，号召社会各界募捐，为实施社会救助提供必要的款物补充。社会募捐的主要方式有：

（1）发行福利彩票。以医疗救助为例，北京从福利彩票所筹福利金中提取15%用于城市特困人员的医疗救助；武汉按地方福彩公益金的10%比例投入。[1]

（2）社会各界捐助。社会各界捐助相对国家财政拨款和发行福利彩票，缺乏稳定性，但在前两者相对不足的情况下还是能够起到一定的弥补作用，且更能彰显社会各界的团结友爱。如2006年5、6月，内蒙古科右中旗（注：国贫旗）各界发起一场生死营救，为重症下岗职工白金山三次捐款凑足其手术所需经费5万元。再如，自2001年以来，泰州市总工会将每年8月定为"爱心助学月"，全市各级工会多方筹资2000多万元，通过结对助学、定期资助、走访慰问等方式，资助30000多名困难职工和特困职工子女就学。[2] 尤其值得赞扬的是，在社会募捐活动中，总是少不了民营企业家的身影。如近年来，内蒙古霍林郭勒市积极组织民营企业家履行社会责任，广泛开展了"红色感恩""捐资助学"等形式多样的扶贫济困活动。仅2011年，霍林郭勒市民营企业向困难学生捐款捐物7.8万元；与新入学的优秀大学生结成"爱心助学"对子，每年给予受资助学生2000元的助学金，直至大学毕业；在

---

[1] 孟庆跃、姚岚主编：《中国城市医疗救助理论和实践》，中国劳动社会保障出版社2007年版，第104页。

[2] 徐军霞、罗维真：《阳光助学　成就梦想——泰州市总工会帮扶困难学子侧记》，《江苏工人报》2013年9月2日。

第三章 中国共产党领导的城市困难群体社会救助制度考察

宝日呼吉尔街道开设了"爱心超市",捐赠了价值 6 万余元的米面粮油,为辖区低保居民免费发放近 9000 元的生活物资。① 此外,还根据城市困难群体的实际需求,政府机关、社会团体等还开展各种形式的志愿服务。如 2003 年 1 月 11 日至 18 日,团中央在全国范围组织开展了"青年志愿者扶贫济困服务周"活动。据统计,共捐款捐物价值上千万元,直接受益群众达数百万人。此期间,在雷锋的第二故乡——辽宁抚顺,100 支青年志愿者服务队的近千名志愿者深入全市各个街道的 100 户特困户家中,送去了装有米、面、油等年货和慰问金的爱心包。内蒙古团组织一直把下岗职工的利益放在心头,1 月 13 日前后,呼市志愿者为 750 多个特困职工家庭登门服务,为 280 多名下岗失业人员找到了岗位,为近万名下岗职工子女提供了学习用品和相关帮助。宁夏吴忠市的 26 个基层团总支、青年志愿者服务队与 26 户特困下岗青工家庭签订了"一助一服务责任书",并将责任书中涉及的服务项目、联系电话、负责人姓名制作成铜牌,安放在帮扶青工家门上,接受社会监督,使宁夏志愿者为特困群众送温暖活动走向了制度化和规范化。②

社会募捐,尤其是社会各界捐助虽然缺乏稳定性,但由于动员全社会的力量,资金筹集、力量聚集可以在短期内聚沙成塔,自然成为国家财政拨款的重要补充。

总之,在 1992—2012 年间中国城市困难群体的社会救助工作中,党和政府从我国经济发展水平、社会可承受程度和经济社会可持续发展能力出发,实行国家、社会、个人等多方筹措救助资金的办法,不仅有利于减轻财政压力,而且有利于调动各方面的积极性,拓宽筹资渠道,保障救助工作的有效、可持续开展。这可以说是 1992—2012 年间中国城市困难群体社会救助工作取得长足进步的一条重要经验。

2. 基金的监管与发放

政府作为城市困难群体社会救助工作的责任主体,无疑需要直接

---

① 霍林郭勒市民营企业家捐资 40 余万扶贫济困,扶贫济困—新闻中心,http://inews.nmgnews.com.cn/system/2012/01/11/010704201.shtml。
② 团中央开展青年志愿者扶贫济困服务周活动,http://www.people.com.cn/GB/shizheng/19/20030118/910264.html。

出面进行救助资金的管理与发放。

在社会主义市场经济条件下，由于城市困难群体社会救助基金的来源出现了多渠道、稳定化、制度化的趋势，由各种方式筹集所得的社会救助基金面临着被工作人员贪污、挪用的风险。因此，如何加强基金管理，以便尽早消除不利于社会救助基金的行为和因素，使其不受任何侵蚀，便成为一个亟待解决的问题。社会救助基金的监管指政府有关部门、社会团体和民众对社会救助基金的收入和支出过程进行的监督管理，以确保社会救助基金的稳定运行和保障贫困人口的基本生存条件。这一时期的城市困难群体社会救助基金监管，按照监管的主体不同可以分为行政监管、专门审计监管、社会监管。

行政监管是指政府有关行政管理部门，根据其相关的管理职能，代表国家对社会保障事业实行监督管理。对社会救助而言，财政监管是行政监管的基本形式。财政监管是指财政部门对社会救助管理部门遵守财政法纪和财务会计制度情况进行的监督管理。这一时期，我国主要通过设立财政专户来防止社会救助资金被挤占、挪用。财政专户是财政部门在银行设立的专门储存社会救助基金的账户，以便使各种渠道募集的社会救助基金均处于国家财政的监督之下。如江西省就明确要求：各级财政部门必须在"财政社会保障基金专户"下开设"城市居民最低生活保障资金"分户，对低保资金进行账务核算。民政部门应设立低保资金支出专户，用于核算低保资金的发放情况、财政专户和民政支出专户均实行专项管理、专款专用，确保资金不被截留、挤占和挪用。上级下达的财政低保补助资金及本级财政预算安排的低保补助资金纳入同级国库内的"财政社会保障补助资金专户"，资金实行专项调拨、封闭运行。纳入补助专户的低保资金，原则上指标一次下达，资金按季拨付至财政专户。[①] 此外，民政部门还定期开展社会救助政策落实和专项资金管理使用情况专项执法监察。

审计监管是指专门从事审计业务的部门对社会救助基金的财务收支

---

① 江西省城市居民最低生活保障资金管理办法，法规政策—中国社会救助网，http://106.120.238.38：815/fgzc/info—11935.shtml。

第三章　中国共产党领导的城市困难群体社会救助制度考察

及违反财经法纪的行为所进行监督管理。审计监管具有地位超脱、监督内容全面、深刻，监管结论比较公正的特点。所以审计监管在社会救助基金监管体系中居于中心的位置。近年来，我国审计机关定期对社会救助资金进行审计，如城市居民最低生活保障资金一直以来都是重点审计对象。2012年，审计署组织的针对"十一五"期间的18项社会保障资金的审计发现，部分地区资金管理不够规范。1个省本级、5个市本级和31个县10.94亿元城市低保资金未纳入财政专户管理。①

　　社会监管是指由工会、妇联等社会群众组织的代表组成的社会救助监管委员会，对社会救助管理机构贯彻落实各项社会救助政策的情况和对基金运行的具体过程进行监督管理，其监管的手段主要是社会舆论工具。社会监管区别于财政监管和审计监管，它是一种群众性的，以维护社会成员自身利益，特别是社会弱势群体利益为目的的监管，尽管它没有财政监管的权威性，也没有审计监管的专业性和超脱性，但它的社会性也对社会救助管理部门的管理行为产生很大的约束，有时它的作用甚至超过前者，所以社会监管在社会救助监管体系中占有重要地位。如为认真贯彻落实党中央、国务院指示精神，进一步加大城市低保工作力度，保证所有的低保对象都能够按时、足额领到低保金，民政部于2002年9月23日—10月23日，在全国范围内开展了一次百城万户低保抽查工作。这次低保抽查采取两种方式，一是组织中国人民大学、南开大学师生到100个城市进行现场入户抽查。具体做法是：（1）在全国662个城市中，随机抽样100个城市；（2）在每个抽样城市，根据各地上报汇总的低保对象光盘，分别随机抽出一定数量的低保家庭（直辖市、省会城市抽样40户，地级市抽样30户，县级市抽样20户）；（3）根据每市抽样家庭名单，由中国人民大学和南开大学的师生，组成20个工作组，持《低保落实情况调查表》逐户进行走访，核实低保金是否按时、足额发放。二是根据各地报送的低保对象备案光盘名单，对10000户家庭进行信函问卷抽

---

　　① 审计署：城乡最低生活保障资金审计情况，国内财经—新浪财经—新浪网，http://finance.sina.com.cn/china/20120802/110512739599.shtml。

查。具体做法是：(1)委托中国人民大学社会学系，在各地上报汇总的600多万户、1930多万低保对象光盘中，随机抽样出10000户低保家庭；(2)制定抽查问卷，向抽样户寄出问卷，回复信封提前贴好邮票并随同问卷一同寄给被调查人；(3)回收、整理问卷，进行研究、分析。这次百城万户低保抽查，是民政部在低保工作中第一次动员社会力量对低保工作进行监督。

救助资金的发放分为两个步骤：一是救助资金的层层下拨。如关于城市居民最低生活保障资金，每年年底前，由地方各级民政部门根据核定的保障对象所需资金提出下一年度的用款计划，经同级财政部门审核后列入财政预算。中央财政根据各地财政状况、最低生活保障任务和地方财政努力程度，加大对财政困难地区城市居民最低生活保障资金的专项转移支付的力度。至于城市最低生活保障资金如何具体分配，各地从实际出发，制定了自己的管理办法。《湖北省城市居民最低生活保障资金管理暂行办法》明确规定：城市居民最低生活保障资金的分配主要参考非农业人口、财政转移支付系数、地方财政努力程度、拨付发放进度、保障工作程度、中直省直企业在地方享受低保人数。其计算公式为：某单位拟拨低保中央转移支付资金＝非农业人口数×（人均补助资金＋人均补助资金×转移支付系数＋人均补助资金×财政努力系数＋人均补助资金×拨付发放系数＋人均补助资金×保障工作系数）＋中省企业补助。①②《甘肃省城市居民最低生活保障

---

① 湖北省最低生活保障管理办公室编：《湖北省社会救助政策文件汇编》上册，第273—274页。

② 其中：1. 财政转移支付系数，即地方财政困难系数，等于各地标准人员和标准公务费占标准财力的比重（各地标准人员经费＋各地标准公务费）/各地标准财力。系数越高说明地方财政越困难，省级财政的支持力度也要相应增加。2. 财政努力系数等于该单位年度低保预算占上年一般财政收入比例与全省平均比例之比。超过全省比例越高，说明地方财政努力程度越高，相应增加安排补助资金。3. 拨付发放系数等于该单位年度报告期实际发放数占年度低保金预算比例与全省平均发放进度之比。计算公式为：拨付发放系数＝（报告期内累计发放资金/年度低保资金预算数）÷（全省报告期低保资金支出数/全省年度低保资金预算数）。此系数考核各地低保资金是否按时拨付到位，保证按时足额发放情况。4. 保障工作程度系数主要考虑单位有效保障工作情况，即，低保人数占非农人口的比例与全省保障覆盖率之比，系数越高，适当增加安排补助资金。5. 对中直、省直企业应保尽保人数给予重点补助，以各单位中省直企业实际保障人数进行测算，中省直企业的已保人数不再从当地非农业人口中扣除。

第三章　中国共产党领导的城市困难群体社会救助制度考察

资金管理办法》亦规定:"第四条　中央补助资金和省级财政预算安排资金,每年通过专项转移支付的方式下达各地。中央和省级专项转移支付资金要与各地低保人数,人均补差,地方财力,工作成绩以及市县财政的资金落实到位情况挂钩。第五条　要进一步加强地方政府的责任,省对市县的资金分配,要向工作成效显著、资金管理规范、地方资金到位率高的市县倾斜。对自行提高标准(包括变相提高标准)形成的支出,按照'谁批准,谁负担'的原则,自行负担,省上不予补助。"[1]

　　二是发放到具体救助单位或城市困难群体手中。根据城市困难群体的实际情况,主要采用现金给付和实物给付两种方式,前者主要包括发放最低生活保障金、租金补贴等;后者包括教育救助、免费医疗服务、提供廉租房等。这一时期,在救助基金的发放上,主张社会化发放为主。《国务院办公厅关于进一步加强城市居民最低生活保障工作的通知》明确要求:要大力推进最低生活保障工作的信息化和社会化管理进程,加快城市居民最低生活保障信息网络建设,逐步实现通过银行、邮局等机构发放最低生活保障金,努力提高最低生活保障工作管理水平。[2] 为此,吉林省还专门出台了城市居民最低生活保障资金社会化发放实施方案,制定了专门的操作规程:(1)县(市、区)民政局要在所在地农信社开立"低保金支出户",此账户为民政部门唯一低保专用,各民政局不得在其他金融机构另立低保账户。(2)各街(镇)低保经办机构,要认真做好低保对象的日常管理工作,对符合条件的人员,填报《低保金发放明细表》报县(市、区)民政局审核。(3)各县(市、区)民政部门收到街(镇)上报的《低保金发放明细表》后,对报表内容、所附材料等进行审核,并将审核汇总结果送同级财政部门复核。(4)财政部门将复核结果送回同级民政部门,县(市、区)民政部门按照财政部门的复核结果,将本地的

---

[1] 甘肃省城市居民最低生活保障资金管理办法,法规政策—中国社会救助网,http://106.120.238.38:815/fgzc/info—8110.shtml。
[2] 《新时期劳动和社会保障重要文献选编》,中国劳动社会保障出版社、中央文献出版社2002年版,第546页。

《低保金发放明细表》连同拨款通知送同级农信社。(5)农信社要为低保对象以户为单位开立个人储蓄存款账户,储蓄存款账户姓名为低保户户主姓名,储蓄折(卡)由民政部门负责发放到低保对象手中。(6)县(市、区)农信社收到民政部门的拨款通知单后,根据所附《低保金发放明细表》,及时将低保对象应领的低保金从"低保金支出户"拨入低保对象的个人储蓄折(卡)中。(7)低保对象每月到农信社储蓄网点领取低保金。领取低保金时,必须出具低保证和个人储蓄折(卡),同时,必须保证始终在储蓄折(卡)上留1元钱余额。如因特殊原因本人不能领取,代领人除出具上述两个证件外,必须出具低保对象家庭户主身份证、代领人身份证。(8)每月25日前,县(市、区)农信社要根据本地本月低保金发放情况填报《低保金发放月报表》报市、州农信社,同时送达同级民政、财政部门;每月30日前,市、州农信社要汇总本地本月低保金发放情况填报《低保金发放月报表》报省农信社,同时送达同级民政、财政部门;每月5日前,省农信社汇总上月全省《低保金发放月报表》后送省民政厅、财政厅。(9)各县(市、区)农信社对规定时限内(三个月以上)未领取的低保金人员名单报送同级民政部门、财政部门。实现社会化发放的好处在于方便城市困难群体,减少民政工作人员的工作量;更重要的是通过社会化发放,减少中间环节,确保发放工作公开、公平、公正,确保民政资金安全、高效运行。当然,在一些交通不便、偏远地方、没有设立金融机构的地方仍是现金发放。但对现金发放也采取严格的发放管理程序和监督程序。[①]

不容忽视的是,社会主义市场经济条件下,城市贫困问题日益突出,城市困难群体对社会救助的极大需求同现有社会资源总量不能满足这种需求之间的矛盾是客观存在的。为了使有限的救助资金发挥最大效用,实现资源的优化配置,党和政府在城市困难群体社会救助资金的监管环节和发放的终端环节坚持了以下原则:一是规范化管理原

[①] 吉林省城市居民最低生活保障资金社会化发放实施方案,法规政策—中国社会救助网,http://106.120.238.38:815/fgzc/info—11223.shtml。

第三章　中国共产党领导的城市困难群体社会救助制度考察

则。这主要是通过建立健全各项财务管理制度来实现的。社会主义市场经济条件下，我国从中央到地方，制定了相应的关于城市困难群体社会救助资金的管理办法，如《城乡最低生活保障资金管理办法》（财社〔2012〕171号）、《云南省城市居民最低生活保障资金管理暂行办法》（云财社〔1998〕162号）、《浙江省医疗救助资金管理暂行办法》（浙财社字〔2005〕35号）、《山西省民政厅关于进一步规范城乡低保资金管理的通知》（晋民字〔2009〕52号）、《重庆市社会救助工作以奖代补资金管理办法》（渝财社〔2011〕47号）等，明确了各项资金的救助对象、审批发放程序及监督措施，有效地减少了挪用资金现象，使资金的审批和发放更加规范，社会监督力度加强，实现了社会救助资金的有效管理。二是基本实现社会化发放。由金融机构统一转账，从社会救助资金账户直接发放到救助对象的个人账户，避免了中间环节容易产生的资金挪用现象，提高了资金的运行速度，使各种补助、救济金及时足额发放到救助对象卡中。三是坚持评议、公开、公示原则。这就赋予了民众对社会救助资金使用的知情权和决策权，也对救助对象的真实情况进行了公开，并通过评议达成合理的救助标准，可以有效避免虚报、冒领等违反资金管理办法的现象。四是实行多元化监管。总之，上述原则的实行，有利于保证城市困难群体社会救助资金使用的集中性、时效性、公开性和公平性，可以使有限资金的作用得到最有效率的发挥，从而解决城市困难群体的基本生活问题。

但由于社会主义市场经济条件下，我国城市现代社会救助体系处于初步建立与逐步完善的阶段，具体财务制度的健全、管理水平的提高、相关法制建设的完备、利益相关主体信息的逐步对称、基层民政工作干部队伍的壮大等都需要有一个过程，对城市困难群体社会救助资金支付行为的监管也需要逐步积累经验，再加上部分干部对政策认识不足等，造成资金运行过程中出现了诸如虚领冒领社会救助资金或超额领取社会救助资金、滥用职权征集和发放社会救助资金、侵吞和挥霍社会救助资源等"道德风险""腐败风险"现象。陕西省西安市商州区民政局城市低保办公室主任于某2009年至2012年期间，利用其职务便利，伪造相关申请材料，共计骗取国家城市居民低保资金122366元。①审计署2010年在城市居民最低生活保障资金审计中发现，2008年至2009年，安徽巢湖市居巢区柘皋镇东街居委会原书记陈兵等6人违规将本人及家属纳入城市低保范围，领取城市低保资金共71056元；居巢区民政局将聘用的5名城市低保代办员列入城市低保补助范围，其工资通过城市低保资金发放，共发放117580元；居巢区民政局审核把关不严，致使该区10户低保户在多个居委会重复申领城市低保资金，共领取165510元。2006年至2009年，全椒县将9户共22名不符合条件人员纳入城市低保范围，至2009年11月底累计发放低保资金59864元；2007年12月，全椒县城市低保对象清理审核工作领导小组在城市低保资金中列支工作经费45000元。审计署2010年在政府投资保障性住房审计中发现，2010年9月，安徽淮北市烈山区原人大代表、二郎庙居委会原主任孟凡民等4人利用职务便利，伪造低保证明和租房合同等保障性住房资格申报材料，使本人亲属享受廉租住房租赁补贴共16476元。②审计署2009年在政府投资保障性住房专项审计调查中发现，天津市南开区政府信访办原副调研员赵金迎（现已退休）及天津市北辰区国税局第三税务所副所长贺汪洋、北辰区地方税务局稽查科科员杨文荣、天津市经济委员会行业办主任安旭光、南开区人民政府学府街道办事处干部李家琪，通过瞒报收入、住房的方式，骗购廉租房共6套。③审计署2012年在审计中发现，2002年至2012年，陕西省西安市临潼区地方税务局城东税务所原所长齐新成利用职务便利协助其妻子骗取城市最低生活保障等社保资金5万多元。④由此可见，社会救助资金监管体系的构建是十

---

① 一人管批全家吃低保 陕商州区城市低保办公室主任获刑10年，反腐倡廉一人民网，http://fanfu.people.com.cn/n/2013/1121/c64371—23612055.html。
② 2011年第29号公告：审计署移送的至2011年6月已办结的39起案件和事项情况，http://www.audit.gov.cn/n5/n25/c63558/content.html。
③ 2012年第35号公告：审计署移送至2012年底已办结38起违法违纪案件和事项处理情况，http://www.audit.gov.cn/n5/n25/c63608/content.html。
④ 2013年第30号公告：审计署移送至2013年9月已办结15起违法违纪案件和事项处理情况，http://www.audit.gov.cn/n5/n25/c63640/content.html。

第三章　中国共产党领导的城市困难群体社会救助制度考察

分必要的，监管任务是繁重的。

（二）对社会救助工作人员的管理

城市困难群体的社会救助是在国家主导下进行的，国家是救助责任主体，所以规范代表国家的社会救助工作人员的行为对于社会救助的良性运行、有效展开具有至关重要的意义。为了能更好地调动社会救助工作人员的主动性、积极性和创造性，提高其做好社会救助工作的能力，党和政府对相关干部除常规管理外，还积极探索了其他有效的管理制度，主要有教育培训、考核奖惩制、深入检查与现场督导等。

1. 教育培训

对于从事社会救助工作的人员来说，其责任并非仅仅是给保障对象一些经济给付，而是要熟悉政府和社会运行体系，熟悉掌握政府各项救助政策，能够运用科学的方法进行各种调查，掌握一定的心理疏导知识和技能，并具有较好的人际沟通能力和崇高的职业道德。只有做到这些，社会救助工作人员才能一方面使申请者充分理解救助工作的目的和内容；另一方面又能使申请者积极参加社会救助的过程，并努力与申请者建立相互尊重、相互信任的关系。在此背景下，开展以提高社会救助工作人员综合素质和能力为核心目标的教育培训工作便尤为重要。

党和政府深谙这一点，不仅在历次全国民政会议上强调把干部教育培训作为加强包括社会救助工作人员在内的民政干部队伍建设的重要依托，而且还先后编制了《1990—1995年民政干部培训工作的若干意见》《1996—2010年民政系统教育培训工作指导规划》《1997—2001年民政部公务员教育培训规划》《民政部2001—2005年培训工作规划思路》《"十一五"期间全国民政系统干部教育培训纲要》等，明确了民政干部培训工作的指导思想、目标任务、措施办法，成为指导全国民政系统开展各类培训工作的重要文件。关于教育培训的目标、内容、形式等，我们可以从湖北省仙桃市民政局干部职工学习培训计划表（2012）中窥见一斑。

仙桃市民政局干部职工学习培训计划
（仙民函〔2012〕11号）

为创建学习型机关，进一步提高干部职工的理论素养、业务技能、公文写作水平和履行岗位职责能力，巩固扩大2011年局机关青年干部兴趣学习小组学习成果，结合市局"喜迎十八大，争创新业绩"主题实践活动方案，特制订如下学习培训计划：

一、主要目标

通过深入持续、行之有效的学习，使干部职工从知识中获取营养、得到实惠，不断提高干部职工的学习力、执行力和创新力；进一步增强干部职工"以民为本，为民解困"的责任感和使命感，大兴脚踏实地、求真务实的实干之风，更好地维护人民群众的切身利益；不断推进干部职工知识更新，实现整体素质的明显提高，培养和造就一支思想坚定、业务过硬、作风优良的民政队伍。

二、学习内容

1. 政策理论知识。认真学习毛泽东思想、邓小平理论、"三个代表"重要思想、科学发展观等党的创新理念，学习领会中央、省、市三级会议、政策文件精神，不断增强党员干部党性意识、忧患意识、责任意识、大局意识。

2. 科学文化知识。认真学习计算机知识、信息技术、先进文化等科学文化知识，掌握服务群众的先进本领，全面提高分析问题、解决问题的能力。

3. 民政业务知识。认真学习民政各项法律法规，增强法制观念和法律意识，提高依法行政、依法办事、依法管理水平。开展岗位业务培训，促进干部职工立足岗位创新，提高工作效能。

三、学习方式

1. 个人自学。机关干部职工、二级单位班子成员每人每季度读一本书，并撰写读书笔记或读书心得，年底每人选送一篇读书笔记或心得参与年度读书笔记评优活动。

第三章 中国共产党领导的城市困难群体社会救助制度考察

2. 集中学习。每半月邀请二级单位和各科室责任人讲课，组织干部职工集中学习民政法律法规和业务知识。

3. 交流学习。每月组织局机关40岁以下工作人员集中进行公文写作和业务知识培训，采取相互交流、现场讲评等方式全面提升机关工作人员业务能力和公文写作水平。

4. 社会学习。成立书画、文学、文艺、体育等兴趣小组和民政系统"孺子牛"青年志愿者组织。根据个人的特长和爱好志愿报名参加，各兴趣小组结合民政系统"喜迎十八大，争创新业绩"主题实践活动安排，定期组织各类活动；民政系统"孺子牛"青年志愿组织由局团支部副书记任组长，根据市、局重大活动安排组织全系统团员青年开展志愿服务活动。

四、学习要求

1. 局机关工作人员和二级单位班子成员要端正态度，增强自主学习意识，把学习作为提高自身素质和能力的主要手段和丰富业余文化生活的重要方式。

2. 各召集人根据集中学习安排须在一个月前认真做好课件准备（提倡使用多媒体授课），如特殊情况需调整课时的，应向局主要领导请假，并及时告知下一个课时的召集人和局办公室、政工科。

3. 参加集中学习的对象不得无故缺勤或迟到早退，要认真做好学习笔记，撰写学习心得，完成公文习作，学习考勤和读书笔记将列入年终考核和衡量干部的重要指标。

4. 局属各单位要根据市局的学习培训计划，结合本单位工作实际，做出切实可行的学习培训安排。

5. 局党组成员到各自分管单位，结合民主生活会上一次党课，课题自选并在七月一日前报政工科。

附件：1. 2012年集中学习安排表；2. 推荐读物

2012年2月20日

中国共产党与城市困难群体的社会救助(1992—2012)

附件:

1. 2012 年集中学习安排表

学习时间	学习内容	学习方式	召集人
3月11日	青年志愿者开展"学雷锋"活动	集体活动	张志超
3月17日	《中国共产党党员领导干部廉洁从政若干准则》	集中学习	李爱华
3月24日	保密守则知识	集中学习	鲁为涛
4月13日	公文写作培训（通知、请示、报告、函件新闻等）	集中学习	鲁为涛
4月27日	优抚政策法规及业务	集中学习	邱 静
5月11日	六五普法知识	集中学习	郭常波
5月25日	基层政权、社区建设业务知识	集中学习	张 煜
6月8日	办公自动化与公文处理知识	集中学习	鲁为涛 张志超
6月22日	《中国共产党党章》、党史知识	集中学习	樊莉娟
7月13日	公文习作交流，公文写作培训（传达提纲、汇报材料）	集中学习	鲁为涛
7月27日	社会组织业务知识	集中学习	王 林
8月10日	公文写作培训（总结、计划、方案）	集中学习	鲁为涛
8月24日	救灾救济业务知识	集中学习	陈 刚
9月14日	公文写作培训（讲话、调研报告）	集中学习	鲁为涛
9月28日	安置政策法规及业务	集中学习	温庆军
10月12日	区划地名业务知识	集中学习	杨 红
10月20日	青年志愿者开展敬老孝老活动	集体活动	张志超
10月26日	依法行政知识	集中学习	朱爱平
11月19日	公文习作交流	集中学习	鲁为涛
11月23日	十八大报告精神	集中学习	樊莉娟
12月14日	形势分析课	集中学习	郭百高
12月28日	业务能力测试	集中学习	郭百高

2. 推荐读物:《中共党史》《赢在沟通》《致加西亚的信》

材料来源：湖北省民政厅网站 http://xt.hbmzt.gov.cn。

第三章　中国共产党领导的城市困难群体社会救助制度考察

从上面的材料，我们发现，民政干部培训目标明确、内容丰富、形式灵活多样、管理规范。

作为民政干部培训重要组成部分的主要服务城市困难群体的社会救助工作人员的教育培训亦是如此，在内容上既有政治理论学习，也有业务知识的学习；在形式上，既有自主学习，也有集中学习与培训。尤其是在内容上，除了一般民政干部都有的诸如政治理论、职业道德外，更突出其具体的服务内容。如为了深入学习贯彻民政部办公厅、国家档案局办公室《关于加强最低生活保障档案管理的通知》精神，促进基层低保规范化建设，民政部档案资料馆和民政部培训中心于2008年4月10日和5月21日分别在厦门、长春举办两期低保档案管理培训班。为贯彻落实"全国社会救助规范管理工作会议"精神，认真总结各地城市低保实践中的好经验、好做法，分析研究城市低保工作中存在的新情况、新问题，进一步提升城市低保工作人员能力，民政部还从2010年起举办多期"城市低保案例分析研习班"。应该说，教育培训提高了社会救助工作人员为城市困难群体服务的能力和质量。各地也积极开展相关培训。如2005年山东省城市低保管理中心组织编写了《城市低保业务知识读本》一书，9月在济南举办了三期全省低保业务培训班，大大提高了全省低保干部队伍素质。[1] 2006年6月2日，凤岭北社区在辖区单位——广西区南宁市三屋园艺场场部办公室举办低保业务和城市医疗救助培训班，社区及辖区单位低保工作人员共20多人参加培训。[2] 再如为全面规范全省城市医疗救助工作，不断完善城市医疗救助制度，进一步提高全省城市医疗救助管理人员的业务素质，2007年5月，在青海省西宁市中英UHPP项目办公室的资助下，青海省民政厅在海南州贵德县举办了全省城市医疗救助管理人员培训班，参加培训的有各州（地、市）县民政局局长、

---

[1] 李善峰主编：《2006年山东省社会形势分析与预测》，山东人民出版社2006年版，第83页。

[2] 凤岭北社区举办低保业务和城市医疗救助培训，青秀区政务信息网，http：//www.qingxiu.gov.cn/qingxiu/i0104_7/contents/5789.html。

主管副局长和相关业务人员共计168人。① 为进一步贯彻落实国家、省、市关于城市居民最低生活保障工作的相关知识，维护困难群体的根本利益，努力提高基层"城市低保"工作人员业务水平，辽宁省鞍山市千山区民政局于2010年8月19日对全区各镇（街）、社区的"城市低保"工作人员进行了一次业务培训。培训着重以正确的理解和掌握城市低保政策和法规为基点，认真组织大家学习了《鞍山市城市居民最低生活保障办法》，并对城市低保档案管理进行了规范要求。通过培训，基层"城市低保"工作人员就进一步探索新形势下城市居民最低生活保障的新思路、新方法等有了进一步的认识。可以说，教育培训是提高社会救助工作人员为城市困难群体服务的能力的重要途径。

但是，这一阶段的培训比较没有计划性，培训的时间短、培训的频率低。据《"中国城乡困难家庭社会政策支持系统建设"课题研究报告2011年度》提供的资料：接近七成的社会救助人员接受培训的时间在三个月以下，5.33%的社会救助工作人员没有接受任何培训；54.19%的社会救助工作人员表示最近三个月内接受过相关的培训；24.16%的社会救助工作人员表示在最近半年内才接受过相关的培训；21.65%的社会救助工作人员表示在最近一年内才接受过相关的培训。② 应该说，该报告显示的状况也反映了服务城市困难群体的社会救助工作人员培训的总体情况。而过短的培训时间使得社会救助工作人员囫囵吞枣式的接受培训内容，不易准确领会政策精神；过低的培训频率也会造成培训对象接受新知识的速度放缓，这也会导致他们在工作中遇到很多棘手的问题而无法较好地解决。因此，有计划地组织培训工作是非常重要的。

2. 考核奖惩制

如果说教育培训主要是为了提高社会救助工作人员为城市困难群

---

① 青海省民政厅举办全省城市医疗救助管理人员培训班，青海民政信息网，http://www.qhmz.gov.cn/html/show—1562.html。

② 民政部政策研究中心课题组编：《"中国城乡困难家庭社会政策支持系统建设"课题研究报告2011年度》，中国社会出版社2013年版，第246页。

第三章 中国共产党领导的城市困难群体社会救助制度考察

体服务的能力与水平的话,那么,考核奖惩机制则是为了提高其责任意识和防止他们救助工作中的违规行为。社会主义市场经济条件下,中国政府在一些关于社会救助的办法、条例等文件中明确了对工作人员的考核与奖惩。如《南京市下关区城市低保专职聘用人员管理暂行办法》(关政民〔2007〕37号)明确指出:建立健全考核奖惩机制,对低保专职人员实行平时考核与年度考核。平时考核由区民政局会同街道组织进行,不定期对低保专职人员进行考核,考核以低保专职人员的岗位职责、所承担的工作和任务为基本依据,内容包括德、能、勤、绩四个方面,重点考核工作实绩和业务知识。年度考核由区民政局组织实施,各街道低保专职人员填写《低保专职人员年度考核登记表》,于每年年底将考核情况汇总报区民政局,考核分为优秀、合格、不合格3个等次,优秀等次人数不超过本街道低保专职人员的30%。考核结果作为低保专职人员奖惩的重要依据。年度考核为优秀等次的,区民政局将给予适当奖励。年度考核为不合格等次的,不予续聘。对考核不合格的人员,由与低保专职人员建立聘用关系的街道按规定解除聘用合同。低保专职人员有违法违纪行为的,依照法律、法规或有关规定处理。①《海南省人才奖励办法》(琼发〔2012〕7号)明确规定:在社会福利、社会救助、社区建设、减灾救灾、慈善事业、优抚安置、扶贫开发、信访接待、就业服务、教育辅导、卫生服务、司法矫治、社区矫正、人口计生服务、婚姻家庭服务、职工服务、老年服务、妇女儿童服务、青少年服务、残疾人服务、流动人口服务等社会服务工作中,积极开展专业研究,探索创新工作模式,提供优质社会服务,并在重大社会事件中发挥突出作用,作出重大贡献者可以申报"海南省人才功勋奖"。② 有些地方还出台了具体的奖惩方案。如江西省民政厅把城乡低保工作纳入"社会救助体系建设先进设区市""社会救助工作先进县(市、区)"和基层低保规范化建设

---

① 南京市下关区城市低保专职聘用人员管理暂行办法,法规政策—中国社会救助网,http://106.120.238.38:815/fgzc/info—9716.shtml。
② 海南省人才奖励办法,海南省人民政府网站,http://www.hainan.gov.cn/data/law/2012/03/1760/。

活动考评体系，省政府每年安排600万—1000万元资金对社会救助工作先进县（市、区）进行奖励。①

可见，社会主义市场经济条件下，中国共产党逐渐确立法治思维、效率思维，把奖惩制作为规范社会救助工作人员的行为、促进社会救助事业发展的有力措施。这些法规、条例中的规定既有原则性要求，也有具体操作规程，再加上党和政府的高度重视，奖惩制在城市困难群体社会救助实践中得到了有效贯彻。如2005年底，湖南省民政厅、财政厅对全省52个城市低保工作先进集体和119名先进个人进行了通报表彰。② 2009年底至2010年初，张凤乔在担任山东省临沂市沂南县民政局低保科科长期间，利用职务便利，伙同他人采取虚报、隐瞒、伪造等手段，骗取城市居民最低生活保障金187452元，收受他人贿赂19000元。2011年4月13日，法院一审以贪污罪判处张凤乔有期徒刑十年，剥夺政治权利一年，以受贿罪判处有期徒刑一年零六个月，决定执行有期徒刑十一年，剥夺政治权利一年。③ 审计署在居民最低生活保障资金审计中发现，2006年至2009年，孔繁柱利用由其向当地民政部门集中代领并向本公司部分职工及家属统一发放城市低保金的职务便利，向当地民政部门隐瞒23名已迁出、死亡或其他不符合发放条件的家庭的真实情况，并代领其低保金共计39676元据为己有。审计署将此案件线索移送当地检察机关查处并提起公诉后，河南省鲁山县人民法院于2010年6月，以贪污罪一审判处孔繁柱有期徒刑三年，缓刑三年。④ 奖励与惩罚的认真执行有利于鼓励社会救助中的先进典型、弘扬正气，批评错误、打击歪风，防止类似问题再次发生，提高社会救助事业的效率。

3. 督促检查

科层制的行政组织管理体制决定了上级对下级负有管理与督导责

---

① 马雪松主编：《关注：2008》，江西教育出版社2008年版，第215页。
② 刘金生：《一切为了老百姓的利益》，湖南人民出版社2010年版，第54页。
③ 民政系统腐败高发　检察官聊天牵出低保腐败案，时政频道—新华网，http://news.xinhuanet.com/lianzheng/2011—08/26/c_121913009.htm。
④ 审计署2011年第2号公告：审计署移送的2010年底已办结的28起案件情况，http://sjj.jinjiang.gov.cn/audit/newstext.asp?id=4661。

第三章 中国共产党领导的城市困难群体社会救助制度考察

任,所以就有了经常性的督促检查。督促检查是国家行政机关依法对国家机关、企事业单位、社会团体及公民个人的活动进行检验、查核,是行政监督的一种重要方法。其目的是为了教育干部、改进领导、提高工作。

城市贫困问题凸显是社会主义市场经济条件下党和政府面临的新情况、新问题,城市困难群体规模大、致贫原因之复杂等,使得这一时期城市困难群体的社会救助工作复杂多样。面对这一新形势,相关制度的不健全不完善以及部分社会救助工作人员素质低、能力有限、经验不足,难以满足社会救助工作顺利开展的需要。为了使有关社会救助的政策精神能得到及时有效落实,进而提升政府执行力和社会救助公信力,党和政府主张各级政府要深入开展检查、现场督导救助工作。如2006年民政部在全国范围内开展了城市低保工作督促检查,其目的是了解城市居民最低生活保障各项政策的落实情况;检查城市低保工作中存在的问题;严肃城市低保工作有关纪律;完善城市低保各项制度建设;提高城市低保工作的规范化水平。在此次督促检查中,民政部要求各地民政厅(局)要按照部里的统一部署和要求,结合当地的经常性检查,组织专门力量,普遍开展自查工作,并对辖区内的重点地区进行重点督促检查。自查工作结束后,要对自查情况进行总结分析,并形成书面报告,于2006年7月30日前报民政部。类似督促检查已成为民政部门的一项常规工作。[①]

此外,还有紧急督查。如2007年夏,由于肉、菜、粮、油、蛋等基本生活消费品价格上涨,城市低保家庭生活受到不同程度的影响。同年8月9日,民政部、财政部下发《关于妥善安排城市居民最低生活保障家庭生活有关问题的通知》,明确要求各地要确保城市低保对象的实际补助每人每月增加不低于15元,并要求各地补助资金要在8月31日前发放到低保对象手中。为了解各地落实国务院对困难群众的补助政策情况,民政部下发《民政部关于开展城市低保对象

[①] 民政部关于开展城市低保工作督促检查的通知,法规政策—中国社会救助网,http://106.120.238.38:815/fgzc/info—7837.shtml。

中国共产党与城市困难群体的社会救助（1992—2012）

生活安排情况紧急督查工作的通知》，决定对各地落实补助标准和到位时限情况开展一次紧急督查。本次督查采用抽查和自查两种方法，抽查省份包括山西、安徽、湖南、海南、四川、贵州、云南、陕西、宁夏9个省份，民政部将直接组织工作组对这些省份进行督查。其余省份由各地民政厅（局）按照民政部的统一部署和要求，组织专门力量开展自查工作。抽查方式采取随机方式，直接入户查阅低保对象的低保金领取存折，并听取当地的工作情况汇报。原则上民政部直接督查的省份要检查不少于两个县（市、区），每个县（市、区）不少于10户低保家庭。8月31日前未将政策落实到位的地区，应写明原因，并报民政部。同时，民政部组成5个督查工作组，分赴上述9个省份开展工作。①

督导检查不仅有上级对下级的，还有同级之间的交叉检查。如2005年10月，为了规范城市低保工作管理、严肃财经纪律，安徽省民政厅、财政厅决定对全省低保工作和资金管理使用情况进行交叉检查：合肥市→阜阳市、阜阳市→蚌埠市、蚌埠市→滁州市、滁州市→芜湖市、芜湖市→宣城市、宣城市→黄山市、黄山市→安庆市、安庆市→六安市、六安市→亳州市、亳州市→宿州市、宿州市→淮南市、淮南市→淮北市、淮北市→巢湖市、巢湖市→铜陵市、铜陵市→池州市、池州市→马鞍山市、马鞍山市→合肥市。②

督促检查中，大量干部到基层常驻指导工作，自然有弥补基层工作人员不足的作用，同时也促使基层工作人员尽心尽力开展工作。如2011年下半年审计署驻西安特派办在城市低保资金审计项目结束后，积极进行后续跟踪，督促地方政府和相关部门进行整改，确保惠民政策落到实处，切实发挥审计"免疫系统"功能。该办审计发现的问题引起了地方政府及主管部门的高度重视，已基本整改完毕；同时，主管部门根据审计报告提出的建议，对相关制度进行了修订完善，审

---

① 杨忠阳：《民政部通知要求开展城市低保对象生活安排情况紧急督查》，《经济日报》2007年9月6日，第2版。
② 安徽省财政厅、民政厅关于对全省城市低保工作进行交叉检查的通知，法规政策—中国社会救助网，http://106.120.238.38：815/fgzc/info—10122.shtml。

计整改效果良好。一是对审计查出的不符合领取条件冒领、骗领、违规审批低保资金等问题，管理部门已及时办理了停发手续，并追回部分资金。二是对审计发现的发放不及时，未按规定逐月发放城市低保资金的问题，主管部门专门组织召开了财政、银行和经办机构的协调会，自审计提出问题之后严格执行按月发放。三是对城市低保审批和动态管理不规范、档案信息不完善的问题，相关部门和单位积极组织乡镇（街道）主管领导、社区负责人和相关工作人员，进行业务培训，补充完善有关档案，并对审计发现的其他管理漏洞进行整改和完善。陕西省民政厅和财政厅以此次审计为契机，加大了对城市低保资金的监督检查力度，提出了四项改进措施：加强管理、查找漏洞、建立健全各项制度，加强对城市低保工作人员及低保对象的思想和法纪教育，加强监督检查确保资金按时足额发放，加强城市低保与临时救助制度的衔接。[①] 检查制有效发挥了"问责"功能。

（三）社会救助中的社会动员

前已述及，社会主义市场经济条件下中国政府救助城市困难群体的基本工作方针是"坚持国家保障与社会帮扶相结合、鼓励劳动自救"。即是说，城市困难群体社会救助工作的有效展开，除了坚持国家责任原则外，还需要调动城市困难群体自助与其他群体救助城市困难群体的积极性、主动性，即对城市困难群体和普通民众进行社会动员。为了有效引领民众最大限度地参与到城市困难群体社会救助工作中来，1992—2012年间中国共产党对广大民众展开了大规模的动员实践。

1. 关于社会动员的认识

中西学界对社会动员的认识是有一些差异的。西方学者对社会动员的理解有多种角度，广义的观点把社会动员看作是一个社会的现代化过程，或者是现代化的一种表现；狭义的观点则把社会动员集中理

[①] 审计署西安办促进陕西省城市低保资金整改有成效，http://www.audit.gov.cn/n1992130/n1992150/n1992439/2893682.html。

中国共产党与城市困难群体的社会救助(1992—2012)

解为对社会中资源、人力和精神的动员上。美国政治学家卡尔·多伊奇创造了"社会动员"这一术语并以这一概念来描述现代化过程中个人思想方式和行为方式的转变,他对社会动员是这样定义的:"人们所承受的绝大多数旧社会、经济、心理义务受到侵蚀而崩溃的过程;人们获得新的社会化模式和行为模式的过程。"① 美国政治学家塞缪尔·亨廷顿在其著作《变化社会中的政治秩序》一书中也援引了多伊奇的公式,讲到:社会动员是"一连串旧的社会、经济和心理信条全部受到侵蚀或被放弃,人民转而选择新的社交格局和行为方式"的过程。"它意味着人们在态度、价值观和期望等方面和传统社会的人们分道扬镳,并向现代社会的人们看齐。"② 我国学界对社会动员的定义相对狭义,侧重于从实践与价值层面理解社会动员,认为社会动员主要是对人力、资源和精神的动员和发动。吴忠民在《渐进模式与有效发展——中国现代化研究》一书中将社会动员定义为一种社会参与过程,他指出:"社会动员,指有目的地引导社会成员积极参与重大社会活动的过程。"郑永廷在《现代思想道德教育理论与方法》中将社会动员定义为人在思想层面变化发展的过程,他指出:"所谓社会动员,就是广义的社会影响,也可以称之为社会发动。它是指人们在某些经常、持久的社会因素影响下,其态度、价值观与期望值变化和发展的过程。"③ 陈叶纪在《社会动员的要素、运作方式与特点》一文中,通过总结社会动员的要素、运作方式与特点,将社会动员定义为:为达到特定的社会发展目标而进行的一系列活动,包括传播、社区组织、网络与联盟建设、倡议与游说、资源筹集和社会行为,这些活动旨在促进决策层、操作管理层、受益群众广泛参与而改善自身相应的知识、态度、技能和行为,从而改善社会运行机制,

---

① [以] S. N. 艾森斯塔德:《现代化:抗拒与变迁》,中国人民大学出版社1988年版,第2页。
② [美] 塞缪尔·亨廷顿:《变化社会中的政治秩序》,王冠华等译,上海人民出版社2008年版,第26页。
③ 郑永廷:《现代思想道德教育理论与方法》,广东高等教育出版社2000年版,第199页。

第三章 中国共产党领导的城市困难群体社会救助制度考察

实现预定目标。从某种角度来看，社会动员是社会发展的一种前提。

中国共产党对于社会动员的认识，很显然是侧重于实践与价值层面，把社会动员当作是领导中国革命、建设和改革取得胜利的重要条件。这可以在党的主要领导人的讲话中窥见一斑。早在抗日战争时期，毛泽东就把社会动员看作是争取抗日战争胜利的前提，他指出："动员了全国的老百姓，就造成了陷敌于灭顶之灾的汪洋大海，造成了弥补武器等等缺陷的条件，造成了克服一切战争困难的前提"，"要胜利又忽视政治动员，叫作'南其辕而北其辙'，结果必然取消了胜利"；并且结合实际创造出各种动员方式、手段，使社会动员成为中国共产党成功赢得一次次战争以及取得整个革命胜利的重要手段。新中国成立初期，中国共产党将社会动员视为"一种全能式的工作方式"，在当时的土改、抗美援朝以及镇压反革命等诸项工作中都进行了社会动员。吸取其间的经验，中国共产党20世纪90年代以来，在"讲学习、讲政治、讲正气"的"三讲"教育活动、以实践"三个代表"重要思想为主要内容的保持共产党员先进性教育活动、学习实践科学发展观活动，战胜1998年的特大洪水、2008年的汶川大地震等自然灾害，战胜2003年的"非典"等特大公共卫生事件，抵御金融风波，成功举办北京奥运会和上海世博会等盛会都进行了广泛的社会动员。

就城市困难群体的社会救助工作而言，党和政府在一些救助法规以及有关会议上反复强调：救助城市困难群体的"关键是要坚定信心，组织有力，措施得当"[①]，"全党动手，动员全社会的力量，共同做好国有企业下岗职工基本生活保障和再就业工作"[②]；"加强组织协调，加强统筹兼顾，加强对群众的组织工作，实行群策群力，历来是我们党开展工作、克服困难、取得胜利的重要的基本经验。在进行企业减员增效、搞好下岗职工基本生活保障和再就业的工作中，也要十

---

① 《十五大以来重要文献选编》上，人民出版社2000年版，第361页。
② 同上书，第359—360页。

分注意发挥党的做群众工作的优良传统和政治优势。"① "要在全社会大力发扬中华民族团结互助的优良传统，动员各方面力量扶贫济困。"② "要动员更多的力量来关心困难群体，满腔热情地帮助他们排忧解难，真正把党和政府的温暖送到广大群众的心坎上。"③ 进入新世纪新阶段，党中央更是把城市困难群体的社会救助作为贯彻落实科学发展观、构建社会主义和谐社会的主要任务，强调："构建社会主义和谐社会是艰巨复杂的系统工程，只有动员广大人民群众共同参与，才能使这一宏伟目标变成现实"，"一定要在党的领导下，尊重人民群众的主体地位和首创精神，最大限度地激发广大人民群众的参与热情和创造活力，最大限度地实现好、维护好、发展好广大人民群众的根本利益，把共同建设、共同享有和谐社会贯穿于和谐社会建设的全过程，真正做到在共建中共享、在共享中共建"④。可见，社会动员——使城市困难群体和普通民众明了党和政府的社会救助理念，从而推动其进行自救和广泛参加社会互助——在城市困难群体的社会救助中被赋予了重要的意义。

2. 社会动员主体的建构及优化

社会动员的开展是动员主体作用于动员客体的过程。其中，社会动员主体作为社会动员活动的发动者、组织者、主导者和实施者，在社会动员活动中处于主导性地位。其主要任务是策划和决策社会动员，确定社会动员的主题和口号，明确社会动员的目标、任务，分析社会动员客体的状况和特点，制订社会动员的方案，优化社会动员的环境，选择社会动员的方式和手段，主导、组织和推动社会动员。社会动员主体一般指一定的国家、政党或社会团体。

新中国成立后，通过生产资料的社会主义改造和组织重建，中国的社会逐渐被改造为一种"总体性社会结构"。在"总体性社会"

---

① 《十五大以来重要文献选编》上，人民出版社2000年版，第362页。
② 《十五大以来重要文献选编》中，人民出版社2001年版，第1472页。
③ 《十五大以来重要文献选编》下，人民出版社2003年版，第2221页。
④ 在共建中共享 在共享中共建，时政—人民网，http://politics.people.com.cn/GB/1026/5453381.html。

第三章　中国共产党领导的城市困难群体社会救助制度考察

中,遵循的是一种"总体支配"原则,即"社会结构分化程度很低,国家垄断着绝大部分的稀缺资源和结构性的活动空间","举凡生产资料、就业机会、居住的权利,都直接控制在国家之手。而绝大部分从事社会活动的具体场所和领域,也处于国家直接掌握之中,即使国家还不具备完全承担某一领域全部活动的能力,也不会允许国家之外的其他力量染指这个领域。"[①] 在这样一种社会形态里,国家与社会的关系是"强国家—弱社会"的模式。政治框架是社会的基本框架,社会中的各种组织系统均附着于政治框架之上,政治和行政权力成为支配整个社会生活的基本力量。从资源动员的角度来看,要动员人们进行某项活动,就需要经由国家自上而下的路径,即"组织化动员",其特征是"动员者与被动员者之间存在一种隶属性的组织纽带"[②]。在这种情形下,中国政府和中国共产党在某种程度上成为当时唯一有效力的社会动员主体。

而随着改革开放和社会主义市场经济的不断深化,我国的社会生活发生了复杂而深刻的变化,出现经济成分和经济利益多样化、社会生活方式多样化、社会组织形式多样化、就业岗位和就业方式多样化等新的情况,整个国家进入后总体性社会阶段。尽管社会资源动员模式仍是政府主导型,但党和政府对稀缺资源和活动空间的控制放松了;同时,社会动员的内容和范围也在不断扩展。有些通过政党、政府等正式组织无暇或难以调用的资源,可以借助非正式组织给予很好的解决。这就使得针对既定目标的社会动员,出现了多个动员主体的情形。以城市困难群体社会救助中的社会动员为例,动员主体包括党和政府（包括有官方背景的社会团体,如工会、妇联、残联、共青团等）、企事业组织、意见领袖、行业协会等,呈现出多元化的态势。

本书重点考察的是社会主义市场经济条件下、社会分化大背景下中国共产党作为社会动员主体在城市困难群体社会救助中整合社会资源的作为。

[①] 孙立平、晋军等著：《动员与参与》,浙江人民出版社1999年版,第6页。
[②] 同上书,第67页。

中国共产党与城市困难群体的社会救助(1992—2012)

根据中国共产党已有的经验,党的各级机构、负责某项具体工作的政府的有关责任机关,即是某项社会动员工作的组织系统。社会主义市场经济条件下社会救助的党政领导系统,也当然成为城市困难群体社会救助动员工作的组织领导机构。所以党政系统的组织建设和群众团体的发展对社会救助动员有着十分重要的意义。20世纪90年代至今,党、政府和人民团体的组织建构很快,中国共产党党员总人数由1992年党的十四大时的5100多万人发展到2012年党的十八大时的8200多万人[1],占全国总人口的比重由4.4%上升到约6%。在组织机构建设方面,截至2010年底,全国共有党的各级地方委员会3222个,其中省(区、市)党委31个,市(地、州)党委396个,县(市、区)党委2795个;全国6869个城市街道建立了党组织,3.4万个乡镇建立了党组织,8.2万个社区(居委会)建立了党组织,59.4万个建制村建立了党组织。全国75.07万户具备建立党组织条件的企业中,74.96万户建立了党组织,占99.9%。20.27万户具备建立党组织条件的公有制企业中,20.26万户建立了党组织,占99.9%;54.8万户具备建立党组织条件的非公有制企业中,54.7万户建立了党组织,占99.7%。全国23.59万个具备建立党组织条件的机关单位中,23.58万个建立了党组织,占99.96%。49.83万个具备建立党组织条件的事业单位中,49.26万个建立了党组织,占98.9%。全国1.47万个具备建立党组织条件的社会团体中,1.42万个建立了党组织,占96.8%。1.93万个具备建立党组织条件的民办非企业单位中,1.89万个建立了党组织,占98%。[2] 截至2013年6月底,工会会员总数达到了2.8亿人,其中农民工会员总数为1.09亿人;全国基层工会组织总数275.3万个,覆盖基层单位637.8万

---

[1] 数说中国共产党成立95周年—《光明日报》—光明网,http://news.gmw.cn/2016-06/27/content_20712492.htm。

[2] 中国社会科学院中国特色社会主义理论体系研究中心:《史诗般的辉煌巨变——90年来中国共产党党员数量与结构的变化与发展》,光明网—《光明日报》,http://wo.gmw.cn/gmrb/html/2011-07/05/content_50653.htm?div=-1。

第三章 中国共产党领导的城市困难群体社会救助制度考察

家,职工入会率达到81.1%。① 团中央组织部公布的全国团内统计最新数据显示,截至2013年底,全国共有共青团员8949.9万名,共有基层团组织384.2万个。这些基层团组织包括基层团委29.7万个,基层团工委2.3万个,团总支22.5万个,团支部329.7万个。② 截至2013年底,全国省市县乡残联实有人员已达11.1万人;全国共建立省级以下各类残疾人专门协会15410个,市级专门协会已建比例为97.6%,市辖区专门协会已建比例为96.3%;县(含县级市)级专门协会已建比例为90.4%。③ 这为包括城市困难群体社会救助动员在内的社会动员工作提供了基本的组织保障。

前已述及,在社会动员的主客体关系中,主体处于主导地位,即是说,在既定的客体条件下,要取得良好的动员效果,在很大程度上依靠主体状况的优化。概括地讲,动员主体状况是一个涵盖动员主体的态度、认知、能力、相互间关系、交往方式等内容的综合性范畴。1992—2012年间,为了做好包括城市困难群体社会救助在内的各项工作,作为社会动员主体的中国共产党多措并举优化自身状况,以提升自己的社会动员能力。

第一,制定合法性政策,创设使社会动员获得广泛认同与支持的决定性政治前提。

"合法性"概念在社会科学(社会学、政治学等)中的使用有广义和狭义之分。广义的合法性概念被用于讨论社会的秩序、规范或规范系统。狭义的合法性概念被用于理解国家的统治类型或政治秩序。这里的"合法性"是一个政治学范畴,其实质上就是某种政治秩序的价值能够得到社会公众的承认或认同,并保持民众的持久性忠诚和

---

① 中国工会会员总数达到2.8亿,财经频道—新华网,http://news.xinhuanet.com/fortune/2013—10/11/c_117676411.htm。
② 数据显示截至2013年底内地共青团员共8949.9万名,时政频道—新华网,http://news.xinhuanet.com/politics/2014-05/04/c_126457716.htm。
③ 中国残联发布2013年中国残疾人事业发展统计公报,中华人民共和国中央人民政府门户网站,http://www.gov.cn/xinwen/2014-03/31/content_2650048.htm。

中国共产党与城市困难群体的社会救助（1992—2012）

支持。① 社会动员是一种政策工具，经由这种工具，一定政党或政府能达到解决政策问题的目的。而政策发挥作用的必要前提是能够得到广泛的社会认同与支持。这就涉及政策的"合法性"或是"合法化"的问题。1928年10月，毛泽东在《中国的红色政权为什么能够存在？》一文中就曾谈到：红色政权的长期的存在并且发展的一个要紧的条件就是"共产党组织的有力量和它的政策的不错误"。而这里"政策的不错误"很大程度上指的是政策的合法化问题。历史证明，任何社会动员要取得成功，建立在政策合法性基础上的民众的支持是必不可少的。可以说，在动员主体状况优化中，合法化政策是具有决定意义的政治前提。正如克劳塞维茨所说："只有当我们认为政治目的能对它应动员的群众发生作用时，我们才可以把它作为一种尺度，这就是为什么要考虑群众情况的缘故。同一政治目的起作用的结果可能是完全不同的，这要看群众对战争是赞成还是反对。"② 如果政策本身缺少或者根本就不具备合法化前提，动员也就难以顺利展开，政策目的也就难以最终实现。"根本上，动员过程的中心问题是（国家战略）意图和（公众）共识这一深层次的政治问题。"③

因此，社会主义市场经济条件下，中国共产党在制定党和国家的方针政策时，格外强调以代表最广大人民的根本利益为根本出发点和落脚点，以便在此基础上构建政策的"合法化"。

具体说来，中国共产党着重强调了以下三个方面：

一是要从最大多数人的利益出发。"最大多数人的利益是最要紧和最具有决定性的因素"④，这是马克思主义的基本观点。代表最大多数人的利益是中国共产党根本宗旨的内在要求。2002年11月，江泽民在党的十六大报告中指出："制定和贯彻党的方针政策，基本着

---

① 王晓东：《西方哲学主体间性理论批判：一种形态学视野》，中国社会科学出版社2004年版，第198页。
② [德] 克劳塞维茨：《战争论》第1卷，解放军出版社2004年版，第15页。
③ [爱尔兰] 约翰·霍恩：《第一次世界大战期间欧洲的政府、社会与动员》，北京理工大学出版社2007年版，第14页。
④ 《江泽民文选》第3卷，人民出版社2006年版，第279—280页。

第三章 中国共产党领导的城市困难群体社会救助制度考察

眼点是要代表最广大人民的根本利益。"① 2010 年 10 月，胡锦涛在党的十七届五中全会上强调："全党同志要坚持一切为了群众、一切依靠群众，坚持从群众中来、到群众中去，想问题、作决策、做工作都要从群众利益出发，坚持问政于民、问需于民、问计于民。"② 即是说，代表最广大人民群众的利益，最重要的是首先考虑并满足最大多数人的利益要求，从最大多数人的利益出发来制定政策。这既是中国共产党制定政策的根本出发点，也是最终目的。回顾社会主义市场经济条件下中国共产党的伟大历程，我们不难发现中国共产党之所以能交出一份满意的执政答卷，一个比较重要的原因就是把从最大多数人的利益出发作为制定党的路线、方针和政策的首要原则。

二是眼前利益和局部利益要服从长远利益和整体利益。人民群众有各种利益关系，有眼前利益与长远利益、局部利益与整体利益。在社会主义制度之下，人民的长远利益与眼前利益、局部利益与整体利益从本质上说是一致的，满足眼前利益、局部利益，也就是为了将来更好地实现长远利益、整体利益。但是，长远利益毕竟代替不了眼前利益，局部利益代替不了整体利益，更不能为了实现长远利益而不顾人民群众的眼前利益。总之，人民利益的这两个方面，是一个各有特点、相互联系、不可分割的整体，它们在社会生活中、在调动人民积极性方面又发挥着不同的作用。只有妥善处理这两个方面的关系，才能制定出受到人民群众拥护的正确政策。中国共产党从我国的国情出发，一方面强调"在整个现代化建设的过程中，都必须努力使广大工人、农民、知识分子和其他群众共同享受到经济社会发展的成果，使他们不断得到看得见的物质文化利益"③，"建设中国特色社会主义的根本目的是不断实现好、维护好、发展好最广大人民的根本利益"④；但是另一方面中国共产党又指出，人民利益的获得必须建立在发展生

---

① 《十六大以来重要文献选编》上，中央文献出版社 2005 年版，第 12 页。
② 《胡锦涛论党的群众工作》（http://www.miit.gov.cn/newweb/n973401/n974569/n974581/c3813035/content.html）。
③ 江泽民：《在内蒙古考察工作时的讲话》，《人民日报》1999 年 2 月 3 日，第 1 版。
④ 《十六大以来重要文献选编》上，中央文献出版社 2005 年版，第 364 页。

产力的基础之上,人民眼前利益和局部利益的获得必须服从长远利益和整体利益的需要。因为"人总要先解决衣食住行的基本需要,才能干别的事;先要生存,然后才能发展;先要维持人的再生产能力,才能进行社会的再生产。这是马克思主义唯物论最基本的道理。"① 我们在制定政策的过程中,只有科学地把握好这一条,才能充分调动人民群众的积极性,才能推动经济社会的健康发展,从而促进人民群众根本利益的不断实现。

三是关心群众疾苦,解决人民群众的实际问题。从人民利益出发制定政策的一个重要方面,就是从人民群众急需解决的实际问题出发,有的放矢地制定相应的政策,以切实解决这些问题,从而使广大人民群众获得实实在在的利益。早在1987年,江泽民在《人民政府要为人民办实事》一文中就指出:"当我们在车站上、车厢里看到拥挤不堪的人群时,当我们看到孩子们在简陋甚至危险的教室里上课、数万名幼儿入托入园难使年轻父母愁眉不展时,当我们了解到有的怀孕女工因上班挤车造成流产、全市有两万名职工上下班路上要花四小时以上的时间时,当我们看到一场暴雨使十一万户居民家中进水时,心里就感到深深不安。人民群众是我们国家的主人,我们是人民的公仆,有责任为他们解除后顾之忧。"② 在庆祝中国共产党成立八十周年大会的讲话中,他再次强调:各级领导机关和领导干部,要特别关心那些工作和生活上暂时遇到困难的群众,把他们的事情摆上重要议事日程,重点考虑,重点解决,切实安排好他们的就业和生活。③ 胡锦涛要求:"各级领导干部要坚持深入基层、深入群众,倾听群众呼声,关心群众疾苦,时刻把人民群众的安危冷暖挂在心上,做到权为民所用,情为民所系,利为民所谋。尤其要关心那些生产和生活遇到困难的群众,深入到贫困地区、困难企业中去,深入到下岗职工、农村贫困人口、城市贫困居民等困难群众中去,千方百计地帮助他们解

---

① 《江泽民文选》第2卷,人民出版社2006年版,第512页。
② 《江泽民文选》第1卷,人民出版社2006年版,第14页。
③ 《江泽民文选》第3卷,人民出版社2006年版,第280页。

第三章 中国共产党领导的城市困难群体社会救助制度考察

决实际困难。要通过扎实有效的工作，实实在在地为群众谋利益，带领群众创造自己的幸福生活。"①

第二，坚持利益一致原则，实现社会动员目标与社会动员客体个别利益的内在契合与良性互动。

从"物"的方面看，社会动员表现为对社会资源存在形态、流向及结构功能的调整。然而，社会主义市场经济条件下，社会资源的所有权及支配权并不全掌握在抽象人格化"国家"手中，相当多的资源掌握在具体的、以组织或个体形式存在的各类动员客体手中。从经济学意义上讲，包括政府、社会公众在内的各类动员客体均属于"经济人"范畴。对"经济人"来讲，手中的资源意味着权力和利益。"动员决定和行动……完全是由政治过程决定的。"② 克劳塞维茨指出，"政治在它本身中集中和协调内政的一切利益，也集中和协调个人的一切利益和哲学思考所能提出的一切其他利益"③。因此，从"人"的方面看，动员是一种调整各类动员客体之间利益关系的政治运作。在这一维度上，社会动员主体状况的优化表现为如何在实现社会动员目标的过程中增进社会动员客体的个别利益，换句话说如何提高社会动员客体的个别利益与社会动员目标的内在契合度，即所谓"利益一致原则"，从而使社会动员主体具有"公正分配（因动员而引起的社会利益）结构变化带来的负担和利益的能力"④。

在这里，社会动员主体在制定和执行动员政策时，应从动员客体看似并不高尚的"经济人"属性这一基本前提出发，将社会动员目标（很大程度上是作为公共品的国家利益）与作为动员客体的公民个体利益相结合，进行动员决策思维和指导，而不能一厢情愿地从"公民也是国家主人，会自觉主动地参与动员"的理想人格（这种理

---

① 《十六大以来重要文献选编》上，中央文献出版社2005年版，第84页。
② ［美］哈迪·L.迈瑞特、路瑟·F.卡特：《动员与国防》，军事科学出版社2007年版，第27页。
③ ［德］克劳塞维茨：《战争论》第3卷，解放军出版社2004年版，第948页。
④ ［美］哈迪·L.迈瑞特、路瑟·F.卡特：《动员与国防》，军事科学出版社2007年版，第34页。

想人格应该成为动员战略的一个目标取向,但不应成为动员战略思维的一个逻辑起点)假定出发,将动员想象为"只要一声令下,就会万民齐动"或只提出一些感召性标语口号就能达到目的的简单事务。当然,更不能把动员简单地理解为对全体或某些社会公众利益的单向索取,甚至无节制地透支。这样就会引发社会矛盾和内部危机。而是要使代表国家利益的党和政府与公民个人产生情感上的共鸣、利益增进上的共振。

在动员全社会力量共同做好国企下岗职工基本生活保障和再就业工作问题上,中国共产党就充分坚持了利益一致原则。我们可以从具体动员方法上窥见一斑。一方面,凝聚共识,强调"实行减员增效、下岗分流,减轻国有企业的负担,帮助下岗职工搞好再就业,从根本上说都是为了把经济更快地搞上去,为最终实现包括职工群众在内的全体人民的共同富裕创造更有利的条件"[1];另一方面,多措并举,如《中共中央、国务院关于切实做好国有企业下岗职工基本生活保障和再就业工作的通知》明确要求:对下岗职工从事社区居民服务业的,要简化工商登记手续,三年内可免征营业税、个人所得税以及行政性收费[2];下岗失业人员从事个体经营时,从获得《营业执照》之日起三年内免缴个体工商户登记费和管理费等行政性收费;"要鼓励企业主动吸收安置下岗职工,对企业利用现有场地、设施和技术发展多种经营,多渠道分流本企业富余人员和安置下岗职工的,要给予必要的政策扶持"[3],如税收优惠、社会保险补贴、贷款贴息等。可见,这里的"动员方法"体现了下岗失业人员、普通群众在实现再就业问题上根本利益的一致性。

第三,制定强制性规范,提供规定社会动员主客体角色定位与行为取向的体制保障。

社会动员是作为公共品的国家利益的重要生产方式,其运作需要

---

[1] 《十五大以来重要文献选编》上,人民出版社2000年版,第360页。
[2] 同上书,第399页。
[3] 同上。

第三章　中国共产党领导的城市困难群体社会救助制度考察

强制性规范来保障。这里的"强制性规范"不是简单的"强迫命令",而是所有社会动员主客体必须共同遵循的各种与动员有关的法律、法规、计划以及具有法律效力的行政命令等,它们共同构成了社会动员主客体活动的体制保障,规定着各类社会动员主客体的角色定位及其行为取向。

强制性规范的本质是利益规范和权力规范。如前所述,动员是对社会利益关系的调整,这些利益关系广泛发生于政府各部门之间、政府与公众之间以及公众与公众之间。强制性规范的本质,是将利益一致原则制度化、可操作化,使之真正成为调节社会动员主客体间利益关系的杠杆。强制性规范对社会动员主客体的意义是不同的。

对于动员客体来讲,强制性规范注重因动员发生的责任、权利与义务的整体平衡,通常情况下,其保护和鼓励色彩更重。20世纪90年代以来,我国发布了一系列有关社会救助的法规、条例,主要有:《农村五保供养工作条例》(1994、2006)、《国家扶贫资金管理办法》(1997)、《国务院关于在全国建立城市居民最低生活保障制度的通知》(1997)、《中华人民共和国公益事业捐赠法》(1998)、《城市居民最低生活保障条例》(1999)、《关于印发完善城镇社会保障体系试点方案的通知》(2000)、《最高人民法院关于对经济确有困难的当事人予以司法救助的规定》(2000)、《中国农村扶贫开发纲要(2001—2010)》(2001)、《中国农村扶贫开发纲要(2011—2020年)》(2011)、《扶贫、慈善性捐赠物资免征进口税收暂行办法》(2001)、《国家计委、建设部关于印发经济适用房价格管理办法的通知》(2002)、《法律援助条例》(2003)、《廉租住房保障办法》(2007)等。仔细爬梳这些法律、法规、条例的具体条款,几乎都有保护和鼓励社会动员客体的相关规定。如《中华人民共和国公益事业捐赠法》总则第一条明确规定:"为了鼓励捐赠,规范捐赠和受赠行为,保护捐赠人、受赠人和受益人的合法权益,促进公益事业的发展,制定本法。"《城市居民最低生活保障条例》(1999)规定:"地方各级人民政府及其有关部门,应当对享受城市居民最低生活保障待遇的城市居民在就业、从事个体经营等方面给予必要的扶持和照顾"①。这些规定从法律、法规层面上确保了社会动员客体的合法权益,十分有利于社会救助工作的开展。

对于社会动员主体——政府(注:在中国,执政党是政府的前提)来讲,强制性规范往往意味着对"政治市场"(political market)中的政府部门利益的限制。根据公共选择分析理论的观点,政治在某种意义上讲是由选民、政党、统治机构、官僚机构和利益集团构成的"市场"。在"政治市场"中,本应代表公众履行职责的政府及政府部门就可能运用手中的"自由裁量"权,追求预算最大化,并低估完成预算的成本,其实就是为自己谋利。这势必对包括社会动员在内的各项执政行动造成很难实际估测却又实际存在的冲击和阻碍。因此,对于动员政府主体而言,强制性规范应更加注重对部门利益的限制,其实质在于明确动员政府主体各层次、各部门在动员中的职能和相应的权力,以及应如何履行职能和运用权力,既有效履行职权,又不滥用职权。如《城市居民最低生活保障条例》(1999)规定:"从事城市居民最低生活保障管理审批工作的人员有下列行为之一的,给予批评教育,依法给予行政处分;构成犯罪的,依法追究刑事责任:(一)对符合享受城市居民最低生活保障待遇条件的家庭拒不签署同意享受城市居民最低生活保障待遇意见的,或者对不符合享受城市居民最低生活保障待遇条件的家庭故意签署同意享受城市居民最低生活保障待遇意见的;(二)玩忽职守、徇私舞弊,或者贪污、挪用、扣压、拖欠城市居民最低生活保障款物的。"②

第四,构建学习型政党,提升社会动员主体政治理论素养,优化其专业素质。

随着动员成为国家战略中至关重要且相对独立的领域,其专业化程度越来越高。社会动员主体的理论素养与专业素质状况不仅直接反

---

① 《新时期劳动和社会保障重要文献选编》,中国劳动社会保障出版社、中央文献出版社2002年版,第419页。
② 同上。

第三章　中国共产党领导的城市困难群体社会救助制度考察

映着个体的行为能力，也影响着动员专业团体的整体行为能力。如果说，合法化政策、利益一致原则和强制性规范是优化动员主体状况的外在效用维度，那么，社会动员主体的理论素养与专业素质则是更为深刻的内在维度。"政治路线确定之后，干部就是决定的因素。"[①] 干部的素质"决定政治路线本身的命运，即决定它的实现或失败"[②]。江泽民也指出："加强党的建设，很重要的是提高党员的素质。党支部的战斗堡垒作用，重要的不是党员的数量，而是要有好的素质。"[③] "中国的社会主义事业能不能巩固和发展下去，中国能不能在未来激烈的国际竞争中始终强盛不衰，关键就要看我们党能不能不断培养造就一大批高素质领导人才。"[④] 胡锦涛指出："党的领导干部特别是我们中央委员会的同志要把自觉学习作为提高素质、增长本领、做好领导工作的根本途径。"[⑤] 毛泽东等人的思想反映的就是这个道理。

为了提高党在包括城市困难群体社会救助在内的一系列执政活动中的社会动员能力，社会主义市场经济条件下中国共产党通过构建马克思主义学习型政党来提升自身素质。在1989年的政治风波后，以江泽民为代表的党中央领导集体，总结借鉴世界上一些大党老党丧失执政地位的经验教训，紧密联系中国共产党建设的实际，按照邓小平关于聚精会神抓党建的要求，对党的建设采取了一系列重大措施。其中包括建立健全省部级在职领导干部学习制度，组织各级干部深入学习社会主义理论和党的历史，通过岗位培训、知识更新补缺培训和大、中专学历教育等方式，大力开展干部的科学文化知识教育和业务技能培训。党的十六大以来，以胡锦涛为总书记的党中央提出了科学发展观等重大战略思想，并在2004年党的十六届四中全会通过的《中共中央关于加强党的执政能力建设的决定》中，第一次提出要"努力建设学习型政党"。2007年召开的党的十

[①]《毛泽东选集》第2卷，人民出版社1991年版，第526页。
[②]《斯大林选集》下卷，人民出版社1979年版，第343页。
[③]《江泽民思想年编（1989—2008）》，中央文献出版社2010年版，第6页。
[④]《江泽民文选》第3卷，人民出版社2006年版，第44页。
[⑤] 胡锦涛：《努力开创新形势下党的建设新局面》，《求是》2010年第1期，第3页。

七大，再次强调"要按照建设学习型政党的要求"，提高运用科学理论分析和解决实际问题的能力。党的十八大报告提出"建设学习型、服务型、创新型的马克思主义执政党，确保党始终成为中国特色社会主义事业的坚强领导核心。"为此，我国先后出版了一批马克思主义理论著作、相关理论学习读本、关于理论和社会热点问题的通俗读物，启动了马克思主义理论研究和建设工程；坚持中央政治局集体学习制度，带头学习；举办省部级主要领导干部专题研讨班并形成机制等。党中央相继颁布《干部教育培训工作条例（试行）》、《2006—2010年全国干部教育培训规划》，干部教育培训工作科学化、制度化、规范化水平不断提高。党还先后建立了中国浦东干部学院、中国井冈山干部学院、中国延安干部学院以及大连高级经理学院等，干部教育培训的基础建设和农村党员干部现代远程教育试点等均取得重大进展。这一期间，相继在全党开展的以实践"三个代表"重要思想为主要内容的保持共产党员先进性教育活动、深入学习实践科学发展观活动和创先争优活动等，使广大党员干部受到马克思主义最新理论成果的教育。

3. 社会动员的方式

社会动员方式是社会动员主体对于动员客体进行的、为实现特定目标的和具有能动性影响特点的手段和途径。它是连接社会动员主体和社会动员客体的中间桥梁，实质上反映了动员主体与动员客体之间消弭隔阂、填补鸿沟、趋向认同和一体化的过程，直接影响、制约和规范着动员内容和动员目标。社会动员的方式是否有效关键在于是否能让动员对象理解和接受。

社会主义市场经济条件下，和平与发展已成为时代主题，社会动员更多地表现在为实现特定社会发展目标而需要全社会积极广泛参与的各种群众性运动和社会应急。这种变化需要社会动员主体创新社会动员形式。此种情形下，社会动员的方式呈现出多元化的特点，既有靠自上而下的科层制的单一的行政权力的动员方式即宣传动员（需注意的是，即使是宣传动员，大众传媒在其中扮演着越来越突出与重要的角色），也有也往往更多地表现为传媒动员、竞争动员、参与动员

第三章　中国共产党领导的城市困难群体社会救助制度考察

等新的方式。① 具体到城市困难群体的社会救助中，社会动员方式主要有宣传动员、竞争动员、参与动员等。

一是宣传动员。宣传动员的重要性在于它是"一种有意识地控制社会心理的活动"和"一个社会改变或形成民众特殊态度、意见和舆论的重要工具"②。城市困难群体社会救助的宣传方式主要有：

个别谈话等口头宣传形式。这种方式是对动员对象的直接说服。社会救助工作中从中央到基层不同层次的动员主体都参与了这类宣传。如南京市中央门街道福塔社区居委会安排专人接访，专门释疑解难，公开最低生活保障办事程序，接受群众监督，力求在全民中形成关心城市困难群体的共识；深入城市困难群体展开调研，边调查边宣传，和群众面对面讲有关城市最低生活保障政策要求。还有就是开设培训班，对社会救助专职人员进行城市低保业务知识培训，这些专职人员又进一步在群众中宣传党和政府的城市困难群体救助政策，效果良好。

形象宣传。形象宣传是通过激发视觉感知来达到宣传目的的一种宣传方式。宣传内容通过视觉器官进入人的意识，具有一定的直观性、趣味性，具有很强的情绪感染力，容易调动群体的情感共鸣。所以在城市困难群体社会救助动员中被广泛运用。如在湖南省的经济、都市等各个电视频道及湖南卫视中都播放了"扶贫济困送温暖"的公益广告，有的在公告栏里、墙报上贴出了丰富多彩的宣传画。

报刊、公开栏、标语、短信等文字宣传。这种宣传是用书面形式表现宣传内容的宣传形式。报纸作为"党的喉舌"和"进行群众性的宣传鼓动的重要工具"，在城市困难群体社会救助动员中，上到《人民日报》，下到各地方报纸，它们或通过介绍党的救助政策、法规以及有关救助经验等推动城市困难群体自救，或通过介绍城市困难群体的困境推动社会互助。社区居委会把有关城市困难群体社会救助

---

① 郑永廷：《论现代社会的社会动员》，《中山大学学报》（社会科学版）2000 年第 2 期，第 21—27 页。
② 朱启臻、张春明：《社会心理学原理及其运用》，中国社会科学出版社 2000 年版，第 61 页。

中国共产党与城市困难群体的社会救助（1992—2012）

政策、申请、审核、审批程序等主要内容，采取公开栏、张贴等形式来营造低保工作氛围。如 2003 年 7 月 21 日湖北省民政厅办公室出台了《关于在全省社区统一设置城市低保公示通报栏（牌）的通知》，一方面将新申请（调整）低保待遇对象按规定时间和内容进行公示，接受社区居民监督；一方面对已享受低保待遇对象进行常年公示，达到通报的目的，为低保对象动态管理奠定基础，进而提高城市困难群体社会救助工作的效率。标语作为一种以简短的语言表达运动的纲领性要求，因为其契合了常人的文化知识水平、易于识记、能创设力量氛围、能凝聚人心的特点，是"最能直截了当地打开民众的心灵，取得民众的赞同"的宣传形式，从民主革命时期开始就一直受到中国共产党的重视。由于其可以有各种各样的载体，可以借助于报刊、墙报、网络、电视等，也可以变成口号进行口头宣传，所以在城市困难群体社会救助动员中运用很广。如 2003 年春节前，北京市开展了扶贫济困送温暖社会捐助活动，活动用"扶贫济困　互助互济是中华民族的传统美德""扶贫济困送温暖　首都人民献爱心""身在北京　心系贫困　帮贫助困　尽己所能"等宣传标语进行劝募。

　　需要特别说明的是，这一时期，随着工业化、信息化进程的加快，作为社会公众获知新闻、信息最主要渠道的大众传媒已经渗透到了社会生活的各个领域，所以在广义的宣传动员中，传媒动员在包括城市困难群体社会救助活动等在内的社会各方面表现得更为常见与突出。大众传媒作为社会的公器，一方面，可以通过救助性新闻报道、公益广告等形式集中报道城市困难群体的境遇，引起世人关注，获得公众的同情与支持，并在新闻报道中呼吁社会各界积极伸出援助之手，动员社会公众都以自己特有的方式力所能及地参与社会救助。同时通过新闻报道大力宣传社会公益慈善事业，肯定、表扬社会救助中的先进人物以及先进事迹，让行善者获得好的口碑，给行善者授予较好的社会地位，动员社会各界乐善好施，参与慈善事业。在此基础上，通过长期的舆论引导营造良好的舆论氛围，千方百计提高公众的社会责任感与公德意识，动员企业、民众特别是富裕阶层回馈社会、救助急需帮助的社会救助对象。另一方面，大众传媒还可以率先发起

第三章 中国共产党领导的城市困难群体社会救助制度考察

或组织举办大型救助性活动,利用大众传媒自身在社会的影响力和公信力来带动企业、其他社会组织和公众积极主动参与各种大型的社会救助和社会应急项目。如重庆市江津区于2008年10月15日启动了第一个社会救助政策宣传月,此期间江津广播电视台、江津新闻社、区政府信息网、江津热线等媒体开办专栏、制作专题,展示江津社会救助工作成果、宣传社会救助政策,做到了电视每周有影、电台每天有声、报纸每天有文。《江津报》刊发了区委书记王银峰《高度重视民生建设,努力构建和谐江津》的署名文章和区长辛世杰在启动仪式上的讲话、开设了《社会救助政策宣传》专栏和宣传月活动专版;江津电视台播放了《构建和谐,服务发展》的社会救助工作专题片,播放了《江津民政事业三十年发展巡礼》的电视节目;区政府信息网、江津热线和各部门、镇(街)充分利用系统局域网,开设救助专栏、专题论坛,交流经验,探讨问题,利用网络广泛深入的宣传社会救助政策,接受咨询。据统计,全区各媒体共开辟社会救助政策宣传专栏、专版5个,刊登城乡低保、农村五保、医疗救助等救助政策咨询专题35期,发表各类救助典型事例、老百姓关注的民生问题等新闻稿件129篇。[①]

二是竞争动员。通过有组织、有制度的竞争、评估、交流、奖惩、比较等具体方式来激发人们的赶超心理,规范人们的行为。竞争动员是市场经济体制下微观利益机制驱动的结果。竞争动员一般有制度、有规范、有条件、有规则,每一个竞争者往往事先按照标准进行自我评估,然后进行竞争择优。竞争有一套完善的指标评估体系,结果与奖惩挂钩。竞争的标准是客观的,人们特别是青年人信服公平条件下的优胜者,并且积极创造条件参加竞争,这就是竞争的动员效果。因此,竞争动员合理合情合法且有三大特点:一是竞争的直接性,即竞争者必须直接参与,没有中间环节,亲身感受到竞争激烈的程度;并且竞争的结果直接关系到竞争者的利益,这是竞争动员的动

---

① 集中宣传社会救助政策 全面动员社会广泛参与,http://jj.cq.gov.cn/zfxx/news/2009—5/148_6661.shtml。

力之源。二是竞争的激励性，即通过比较、鉴别、评估而产生的优胜者，公平而且合理，对优胜者是激励，对参与者也是激励。三是竞争的强烈性，即竞争本身包含着拼搏、奋斗精神，不是简单努力就能成功的，这在一定程度上具有挑战性，是竞争动员引人入胜的奥妙之所在。

可见，竞争具有正向激励性，能有效提高对事业发展目标的期望，所以恰当的竞争有利于激发开拓创新精神，促进社会的进步。20世纪90年代以来，党和政府非常重视合理的竞争在动员城市困难群体自救或动员其他群体帮助城市困难群体中的作用。为此，党和政府有针对性地开展竞争动员。2003年辽宁率先在全国开展了城市低保工作规范化管理达标竞赛活动。2004年广西壮族自治区民政厅发出了关于开展评选城市低保工作先进单位的通知，要求通过开展"规范管理、文明服务年"活动的检查评比，表彰一批全区低保工作先进单位，鼓励先进、树立典型，在全区民政系统形成一个争先进、创一流的浓厚氛围，使全区的低保工作年内达到"机构健全，制度完善，资金落实，管理有序，操作规范，服务优良，群众满意"的目标。2005年安徽省民政厅开展了"社区低保先进单位"表彰活动。2006年河北省、江西省民政厅先后发出关于开展城市低保工作先进单位评选活动的通知，旨在通过开展城市低保争先创优的检查评比，在全省表彰一批低保工作成绩突出的先进单位，达到鼓励先进、树立典型的目的，从而充分调动各级民政部门的工作积极性，在全省民政系统形成争先进、创一流的浓厚氛围，使城市低保工作达到"制度健全，资金落实，管理有序，操作规范，工作到位，服务优良，群众满意"的目标。为进一步加强城乡最低生活保障工作，不断提高低保资金使用效益，2009年吉林省财政厅会同民政厅联合制定了《吉林省城乡低保资金绩效考评奖励暂行办法》，将资金分配与城乡低保资金管理工作挂钩，实行绩效考评，以奖代补，充分调动市县加强城乡最低生活保障工作管理的积极性，切实提高资金使用效益，促进国家和省最低生活保障政策贯彻落实，发挥好最低生活保障的作用。

在此过程中，经常有无数典型被表彰。仅2009年初，民政部对

第三章 中国共产党领导的城市困难群体社会救助制度考察

达到《全国基层低保规范化建设暂行评估标准》要求,且具有典型示范作用的北京市东城区民政局等116个县(区、市)民政局、北京市崇文区永定门外街道办事处等300个街道(乡镇)、北京市东城区建国门街道赵家楼社区居民委员会等3000个社区居民委员会(村民委员会)以及在基层低保规范化建设工作中表现突出的北京市宣武区民政局副局长马国友等300名先进个人予以通报表扬,同时,对精心组织基层低保规范化建设活动的10个省级民政厅(局)授予优秀组织单位称号。[①]

三是参与动员。它是指人们参加、介入现代社会的政治、经济、文化生活过程中所受的影响。这里所说的参与,不包括组织参与,即不包括参加党团组织与行政组织并在其中担任职务,也不包括职业参与。这里所说的参与,主要是指人们对公共事务、公共管理的介入,对民主生活、政治生活的关涉,对事关个人发展和利益的选择。参与动员是具体生动的动员方式,这是由其特点所决定的:一是广泛性,这是就参与的辐射面而言的。人是社会性的,人人都有参与社会群体活动的愿望和要求,参与是人们的一种共同属性,具有普遍性。二是现实性,参与就是为了实现自己的愿望,实现自己的抱负,施展自己的才华,而不仅仅是一种想法,这种现实的利益体现,是个人参与的动力。参与动员的蓬勃开展是改革开放时代精神的具体体现。

正是基于对改革开放以来人们思想观念变革和参与动员特点的深刻洞悉,以及对城市困难群体规模之大与救助服务内涵之逐渐丰富的现实要求的准确判断,中国共产党逐渐认识到在城市困难群体社会救助的实践中,单靠政府的力量显然是不够的,需要社会力量的广泛参与,因此主张在城市困难群体的社会救助实践中,"要在全社会大力发扬中华民族团结互助的优良传统,动员各方面力量扶贫济困。"[②]

[①] 《城市居民最低生活保障制度文件资料汇编(2009年度)》,民政部社会救助司,2010年5月,第46页。

[②] 《新时期劳动和社会保障重要文献选编》,中国劳动社会保障出版社、中央文献出版社2002年版,第479页。

中国共产党与城市困难群体的社会救助(1992—2012)

具体到城市困难群体的社会救助实践中,通过建立城市社区扶助站,动员个人或单位将更新换代的物品都送到扶助站,随时捐赠,物有所用;建立定向帮扶制度,实行党政机关、企事业单位的干部与城市困难群体建立"一对一""一帮一""一包一"的帮扶做法等。其中,最为制度化的参与动员当属提供志愿服务。志愿服务泛指利用自己的时间、技能、资源、善心为邻居、社区、社会提供非营利、无偿、非职业化援助的行为。因其具有志愿性、无偿性、公益性、组织性四大特征,党和政府在城市困难群体的社会救助工作中积极纳入志愿服务,以弥补现金救助、实物救助的不足。如共青团长春市委全力打造"阳光苗圃共成长"青年志愿服务计划项目。针对长春市6—12岁的城市贫困儿童和农村留守儿童,开展"阳光苗圃"营养帮扶、助学辅导、书屋建设、快乐成长、素质拓展5项行动。通过家庭志愿者子女进行小伙伴手拉手对接、助学志愿者一助一和向社会发布"阳光苗圃"需求菜单等形式,在小学阶段为受助儿童提供建设家庭爱心小书屋、提供营养品、义务家教等成长帮扶。再如济南市历下区动员社区单位和社区志愿者与困难家庭结成长期帮扶对子,取得了较好的效果。参与动员大大推动了救助工作的开展和社会的进步。

社会动员不具有普世性和不变性特征,而是随时空变迁而变化,所以社会主义市场经济条件下城市困难群体社会救助工作中的社会动员必然有其自身特征。

第一,内容紧扣主题。前已述及,社会主义市场经济条件下,我国处于社会转型、体制转轨的历史大变动期,包括城市困难群体在内的人们价值观念多元、行为取向各异,要搞好城市困难群体社会救助动员工作,首先要使社会成员了解和掌握国家的社会救助政策,并在这一问题上取得共识,所以社会动员内容必须紧扣政策主题。《浙江省民政厅关于开展低保和医疗救助政策宣传工作的通知》中指出:宣传要"着眼于维护困难群众的基本生存权利,进一步深化和完善最低生活保障和医疗救助制度,切实保障困难群众基本生活",宣传内容包括要"'以民为本,为民解困'的民政工作宗旨","最低生活保障

第三章　中国共产党领导的城市困难群体社会救助制度考察

和医疗救助工作在和谐社会建设中的作用","最低生活保障和医疗救助政策具体成效"。① 这里，对城市困难群体社会救助工作中社会动员内容的表述是十分明确的。

第二，动员方式综合运用。动员工作中，每种方式都尽显其能。宣传动员中，口头宣传、形象宣传、文字宣传多管齐下，如通过发放政策宣传手册、宣传单、制作新闻报道评论、播放公益字幕广告、开设专题讲座、播放专题片、发表电视讲话等形式，宣传社会救助相关政策和社会救助工作情况；加强各类新闻报刊、民政刊物的社会救助宣传，通过在新闻报刊、民政刊物上开设专栏、发表专题文章、刊登通信信息等形式大力宣传社会救助工作的重要意义、政策法规以及开展社会救助政策宣传活动的情况；通过网络公布当地社会救助有关政策规定，发布工作动态相关信息。动员中不仅注意最大限度地释放单一动员方式的能量，而且注意对多种方法的综合使用。在对城市困难群体的社会动员中，既有宣传动员，也有竞争动员和参与动员；在综合运用的同时，对不同对象又区别对待，动员方式的采用及其侧重点各不相同。如对无劳动能力的城市困难群体，一般采取宣传动员，主要让其了解党和政府的社会救助政策；而对有劳动能力的城市困难群体，在帮助其了解社会救助政策同时，通过竞争动员、参与动员，帮助其以各种形式的就业为载体积极融入社会，寻找新生活的支点。

第三，体制内与体制外相结合的动员。前已述及，开展社会救助的目的主要有保障城市困难群体的基本生活、巩固政权与维护社会稳定、确保经济体制改革的正常运行等。城市困难群体基本生活的保障、政权的巩固与社会秩序的稳定、经济体制改革的正常运行等都不是一党一派的私事，它是全国各族人民的公事，所以包括城市困难群体的社会救助在内的社会建设诸方面的社会动员必然是体制内动员和体制外动员同时并举。这里的"体制内"指的是党中央和中央政府通过威权组织结构，自上而下采取的政治动员；而"体制外"指的

---

① 浙江省民政厅关于开展低保和医疗救助政策宣传工作的通知，法规政策—中国社会救助网（http://106.120.238.38:815/fgzc/info—7623.shtml）。

是非政府、公民个体等社会力量。在城市困难群体社会救助的宣传动员中,我们可以很清楚地看到这一点。在社会救助政策的宣传中,既有各级民政部门有组织、成体系的自上而下的宣传,也有大众传媒尤其是一些非官方背景的网络、报纸、微信公众号等的宣传,可谓是纵横交错!但是要注意的是,体制内的动员是基础。因为尽管国家在一系列的改革步骤中,逐步将进行社会治理和控制的权力下放,但由于新生问题的大量涌现,国家的管理任务并未随之减轻。同时,国家对资源的掌握和控制能力也并未大幅度减弱。发生变化的只是控制的方式由直接变为间接,由显著的制度安排变成了微妙的实践逻辑。①

4. 社会动员绩效分析

社会救助动员工作基本上是成功的,在社会救助工作中发挥了多方面的功能。

第一,有利于城市困难群体和人民群众掌握救助方针、政策,认同政府的要求。要群众了解和掌握国家的社会救助政策是社会救助动员的直接目的。通过宣传动员、竞争动员和志愿服务等方式,这方面的目的业已达到。如在重庆市江津区开展的第一个社会救助宣传月活动中,白沙镇低保对象何跃平因患肺气肿无钱治疗,妻子在宣传现场得知有医疗救助政策,立即回家将病床上的何跃平送进江津区第二人民医院接受治疗,获得2000元救助金,现已治愈出院;原几江低保对象李光全,2008年4月因重新就业后被停止低保待遇,但一家三口收入仅980元,女儿又在上高中,生活非常拮据,得知低保对象再就业后有就业补贴,高兴地说:"有补贴我就不担心了,也不后悔退出低保了。"宣传月活动中,共有279名低保对象主动退保。②

第二,有利于整合救助资源,提高救助水平。社会救助动员的广泛开展,使群众在了解和掌握国家社会救助政策的同时,也唤起群众对社会救助工作的回应。社会动员的开展使城市困难群体与社会成员

---

① 吴开松:《论社会动员在构建和谐社会中的功能》,《中南民族大学学报》(人文社会科学版)2007年第6期,第90页。

② 集中宣传社会救助政策 全面动员社会广泛参与(http://jj.cq.gov.cn/zfxx/news/2009—5/148_6661.shtml)。

第三章　中国共产党领导的城市困难群体社会救助制度考察

自助与互助的积极性大为增强。如2006年北京市麦子店街道办事处动员辖区内的企业参与以"生活扶困、身体扶康、精神扶志、智力扶学、就业扶技"为主要内容的城市扶贫时，企业是有抵触情绪的。如一些负责人立刻把它和社会上常见的"揩油"联系到一起；另外一些人觉得，城市居民有"各种政府保障"，企业有钱可以到农村扶贫。后来，街道开始在社区报上大量报道有关帮扶的情况，逐渐消除了企业的担心，使得企业看到"确实城市里需要帮助的穷人很多，政府包揽不过来，而且钱确实给他们了"。在"五扶"工程实施之初，出钱还是主要的援助手段，"由街道出面，与企业达成协议，每年不低于3000块标准。"开始大多数企业直接按月给钱，有的企业则是给物品，也有些因为孩子读书考学了而给额外补助等。但给钱，让城市困难群体有很大压力。无论救助者如何善意地表达自己的愿望，这终究看起来像是一次施舍。看着一拨又一拨好心人把一叠一叠钞票送到家中，得到父母的千恩万谢，麦子店街道居民骆鹏心里其实不是滋味。一直到2008年初，街道办事处与两家餐饮企业达成帮扶协议，由企业为他提供了电脑和上网费用。骆鹏感觉，自己又能离开这个8平方米的小房间了。他先像大多数电脑爱好者一样学习了动漫制作。后来，因为附近有一家大型图书批发市场，他就在家开了一家网店，由父母给他进货。[①] 在这个过程中，社会资源得以有效整合，从现金救助到实物救助、服务救助，救助水平有了质的飞跃。

群众对救助方针的掌握和社会资源的有效整合，最终都促进了社会救助工作的顺利完成。正如2012年12月27日民政部副部长窦玉沛在全国社会救助工作会议上的报告中指出：这些成绩的取得"是党中央、国务院和地方各级党委、政府高度重视、正确领导的结果，是相关部门大力支持、密切协作的结果，更是地方民政部门和社会救助战线广大干部职工共同努力的结果"。可见从地方到中央都充分肯定了社会动员工作对社会救助工作的重要作用。

---

① 中国城市有多少穷人，人民时政—人民论坛网，http://politics.rmlt.com.cn/2011/0822/24410.shtml。

第四章 中国共产党领导的城市困难群体社会救助主要实践

社会救助思想来源于社会救助实践，又最终以社会救助实践为归宿。1992—2012年间中国城市困难群体的社会救助实践情况如何？笔者认为，其最大的特点就是政府救助与民间救助共存互补，当然，由于这一时期我国的资源动员模式仍是政府主导型，中国政府构建服务型政府的意识更为自觉，政府在包括城市济贫在内的各项社会救助事业中扮演着主要角色。

一 政府救助

所谓政府救助是指以国家机构为责任主体的社会救助。为了救助城市困难群体，党和政府根据日渐增强的综合国力，强化政府责任，出台了一系列社会救助政策，并付诸实施。从1997年9月《国务院关于在全国建立城市居民最低生活保障制度的通知》、2005年3月国务院办公厅转发民政部、财政部等《关于建立城市医疗救助制度试点工作的意见》、2003年12月建设部、财政部、民政部等联合发布《城镇最低收入家庭廉租住房管理办法》到2007年8月国务院发布《关于解决城市低收入家庭住房困难的若干意见》，住房救助的范围扩大到城市低收入家庭。另外，政府还按照有关规定，对一些家庭经济困难学生进行减免学费等多种形式的救助。这样，与社会主义市场经济体制相适应，城市困难群体的社会救助走到了体系化的路子上来，取得了显著的成绩，为我国的现代化建设创造了良好的社会环

第四章　中国共产党领导的城市困难群体社会救助主要实践

境。与1992—2012年间中国经济社会发展进程相适应，关于城市困难群体的政府救助事业发展大致可分为两个时期。

（一）1993—1999年：基本建立城市居民最低生活保障制度

前已述及，面对因经济社会结构转型而导致的城市庞大的贫困人口，中国传统的城市救济政策显得捉襟见肘、力不从心，探索建立现代社会救助制度势在必行。

作为中国最大的工商业城市和经济中心，上海社会救助制度改革与创新走在全国的前列。1993年5月7日，上海市民政局、财政局、劳动局、人事局、社会保险局、市总工会联合发布《关于本市城镇居民最低生活保障线的通知》，宣布自1993年6月1日起，在全市范围内实施低保制度，标准为月人均120元。上海市率先建立了城市居民最低生活保障线制度，拉开了城市社会救济制度改革的序幕，标志着城市居民最低生活保障制度在中国的诞生。

在1994年5月召开的第十次全国民政工作会议上，民政部肯定了上海的经验，明确提出："随着经济体制改革的深入，建立健全社会保障制度"，并明确把"对城市社会救济对象逐步实行按当地最低生活保障线标准进行救济"列入"民政工作今后五年乃至本世纪末的发展目标"，并部署在东部沿海地区进行试点。到1995年上半年，已有上海、厦门、青岛、大连、福州、广州6个大中城市相继建立了城市居民最低生活保障制度。1995年5月，民政部在厦门、青岛分别召开了全国城市最低生活保障线工作座谈会，由上述已经建立了最低生活保障制度的城市介绍经验，并号召将这项制度推向全国。到1995年底，建立这项制度的城市发展到12个。1996年初召开的民政厅、局长会议重点研究了这项工作，根据形势的发展作出决定：进一步加大推行最低生活保障制度的力度。到1996年底，建立城市居民最低生活保障制度的城市增加到了116个（其中直辖市2个、计划单列市5个、省会城市17个、地级市55个、县级市37个），山东、江苏、浙江、广东等省还整体设计、连片实施。到1997年8月底，全

中国共产党与城市困难群体的社会救助(1992—2012)

国已有206个城市建立了这项制度,约占全国建制市的1/3。① 这一时期,各地方政府在探索过程中因地制宜,出现了具有代表意义的"上海模式""武汉模式"及"重庆模式"。

在这一发展阶段,国务院对民政部在全国推广建立城市居民最低生活保障制度的做法给予了充分的肯定。1997年3月,在八届全国人大五次会议上,李鹏指出:"现在全国有100多个城市建立了最低生活保障制度,这是保障居民基本生活需要的重要措施,也是适合我国国情的一种社会保障办法,要逐步加以完善。"② 在《关于国民经济和社会发展"九五"计划和2010年远景目标纲要的报告》中,李鹏指出:"逐步建立城市居民最低生活保障制度,帮助城市贫困人口解决生活困难。"于是,"建立城市居民最低生活保障制度"的思想第一次写进了最高层次的政府文件——《国民经济和社会发展"九五"计划和2010年远景目标纲要》中。③ 同年5月,李鹏在国务院办公厅秘书四局《情况反映》第二期上就"各地建立城市居民最低生活保障制度的情况"批示:"(这项制度)目前还只由较发达地区实行,中西部实行甚少。这是一件花钱不多,效果极佳,有利于社会安定的得力措施,应在全国按规定执行。"④ 同年9月,国务院颁布了《关于在全国建立城市居民最低生活保障制度的通知》(以下简称《通知》),指出:"建立城市居民最低生活保障制度,是《中华人民共和国国民经济和社会发展'九五'计划和2010年远景目标纲要》提出的一项重要任务,是改革和完善传统社会救济制度、建立健全社

---

① 多吉才让:《中国最低生活保障制度研究与实践》,人民出版社2001年版,第101页。
② 李鹏:1997年3月1日第八届全国人民代表大会第五次会议《政府工作报告》,《人民日报》1997年3月2日。
③ 民政部救灾救济司:《城市居民最低生活保障制度文件资料汇编》(一),1998年2月,第6—7页。
④ 张佳:《为改革催生——城市最低生活保障制度发展综述》,《中国社会报》1997年8月21日。

第四章 中国共产党领导的城市困难群体社会救助主要实践

会保障体系的重大举措。"① 《通知》要求：1997年底以前，已建立这项制度的城市要逐步完善，尚未建立这项制度的要抓紧做好准备工作；1998年底以前，地级以上城市要建立起这项制度；1999年底以前，县级市和县政府所在地的镇要建立起这项制度。各地要根据当地实际情况，逐步使非农业户口的居民得到最低生活保障。《通知》明确了保障对象的范围和保障标准：家庭人均收入低于当地最低生活保障标准的持有非农业户口的城市居民，主要是以下三类人员：无生活来源、无劳动能力、无法定赡养人或抚养人的居民；领取失业救济金期间或失业救济期满仍未能重新就业，家庭人均收入低于最低生活保障标准的居民；在职人员和下岗人员在领取工资或最低工资、基本生活费后以及退休人员领取退休金后，其家庭人均收入仍低于最低生活保障标准的居民。保障标准由各地人民政府自行确定。各地要本着既保障基本生活、又有利于克服依赖思想的原则，按照当地基本生活必需品费用和财政承受能力，实事求是地确定保障标准。保障标准由各地民政部门会同当地财政、统计、物价等部门制定，经当地人民政府批准后向社会公布，并且随着生活必需品的价格变化和人民生活水平的提高适时调整。所定标准要与其他各项社会保障标准相衔接。实施城市居民最低生活保障制度所需资金，由地方各级人民政府列入财政预算，纳入社会救济专项资金支出科目，专账管理。② 这意味着建立城市低保制度已经成为党和政府工作中的一件大事。在《通知》颁布后第二天，国务委员李贵鲜在全国建立城市居民最低生活保障制度电视电话会议上发表了讲话，指出城市低保制度建设的重要意义，要求以民政部为主的各部门通力协作，充分动员社会力量，以实际行动迎接党的十五大的召开。③ 鉴于我国城镇社会救助政策的滞后性，江泽民在党的十五大报告中提出，要"实行保障城镇困难居民基本生活

---

① 《新时期劳动力和社会保障重要文献选编》，中国劳动社会保障出版社、中央文献出版社2002年版，第259页。
② 同上书，第259—261页。
③ 民政部救灾救济司编：《城市居民最低生活保障制度文件资料汇编》（一），1998年2月，第17—21页。

的政策"。至此,建立城市居民最低生活保障制度已经成为中共中央、国务院在社会保障领域的重要决策之一,其推进的速度明显加快。1998年,时任国务院总理朱镕基在中共中央、国务院召开的国有企业下岗职工基本生活保障和再就业工作会议上,首次把养老保险制度、失业保险制度、下岗职工基本生活保障制度和城市居民最低生活保障制度称为有中国特色的社会保障制度,把城市居民最低生活保障制度称为"最后一道安全网",这为《城市居民最低生活保障条例》的颁布、社会救助制度立法工作的加快提供了重要契机。[①] 同时,这也说明中央政府最高领导对制度发展的关切和希望。1999年11月,在民政部于福建省泉州市召开的全国城市居民最低生活保障工作会议上,民政部副部长范宝俊宣布:截至9月底,全国668个城市和1638个县政府所在地的建制镇已经全部建立起最低生活保障制度。到10月底,最低生活保障对象增加到282万人,其中,传统民政对象占21%;新增加的救助对象占79%。[②] 这意味着我国提前三个月完成了国务院颁布的《关于在全国建立城市居民最低生活保障制度的通知》中设定的任务。至此,城市居民最低生活保障制度在我国基本确立。

为了规范城市居民最低生活保障制度,保障城市居民基本生活,1999年9月,国务院颁布了《城市居民最低生活保障条例》(以下简称《条例》),将城市居民最低生活保障制度上升到了法律规范的层次。与《关于在全国建立城市居民最低生活保障制度的通知》相比,《条例》更具可操作性,主要体现在以下几个方面:

一是明确了城市居民享受最低生活保障的条件。《条例》规定:"持有非农业户口的城市居民,凡共同生活的家庭成员人均收入低于当地城市居民最低生活保障标准的,均有从当地人民政府获得基本生

[①] 多吉才让:《中国最低生活保障制度研究与实践》,人民出版社2001年版,第182页。
[②] 范宝俊:《在全国城市居民最低生活保障工作会议上的讲话》,1999年11月26日,民政部救灾救济司提供。

第四章 中国共产党领导的城市困难群体社会救助主要实践

活物质帮助的权利。"①"对无生活来源、无劳动能力又无法定赡养人、扶养人或者抚养人的城市居民,批准其按照当地城市居民最低生活保障标准全额享受。""对尚有一定收入的城市居民,批准其按照家庭人均收入低于当地城市居民最低生活保障标准的差额享受。"②

二是明确了各级政府的责任和保障资金来源的主渠道。《条例》规定:"城市居民最低生活保障制度实行地方各级人民政府负责制。县级以上地方各级人民政府民政部门具体负责本行政区域内城市居民最低生活保障的管理工作;财政部门按照规定落实城市居民最低生活保障资金;统计、物价、审计、劳动保障和人事等部门分工负责,在各自的职责范围内负责城市居民最低生活保障的有关工作。县级人民政府民政部门以及街道办事处和镇人民政府(以下统称管理审批机关)负责城市居民最低生活保障的具体管理审批工作。居民委员会根据管理审批机关的委托,可以承担城市居民最低生活保障的日常管理、服务工作。国务院民政部门负责全国城市居民最低生活保障的管理工作。""城市居民最低生活保障所需资金,由地方人民政府列入财政预算,纳入社会救济专项资金支出项目,专项管理,专款专用。"③ 城市居民最低生活保障资金由地方政府列入财政预算。从这些制度规定看,城市低保资金主要靠地方政府和地方财政解决。当然,对财政确有困难的地区,中央财政给予支持。如在国庆 50 周年前后,各地的最低生活保障标准普遍提高了 30%。增加的开支 80%以上出自中央财政,除北京、上海、山东、江苏、浙江、福建、广东 7 省市以外,其他省、市、自治区都得到了来自中央的财政补贴,1999 年 7—12 月就达 4 亿元。④

三是明确了制定最低生活保障标准的原则和权限。《条例》规定:

---

① 《新时期劳动和社会保障重要文献选编》,中国劳动社会保障出版社、中央文献出版社 2002 年版,第 416 页。
② 同上书,第 418 页。
③ 同上书,第 416—417 页。
④ 范宝俊:《在全国城市居民最低生活保障工作会议上的讲话》,1999 年 11 月 26 日,民政部救灾救济司提供。

中国共产党与城市困难群体的社会救助(1992—2012)

"城市居民最低生活保障标准,按照当地维持城市居民基本生活所必需的衣、食、住费用,并适当考虑水电燃煤(燃气)费用以及未成年人的义务教育费用确定。直辖市、设区的市的城市居民最低生活保障标准,由市人民政府民政部门会同财政、统计、物价等部门制定,报本级人民政府批准并公布执行;县(县级市)的城市居民最低生活保障标准,由县(县级市)人民政府民政部门会同财政、统计、物价等部门制定,报本级人民政府批准并报上一级人民政府备案后公布执行。"① 由于各地的经济发展水平、人民消费水平存在较大差异,所以允许各地根据实际情况分别制定最低生活保障标准,但必须以保障居民的最低生活为原则;另外,随着城市居民生活水平的不断提高,最低生活保障标准还确定了"只升不降"的原则。

四是根据各地的实际做法,对城市居民最低生活保障待遇的申请、核实、审批、监督等程序都作了比较明确具体的规定,最大限度地杜绝了传统救济的随意性。《条例》规定:"申请享受城市居民最低生活保障待遇,由户主向户籍所在地的街道办事处或者镇人民政府提出书面申请,并出具有关证明材料,填写《城市居民最低生活保障待遇审批表》。城市居民最低生活保障待遇,由其所在地的街道办事处或者镇人民政府初审,并将有关材料和初审意见报送县级人民政府民政部门审批。管理审批机关为审批城市居民最低生活保障待遇的需要,可以通过入户调查、邻里访问以及信函索证等方式对申请人的家庭经济状况和实际生活水平进行调查核实。申请人及有关单位、组织或者个人应当接受调查,如实提供有关情况。"②

五是明确了工作人员和保障对象两方面的法律责任。《条例》列举了一些工作人员和保障对象可能出现的违法违纪行为,并明确了惩处的办法。"从事城市居民最低生活保障管理审批工作的人员有下列行为之一的,给予批评教育,依法给予行政处分;构成犯罪的,依法

---

① 《新时期劳动和社会保障重要文献选编》,中国劳动社会保障出版社、中央文献出版社2002年版,第417页。
② 同上书,第417—418页。

第四章 中国共产党领导的城市困难群体社会救助主要实践

追究刑事责任：（一）对符合享受城市居民最低生活保障待遇条件的家庭拒不签署同意享受城市居民最低生活保障待遇意见的，或者对不符合享受城市居民最低生活保障待遇条件的家庭故意签署同意享受城市居民最低生活保障待遇意见的；（二）玩忽职守、徇私舞弊，或者贪污、挪用、扣压、拖欠城市居民最低生活保障款物的。""享受城市居民最低生活保障待遇的城市居民有下列行为之一的，由县级人民政府民政部门给予批评教育或者警告，追回其冒领的城市居民最低生活保障款物；情节恶劣的，处冒领金额1倍以上3倍以下的罚款：（一）采取虚报、隐瞒、伪造等手段，骗取享受城市居民最低生活保障待遇的；（二）在享受城市居民最低生活保障待遇期间家庭收入情况好转，不按规定告知管理审批机关，继续享受城市居民最低生活保障待遇的。"[1]

从以上的分析中，我们可以发现，城市居民最低生活保障制度从制度设计层面始终把关注人特别是减轻贫困放在第一位，因而被誉为"花钱不多，效果极佳"[2]的社会工程。它秉承让城市困难群体分享经济社会发展成果的宗旨，在保障城市困难群体的基本生活方面发挥了巨大的作用。

到1996年底，全国已有101个城市建立了最低生活保障制度，比上年增加近80个；共有84.9万人生活水平在最低生活保障线以下的城镇居民及时得到了国家的社会救济。地方政府和企事业单位已为建立最低生活保障制度投入资金3亿元。[3]

1997年底，全国城镇共有贫困人口532.6万人。建立城市居民最低生活保障制度作为国家解决城镇贫困人口的生活问题的一项重大举措，取得重大进展。全国已有375个城市公布决定建立居民最低生活

---

[1] 《新时期劳动和社会保障重要文献选编》，中国劳动社会保障出版社、中央文献出版社2002年版，第419—420页。

[2] 张佳：《为改革催生——城市居民最低生活保障制度发展综述》，《中国社会报》1997年8月21日。

[3] 1996年民政事业发展统计报告，中华人民共和国民政部，http://www.mca.gov.cn/article/sj/tjgb/200801/200801000094219.shtml。

保障制度，其中的317个城市开始进入具体操作，比上年增加了227个，已占全国城市总数的47.6%。地级市已有56.3%实施了城市最低生活保障制度，超额完成了国务院既定的任务。国家共投入保障资金3亿元，有89.2万人生活水平在最低生活保障线以下的城镇居民得到了救助，为城镇的社会稳定提供了有力的保障。[1]

1998年底，全国已有1702个市（县）建立城市居民最低生活保障制度，其中：地级市204个，占地级市总数的89.9%，超额完成了国务院既定的目标；县级市373个，占县级市总数的85.4%；县1121个，占县总数的66.4%。国家共投入保障资金7亿元，比上年增长了133.3%，救助了184万生活水平在最低生活保障线以下的城镇居民。[2]

1999年底，城市居民最低生活保障制度建设工作全面完成，在全国所有的城市和县人民政府所在地的镇全部建立了城市居民最低生活保障制度，部分农村也建立了这项制度。国家和社会全年用于最低生活保障救助支出23.7亿元。其中，中央财政安排了4亿元专项资金，用于提高中西部地区城市居民最低生活保障标准；北京、上海、江苏等7个省、市从地方财政中落实了2.3亿元，将城市居民最低生活保障标准普遍提高了30%。截至1999年底，共有531.6万生活水平在最低生活保障线以下的城乡居民得到了救助，为维护社会稳定发挥了积极作用。[3]

（二）2000—2012年：建立与完善现代社会救助体系

进入21世纪，党中央提出了"三个代表"重要思想，提出了全面建设小康社会、和谐社会以及科学发展观等治国理念，党和政府更加重视经济社会全面发展，中国步入社会政策时代，城市困难群体社会救助事业得到空前发展。这一阶段，在继续发展与完善城市居民最

---

[1]《中国民政统计年鉴（1998）》，中国统计出版社1998年版，第175页。
[2]《中国民政统计年鉴（1999）》，中国统计出版社1999年版，第126页。
[3] 1999年民政事业发展统计报告，中华人民共和国民政部，http://www.mca.gov.cn/article/sj/tjgb/200801/200801000093969.shtml。

第四章 中国共产党领导的城市困难群体社会救助主要实践

低生活保障制度的同时,党和政府还提出建立社会救助体系问题,进行专项救助制度的建设。

1. 最低生活救助

应该指出,如果说城市低保制度是一座"超级楼宇",那么在世纪之交它只是刚刚完成了主体构架,要使它实用、适用和有效,还须花更大的气力。此外,当时各地在运行过程中出现的诸如"工作发展不平衡,一些地方存在财政投入不足、属地管理原则没有完全落实、管理工作不够规范、基层日常管理、服务工作不适应以及最低生活保障与其他保障措施衔接不够紧密等问题"[①],制约着城市居民最低生活保障制度的进展。在此背景下,继续发展和完善城市居民最低生活保障制度便成为一个亟待解决的现实问题。2000—2012年间,城市居民最低生活保障制度在以下几个方面得到进一步发展与完善:

第一,扩大救助覆盖面,实现应保尽保。2000年,城市居民最低生活保障制度虽然已在全国普遍建立,但这项制度的实施还未达到其应有的覆盖面,尚有大量城市贫困人口由于各种原因未能享受最低生活保障。就全国而言,城市低保对象人数不过406.2万,但专家估计的城市贫困人口却在1500万—2000万人之间。由此可见,城市最低生活保障制度应保未保现象十分严重。原因有三:一是有的地方根据当地财政拿出的保障资金数量来确定保障人数,在地方财政紧张的情况下,以附加其他限制条件的办法在困难人员中选择最困难的予以保障,使得一部分按规定应保障的对象未享受保障。二是有相当一部分地区,尚未按属地管理原则把中直企业困难职工家庭纳入当地最低生活保障范围。据民政部提供的材料,全国各地的中央直属企业中约有1000家亏损或困难,企业职工的1/3约300万人生活困难,是一个较大的困难群体。但是,一些以中央直属企业为主体建立起来的城市,例如辽宁省的本溪市、鞍山市,河南省的洛阳市、平顶山市,情况都比较复杂,当地政府无力负担这些企业困难职工的生活保障。四

[①] 《新时期劳动和社会保障重要文献选编》,中国劳动社会保障出版社、中央文献出版社2002年版,第543页。

川省反映,该省中央部委所属三线企业多,且多数是亏损企业,下岗职工集中,如果要求当地政府负责这些企业职工的最低生活保障,当地政府承担不起。在已出台最低生活保障制度的城市,只有少数城市按属地原则把中直困难企业纳入了最低生活保障,大部分城市将之留给企业自己去解决,这些企业大多难以落实。① 三是1999年下半年按照中央要求提高最低生活保障标准后,一些地方尚未将符合最低生活保障条件的新增人员纳入保障范围。为此,2001年1月,民政部下发了《关于进一步做好2001年城市居民最低生活保障工作的通知》(民发〔2001〕16号),明确要求:由于贫困人口数量较多,本着循序渐进、逐步扩大范围的原则,2001年,全国享受城市居民最低生活保障的总人数要有较大的增加,缩小应保未保面,争取用较短的时间彻底解决保障对象遗漏问题。2001年11月12日,国务院办公厅下发《关于进一步加强城市居民最低生活保障工作的通知》,提出"坚决克服按非农业人口一定比例下达保障对象指标等简单化的办法,尽快把所有符合条件的城市贫困人口纳入最低生活保障范围"②。当年,城市低保制度覆盖人口就达到了1170万人。也正是因为在扩大救助覆盖面上的显著成绩,2001年被认为是最低生活保障制度跳跃式发展的一年。围绕应保尽保工作,政府相关部门重点做了两方面工作:一是强调属地管理,特别是把中直企业困难职工家庭纳入当地保障范围。《关于进一步加强城市居民最低生活保障工作的通知》指出:各地区要全面贯彻执行《城市居民最低生活保障条例》,按照属地管理的原则,将中央、省属企业,尤其是远离城镇的军工、矿山等企业符合条件的贫困职工家庭纳入最低生活保障范围,不得以任何理由将他们排斥在外。二是科学核定收入方法,按实际收入计算家庭收入。在党和政府的积极推动下,应保尽保目标基本实现(见表4-1)。

---

① 肖春江:《为城镇居民构筑最后一道"安全网"》,《中国社会保险》1998年第7期,第13页。
② 《新时期劳动和社会保障重要文献选编》,中国劳动社会保障出版社、中央文献出版社2002年版,第544页。

第四章　中国共产党领导的城市困难群体社会救助主要实践

表 4-1　　　　　　城市最低生活保障人数及年增长率　　　单位：万人、%

指标＼年	2001	2002	2003	2004	2005	2006	2007	2008	2009	2010	2011	2012
保障人数	1170.7	2064.7	2246.8	2205	2234.2	2240.1	2272.1	2334.8	2345.6	2310.5	2276.8	2143.5
年增长率	190.8	76.4	8.8	-1.9	1.3	0.3	1.4	2.8	0.5	-1.5	-1.5	-5.9

资料来源：《中国民政统计年鉴（2011）》，中国统计出版社 2011 年版，第 19 页；《中国民政统计年鉴（2013）》，中国统计出版社 2013 年版，第 40 页。

第二，增加城市低保资金的投入，逐步提高城市居民最低生活保障水平。前已述及，应保未保现象出现的原因之一就是"资金瓶颈"。在经济发展的基础上不断增加低保资金投入，是逐步扩大覆盖面、提高城市居民最低生活保障水平的必然要求。《国务院关于进一步加强城市居民最低生活保障工作的通知》指出：地方各级人民政府，特别是省级人民政府必须加大最低生活保障资金投入。2001 年 12 月，朱镕基在中央经济工作会议上指出，各级地方财政在明年预算中必须优先安排低保所需资金，并纳入财政专户管理，保证资金专款专用。对财政确实困难的地区，中央财政和省级财政要通过专项转移支付继续予以必要的补助。民政部积极贯彻中央精神，要求地方政府调整财政支出结构，加大低保资金投入力度。2006 年 6 月，民政部、财政部联合发出《关于切实做好适当提高城市居民最低生活保障补助水平工作有关问题的通知》（民发〔2006〕99 号），要求各地要从本地实际出发，在 2005 年基础上适当提高城市居民最低生活保障补助水平。各级民政、财政部门要做好相关资金测算和筹措工作，切实保证低保资金及时发放。中央财政将适当增加低保补助资金，重点向财政确有困难的中西部地区、老工业基地倾斜。2011 年 4 月，财政部、民政部联合下发《关于加强城乡最低生活保障资金预算执行管理工作的通知》（财社〔2011〕37 号），明确要求"地方各级财政部门要进一步优化支出结构，加大资金投入，通过累计结余、当年预算和上级补助等渠道筹集所需资金"。据《2012 年社会服务发展统计报告》显示，截至 2012 年底，全年各级财政共支出城市低保资金

674.3亿元,比上年增长2.2%,其中中央财政补助资金439.1亿元,占总支出的65.1%。① 同时,保障标准与支出水平也逐年增长(见表4-2)。

表4-2 城市最低生活保障平均标准与平均支出水平(2003—2012)

单位:元/人、月

年份 指标	2003	2004	2005	2006	2007	2008	2009	2010	2011	2012
城市低保 平均标准	149	152	156	169.6	182.4	205.3	227.8	251.2	287.6	330.1
城市低保平 均支出水平	58.0	65.0	72.3	83.6	102.7	143.7	172.0	189.0	240.3	239.1

资料来源:《中国民政统计年鉴(2013)》,中国统计出版社2013年版,第41页。

第三,规范化管理与完善城市低保制度。自2001年以来,政府相关部门多次发文,强调城市居民最低生活保障工作的规范化管理,坚决纠正低保工作中的制度不完善、工作随意性大、经费缺乏、服务水平不高等问题。2004年1月,针对一些媒体和互联网上出现的《低保金竟被劫贫济富》的报道,反映个别地方借发放低保金"搭车"销售彩票、信封、杂志,有的地方强迫老年低保对象参加扫雪,有的地方出现冒领低保金现象,以及低保热线电话高收费等现象,民政部认为这些情况虽然未经核实,但应引起高度重视,下发了《关于严格规范低保管理工作的紧急通知》(民电〔2004〕16号),提出"低保管理服务机构要严格依法、照章办事,审核发放低保金不得附带低保政策规定之外的其他条件,不得以任何形式向低保对象强行销售物品","按时足额发放低保金,是民政部门的职责,各地在发放时不得以各种名目'七扣八扣'。调查审核低保申请人的家庭收入和财产要坚持实事求是的原则,按照规定的标准进行审核。"2004年3月,温家宝在政府工作报告中明确提出"要进一步做好城市低保工

---

① 《中国民政统计年鉴(2013)》,中国统计出版社2013年版,第8页。

第四章 中国共产党领导的城市困难群体社会救助主要实践

作、规范低保标准和范围"。民政部积极响应党和政府的号召，于2004年4月下达了《关于进一步加强和规范城市居民最低生活保障工作的通知》（民办函〔2004〕60号），明确要求各地尽快推进分类施保。通过分类施保，城市低保的救助工作比以往"一刀切"更具有针对性和科学性，在一定程度上提高了城市低保特殊救助对象的实际满足程度。2006年6月，民政部、财政部联合发出《关于切实做好适当提高城市居民最低生活保障补助水平工作有关问题的通知》（民发〔2006〕99号），强调要进一步加强城市低保工作的规范化管理，形成"低保对象有进有出、补助水平有升有降"的良性工作运行机制，切实巩固动态管理下的应保尽保成果。使得城市低保的规范化管理又向前迈进了一大步。2007年6月，民政部下发了《关于开展基层低保工作规范化建设活动的通知》（民函〔2007〕177号），提出用一年时间在全国开展以"规范管理、优质服务"为主题、以"健全制度、规范操作、提高素质、改善条件、促进公开"为目标的基层低保工作规范化建设活动，并明确了规范化工作的基本内容。为全面、准确掌握我国城市居民最低生活保障情况，及时分析判断制度运行中存在的问题，2007年11月民政部制定了城市居民最低生活保障统计报表制度。为了精准瞄准救助人群，2008年10月民政部会同有关部委（局）联合下发《城市低收入家庭认定办法》（民发〔2008〕156号），就城市低收入家庭的认定标准、认定程序、认定方法以及民政部门的职责任务等作出明确规定，为城市困难群体社会救助工作公平、公正实施提供了科学依据。为了进一步加强城乡最低生活保障资金管理，提高资金使用效益，确保城乡困难群众基本生活，根据国家有关法律法规和财政部专项补助资金管理有关规定，2012年9月民政部、财政部制定了《城乡最低生活保障资金管理办法》（财社〔2012〕171号）。为规范最低生活保障审核审批流程，确保低保制度公开、公平、公正实施，民政部2012年12月制定并印发了《最低生活保障审核审批办法（试行）》（民发〔2012〕220号）。为切实加强和改进最低生活保障，同月，国务院下发了《关于进一步加强和改进最低生活保障工作的意见》（国发〔2012〕45号），提出了七大政策措施：完善最低生活保障对象认定条件；规范最低生活保障审核审批程序；建立救助申请家庭经济状况核对机制；加强最低生活保障对象动态管理；健全最低生活保障工作监管机制；建立健全投诉举报核查制度；加强最低生活保障与其他社会救助制度的有效衔接。该《意见》对保证城市居民最低生活保障工作的科学化、规范化、精确化，充分发挥其保障城市困难群体基本生活的基础性作用具有重要的意义。

第四，社会公平进一步得到凸显。如 2007 年 1 月初，民政部联合中国银行、中国建设银行、中国工商银行、中国农业银行、国家邮政局邮政储汇局下发了《关于免收代发最低生活保障资金费用的通知》，就减免相关费用作出明确规定，包括免收账户服务费，即低保金专用存折账户一律免收开户费、工本费、小额账户服务费、小额账户管理费，同时免收民政部门的委托代发费、手续费。此外，还免收查询、挂失费用。仅此一项，为低保群众节省支出上亿元。

在制度进一步完善与发展的基础上，城市居民最低生活救助保障覆盖面更广、水平更高，更多的城市困难群体共享改革发展的成果。2000 年底，国家用于最低生活保障救助支出 34.5 亿元，比上年增长 45.6%，其中：城市居民最低生活保障支出 27.2 亿元，比上年增长 76.6%；共有 402.6 万城镇居民得到了最低生活保障，比上年增长 51.4%。① 2001 年，按照党中央、国务院的部署，各级民政部门下大力气狠抓了城市低保制度的扩面工作。截至 2001 年底，全国符合城市最低生活保障条件的人员 1655.3 万人，比上年同期增长 134%；共有 1170.7 万城镇居民得到了最低生活保障，比上年增长 190.8%。② 在党中央、国务院和地方各级党委、政府的领导下，各级民政干部上下配合，统一行动，有力地促进了低保工作的落实，2002 年 7 月实现了应保尽保。截至 2002 年底，共有 2064.7 万城镇居民、819 万户低保家庭得到了最低生活保障，其中：在职人员 186.8 万人，下岗人

---

① 《中国民政统计年鉴（2001）》，中国统计出版社 2001 年版，第 4 页。
② 《中国民政统计年鉴（2002）》，中国统计出版社 2002 年版，第 24 页。

第四章 中国共产党领导的城市困难群体社会救助主要实践

员554.5万人,退休人员90.1万人,失业人员358.3万人,上述人员家属783.1万人,"三无"人员91.9万人,有效地保证了最低收入标准以下群众的基本生活,支持了改革开放的顺利进行,维护了社会的稳定。全年共用低保资金108.7亿元,其中,中央财政投入46亿元。2002年全国城镇最低生活保障月人均保障水平52元。① 2003年8月首次出现低保人数的负增长。2003年底,共有2246.8万城镇居民、930万户家庭得到了最低生活保障。其中:在职人员179.3万人,比上年同期下降了4%;下岗人员518.4万人,比上年同期下降了6.5%;退休人员90.7万人,比上年同期增长了0.7%;失业人员409.1万人,比上年同期增长了14.2%;上述人员家属949.4万人,"三无"人员99.9万人,比上年同期增长了8.7%。全年各级财政共支出低保资金151亿元,其中,中央财政投入92亿元。2003年全国城市最低生活保障月人均保障水平58元。② 2004年底城市居民最低生活保障平均标准达到152元。全国共有955.5万户、2205万城镇居民得到了最低生活保障,分别比上年同期增加2.7%和下降了1.9%。得到最低生活保障人员中:在职人员141万人,比上年同期下降了21.4%;下岗人员468.9万人,比上年同期下降了9.6%;退休人员73.1万人,比上年同期下降了19.4%;失业人员423.1万人,比上年同期增长了3.5%;上述人员家属1003.5万人,比上年同期增长了5.7%;"三无"人员95.4万人,比上年同期下降了4.5%。全年各级财政共支出低保资金172.7亿元。2004年全国城市最低生活保障月人均保障水平65元,比上年提高12%。③ 2005年全国城市居民最低生活保障月人均保障水平72.3元,比上年提高11.2%。2005年底城市居民最低生活保障平均标准达到156元。全国共有994.7万户、2234.2万城市居民得到了最低生活保障,分别比上年同期增长4.1%和1.3%,保障户型结构向小户型转变,使城市居民中的孤寡老人、

---

① 《中国民政统计年鉴(2003)》,中国统计出版社2003年版,第26页。
② 《中国民政统计年鉴(2004)》,中国统计出版社2004年版,第30页。
③ 《中国民政统计年鉴(2005)》,中国统计出版社2005年版,第32页。

"三无"对象进一步得到了保障,城市低保对象连续3年稳定在2200多万人,城市最低生活保障制度进入了平稳发展时期。得到最低生活保障人员中:在职人员114.1万人,比上年同期下降了19.1%;下岗人员430.7万人,比上年同期下降了8.1%;退休人员61.3万人,比上年同期下降了16.1%;失业人员410.1万人,比上年同期下降了3.0%;"三无"人员95.8万人,与上年基本持平;上述人员的家属及其他特殊救济人员1122.1万人,比上年同期增长11.8%。[①] 2006年底全国共有1029.7万户、2240.1万城市居民得到了最低生活保障。全年各级财政共支出低保资金224.2亿元,比上年增长16.8%。2006年全国城市最低生活保障月人均保障水平83.6元,比上年提高15.6%。2006年底城市居民最低生活保障平均标准169.6元,比上年提高8.7%。城市居民中的"三无"对象等得到了有效救助。城市低保对象连续4年稳定在2200多万人,城市最低生活保障制度进入了平稳运行时期。得到最低生活保障人员中:在职人员97.6万人,占总人数的4.3%;下岗人员350万人,占总人数的15.6%;退休人员53.2万人,占总人数的2.4%;失业人员420.8万人,占总人数的18.8%;"三无"人员93.1万人,占总人数的4.2%;上述人员的家属及其他特殊救济人员1225.3万人,占总人数的54.7%。[②] 2007年底,全国共有1064.3万户、2272.1万城市居民得到了最低生活保障。全年各级财政共支出低保资金277.4亿元,比上年增长23.7%。得到最低生活保障人员中:在职人员93.9万人,占总人数的4.1%;灵活就业人员343.8万人,占总人数的15.1%;老年人298.4万人,占总人数的13.1%;登记失业人员627.2万人,占总人数的27.6%;未登记失业人员364.3万人,占总人数的16%;在校生321.6万人,占总人数的14.2%;其他未成年人223万人,占总人数的9.8%。2007年全国城市最低生活保障月人均保障水平102.7元,比上年提高22.8%;全国城市居民最低生活保障平均标准182.4元,比上年提

---

① 《中国民政统计年鉴(2006)》,中国统计出版社2006年版,第35页。
② 《中国民政统计年鉴(2007)》,中国统计出版社2007年版,第38—39页。

第四章　中国共产党领导的城市困难群体社会救助主要实践

高 7.5%。① 2008 年底，全国共有 1110.5 万户、2334.8 万城市居民得到了最低生活保障。全年各级财政共支出低保资金 393.4 亿元，比上年增长 41.8%。得到最低生活保障人员中：在职人员 82.2 万人，占总人数的 3.5%；灵活就业人员 381.7 万人，占总人数的 16.3%；老年人 316.7 万人，占总人数的 13.6%；登记失业人员 564.3 万人，占总人数的 24.3%；未登记失业人员 402.2 万人，占总人数的 17.2%；在校生 358.1 万人，占总人数的 15.3%；其他未成年人 229.6 万人，占总人数的 9.8%。2008 年全国城市最低生活保障月人均保障水平 143.7 元，比上年提高 39.9%；全国城市居民最低生活保障平均标准 205.3 元，比上年提高 12.6%。② 2009 年底，全国共有 1141.1 万户、2345.6 万城市低保对象。全年各级财政共支出低保资金 482.1 亿元，比上年增长 22.5%，其中中央财政补助资金为 359.1 亿元（其中春节一次性补贴 34.2 亿元），占全部支出资金的 74.5%。城市低保对象中：在职人员 79.0 万人，占总人数的 3.4%；灵活就业人员 432.2 万人，占总人数的 18.4%；老年人 333.5 万人，占总人数的 14.2%；登记失业人员 510.2 万人，占总人数的 21.8%；未登记失业人员 410.9 万人，占总人数的 17.5%；在校生 369.1 万人，占总人数的 15.7%；其他未成年人 210.7 万人，占总人数的 9.0%。2009 年全国城市低保平均标准 227.75 元，比上年提高 10.9%；全国城市低保月人均保障水平 172 元，比上年提高 19.7%。③ 2010 年底，全国共有 1145.0 万户、2310.5 万城市低保对象。全年各级财政共支出城市低保资金 524.7 亿元，比上年增长 8.8%，其中中央财政补助资金为 365.6 亿元，占全部支出资金的 69.7%。城市低保对象中：在职人员 68.2 万人，占总人数的 3.0%；灵活就业人员 432.4 万人，占总人数的 18.7%；老年人 338.6 万人，占总人数的 14.7%；登记失业人员 492.8 万人，占总人数的 21.3%；未登记失业人员 419.9 万人，占

---

① 《中国民政统计年鉴（2008）》，中国统计出版社 2008 年版，第 41 页。
② 《中国民政统计年鉴（2009）》，中国统计出版社 2009 年版，第 46 页。
③ 《中国民政统计年鉴（2010）》，中国统计出版社 2010 年版，第 43—44 页。

中国共产党与城市困难群体的社会救助(1992—2012)

总人数的18.2%；在校生357.3万人，占总人数的15.5%；其他201.2万人，占总人数的8.7%。2010年全国城市低保平均标准251.2元，比上年增长10.3%；全国城市低保月人均补助水平189.0元，比上年提高9.9%。① 2011年底，全国共有城市低保对象1145.7万户、2276.8万人。全年各级财政共支出城市低保资金659.9亿元，比上年增长25.8%，其中中央财政补助资金502.0亿元，占总支出的76.1%。2011年全国城市低保平均标准287.6元，比上年增长14.5%；全国城市低保月人均补助水平240.3元（含一次性生活补贴），比上年提高27.1%。2011年救济城市"三无"人员19.3万人，比去年增长30.9%。② 2012年底，全国共有城市低保对象1114.9万户、2143.5万人。全年各级财政共支出城市低保资金674.3亿元，比上年增长2.2%，其中中央财政补助资金439.1亿元，占总支出的65.1%。2012年全国城市低保平均标准330.1元，比上年增长14.8%；全国城市低保月人均补助水平239.1元。2012年救济城市"三无"人员9.9万人。③

2. 医疗救助

长期以来，我国城镇职工实行国家和单位包揽的公费医疗制度。改革开放以来，随着城市公费医疗制度向医疗保险制度的转变，使得医疗保障制度只能覆盖部分人群，相当一部分城市新困难群体以及城市原有困难群体，都无力承担相关的医疗保障费用，于是出现了被医疗保险排斥群体的医疗保障风险。2003年，第三次国家卫生服务调查分析报告指出，在城市居民中，三次调查均显示无任何医疗保障的居民比例随收入水平的降低而有明显增加的趋势。1993年最低收入的城市居民中有49.89%没有任何医疗保障，到1998年和2003年，低收入人口中无保障的比例则明显增加，分别达到71.88%和

---

① 《中国民政统计年鉴（2011）》，中国统计出版社2011年版，第51页。
② 《中国民政统计年鉴（2012）》，中国统计出版社2012年版，第7页。
③ 《中国民政统计年鉴（2013）》，中国统计出版社2013年版，第8页。

第四章　中国共产党领导的城市困难群体社会救助主要实践

76.03%。① 据民政部 2005 年对全国 1119 个县（市、区）统计，在 1200 万名城市低保对象中，参加城镇职工基本医疗保险的人数只有 84 万多人，仅占低保人数的 7%，因病造成生活贫困的低保家庭比例高达 58%。② 由此可见，因病致贫、因病返贫已经成为比较突出的社会问题。由于缺乏稳定的医疗救助资金来源和制度保障，看病难问题一直困扰着这些贫困家庭。而对城市困难群体实施医疗救助既是政府义不容辞的责任，也是公民的基本权利。因此，建立和完善城镇医疗救助制度已成为社会和谐稳定发展的迫切需要。

医疗救助作为社会救助的主要内容和医疗保障体系的底线制度，其制度化建设于 20 世纪 90 年代初开始在上海、大连、武汉等城市地区萌芽，但正式且全国性的制度建设却是在进入 21 世纪后逐渐开展起来的。

早在 2000 年 12 月国务院颁布的《关于完善城镇社会保障体系的试点方案》中就明确规定要积极探索建立社会医疗救助制度，帮助城市困难群体解决医疗问题。2003 年初，《国务院办公厅转发国家经贸委等部门关于解决国有困难企业和关闭破产企业职工基本生活问题若干意见的通知》（国办发〔2003〕2 号）要求，"各地政府在扩大医疗保险覆盖面的同时，要尽快通过建立社会医疗救助制度，对暂时无力缴费、没有参加医疗保险的困难企业职工，提供必要的医疗救助"。2003 年 3 月，国务院第 2 次常务会议明确：城市医疗救助制度由民政部牵头，会同有关部门调研后，提出试点方案报国务院审批。2004 年 9 月，温家宝在国务院第 65 次常务会议上提出了要重点帮助解决城乡特困群众看病难、子女上学难的问题，加快制订建立城市医疗救助试点方案的要求。这些指示、要求和部署，为建立城市医疗救助制度试点工作指明了方向。

2005 年 3 月，国务院办公厅转发民政部等四部委出台的《关于

---

① 吕静：《对我国城市医疗救助制度的再认识》，《劳动保障世界》2012 年第 2 期，第 39 页。

② 李学举主编：《民政 30 年：1978—2008》，中国社会出版社 2008 年版，第 81 页。

建立城市医疗救助试点工作的意见》（国办发〔2005〕10号），对城市低保、"三无"人员以及其他的特殊困难群体医疗服务予以救助，开始了城市医疗救助的进程；并要求各地从2005年开始，用2年时间在全国部分县（市、区）进行试点，内容主要包括涉及该制度的资金筹集、救助对象以及救助方式等；接着再用2—3年时间在全国建立起管理制度化、操作规范化的城市医疗救助制度。至此，医疗救助制度的雏形已经清晰可见。2007年，结合城镇居民基本医疗保险试点工作，民政部、财政部、劳动和社会保障部联合发文要求做好城市医疗救助和城镇居民基本医疗保险的衔接工作，完善医疗救助实施方案，对困难居民在城镇居民基本医疗保险支付之外个人难以负担的医疗费用，按有关规定给予适当补助。对未参加城镇居民基本医疗保险的困难居民，按照规定及时给予救助。同时要求广泛发动社会力量，通过多种渠道和方式进一步帮助城市困难居民缓解医疗难问题。截至2008年底，城镇医疗救助制度在全国范围内普遍建立起来。

为了进一步完善城乡医疗救助制度，保障困难群众能够享受到基本医疗卫生服务，2009年民政部、财政部等部门在《关于进一步完善城乡医疗救助制度的意见》（民发〔2009〕81号）中提出用3年左右时间，在全国基本建立起资金来源稳定，管理运行规范，救助效果明显，能够为困难群众提供方便、快捷服务的医疗救助制度。2012年民政部等部门就开展重特大疾病医疗救助试点工作提出若干意见，帮助解决患重特大疾病贫困患者医疗经济负担，对于保障困难群众基本生存权益，维护社会稳定具有重要意义。

城市医疗救助制度的建立和完善，提高了城市困难群体对卫生服务的利用。一是在保障城市困难群体的基本医疗需求方面发挥了积极的作用。2005年底，城市医疗救助114.9万人次。全年中央财政共补助城乡医疗救助资金6亿元，有力地保障了各地医疗救助工作的开展。[①] 2006年，全年支出城市医疗救助资金8.1亿元，城市医疗救助

---

① 《中国民政统计年鉴（2006）》，中国统计出版社2006年版，第35页。

第四章 中国共产党领导的城市困难群体社会救助主要实践

187.2万人次,人均医疗救助水平434元。① 2007年,全年支出城市医疗救助资金14.4亿元,城市医疗救助442万人次,人均医疗救助水平326.6元。② 2008年,城市医疗救助制度从试点时期进入全面实施阶段。全年城市医疗救助支出29.7亿元,其中:民政部门资助参保资金3.9亿元,城市民政部门医疗救助21.4亿元。累计救助1086.2万人次,其中:民政部门资助参保642.6万人次,人均救助水平60.5元;城市民政部门医疗救助443.6万人次。人均医疗救助水平483.5元。③ 2009年,出台城乡医疗救助四部门文件,城乡医疗救助已纳入国家基本医疗保障体系。推行"一站式"服务和医疗费即时结算的医疗救助模式。全年用于城市医疗救助的各级财政性资金41.2亿元,其中:民政部门资助参加医疗保险资金5.8亿元,大病医疗救助31.4亿元。累计救助1506.3万人次,其中:民政部门资助参加医疗保险1095.9万人次,人均救助水平53.5元;城市民政部门大病医疗救助410.4万人次,人均医疗救助水平764.7元。④ 2010年全年累计救助城市居民1921.3万人次,其中:民政部门资助参加城镇居民基本医疗保险1461.2万人次,人均救助水平52.0元;民政部门直接救助城市居民460.1万人次,人均医疗救助水平809.9元。全年用于城市医疗救助的各级财政性资金49.5亿元,比上年增长20.1%,其中:民政部门资助城镇居民参加基本医疗保险资金7.6亿元,比上年增长31.0%;直接救助37.3亿元,比上年增长18.8%。⑤ 2011年全年累计救助城市居民2222万人次,其中:民政部门资助参加城镇居民基本医疗保险1549.8万人次,人均救助水平67.9元;民政部门直接救助城市居民672.2万人次,人均医疗救助水平793.6元。全年各级财政共支出城市医疗救助资金67.6亿元,比上年增长

---

① 《中国民政统计年鉴(2007)》,中国统计出版社2007年版,第39页。
② 《中国民政统计年鉴(2008)》,中国统计出版社2008年版,第42页。
③ 《中国民政统计年鉴(2009)》,中国统计出版社2009年版,第42页。
④ 《中国民政统计年鉴(2010)》,中国统计出版社2010年版,第46页。
⑤ 《中国民政统计年鉴(2011)》,中国统计出版社2011年版,第53页。

36.6%。① 2012年全年累计救助城市居民2077万人次，其中：民政部门资助参加城镇居民基本医疗保险1387.1万人次，人均救助水平84元；民政部门直接救助城市居民689.9万人次，人均医疗救助水平858.6元。全年各级财政共支出城市医疗救助资金70.9亿元，比上年增长4.9%。② 二是从心理层面改变了城市困难群体的就医行为。城市医疗救助制度的建立，将游离于城市医疗保障制度之外的贫困人群覆盖到医疗保障范围内，使他们从没钱看病到有钱看病，从不敢看病到慢慢敢于去看病。据民政部的调查，在医疗救助工作开展之前，贫困居民患病一般采取自我医疗，而实施了医疗救助之后，自我医疗的比例有所减少，看医生的比例增加。

3. 住房救助

自住房货币化改革以来，城市困难群体的住房问题逐步显现。2000年第五次全国人口普查结果显示，全国城市人均住房建筑面积达21.81平方米，达到了小康水平，但是尚有1044万户的家庭人均建筑面积在8平方米以下，占城市家庭户的12.3%③，城市住房贫困户（其中相当一部分属于困难群体）的大量存在对全面建成小康社会是一个严峻的挑战，也是社会安定的一大隐患，关系到我国城市经济体制改革的成败得失。中国政府与国际社会一致认为，安全、适当的住房是人们的一项基本权利，而不只是某些人可以支付得起的商品。解决好城市住房困难问题是一个政府义不容辞的责任。中国政府积极回应，主要通过提供廉租住房来确保城市低收入群体的基本居住权利。

从1998年国家出台廉租住房政策至今，廉租住房制度经历了一个从试点探索到全国实施并逐步完善的过程。1998年，《国务院关于进一步深化城镇住房制度改革加快住房建设的通知》（国发〔1998〕23号）首次提出建立廉租住房制度。即最低收入家庭租赁由政府或

---

① 《中国民政统计年鉴（2012）》，中国统计出版社2012年版，第8页。
② 《中国民政统计年鉴（2013）》，中国统计出版社2013年版，第9页。
③ 转引自王红丽《中国城市住房困难户研究——现状、成因及对策》，中国人民大学硕士学位论文2004年，第13页。

第四章 中国共产党领导的城市困难群体社会救助主要实践

单位提供的廉租住房,廉租住房可以从腾退的旧公有住房中调剂解决,也可以由政府或单位出资兴建,租金实行政府定价。1999年,建设部等部门联合制定了《城镇廉租住房管理办法》(建设部令第70号),明确了城镇廉租房是指政府和单位在住房领域实施社会保障职能,向具有城镇常住居民户口的最低收入家庭提供的租金相对低廉的普通住房。2001年《国民经济和社会发展"十五"计划纲要》中,明确提出"建立廉租房供应保障体系",加快解决城镇最低收入居民的住房问题。2003年,《国务院关于促进房地产市场持续健康发展的通知》(国发〔2003〕18号)提出要强化政府住房保障职能,形成以财政预算资金为主、稳定规范的住房保障资金来源、实行以发放租赁补贴为主,实物配租和租金核减为辅的保障方式。同年,建设部等部门修订并颁布了《城镇最低收入家庭廉租住房管理办法》(建设部令第120号),进一步明确和细化了城镇廉租住房制度,要求各地自2004年3月1日起实施新的廉租房管理办法。新办法以补"人头"为廉租住房制度的主体,辅以实物配租、租金核减等有效保障,为逐渐完善我国多层次的住房救助制度体系提供了基本的制度框架;并对廉租住房资金来源、准入退出等作出较为详细的规定。2005年3月,国家发改委、建设部颁布《城镇廉租住房租金管理办法》,规范了廉租住房租金的管理。2005年5月,《国务院办公厅转发建设部等部门关于做好稳定住房价格工作意见的通知》(国办发〔2005〕26号)提出,城镇廉租住房制度建设情况要纳入省级人民政府对市(区)、县人民政府工作的目标责任制管理,要求切实落实资金,着力扩大廉租住房制度覆盖面。同年7月,建设部、民政部颁布《城镇最低收入家庭廉租住房申请、审核及退出管理办法》(建住房〔2005〕122号),规定了城镇廉租住房的具体管理办法。2006年5月,《国务院办公厅转发建设部等部门关于调整住房供应结构稳定住房价格意见的通知》(国办发〔2006〕37号)提出,廉租住房是解决低收入家庭住房困难的主要渠道,要落实廉租住房资金筹措渠道,城市人民政府要将土地出让净收益的一定比例用于廉租住房建设。同年8月,财政部、建设部、国土资源部又出台了《关于切实落实城镇廉租住房保障资金的通知》(财综〔2006〕25号),明确了廉租住房建设资金的筹措渠道与管理的有关问题。

2007年8月,《国务院关于解决城市低收入家庭住房困难的若干意见》(国发〔2007〕24号),进一步明确廉租住房制度是解决城市低收入家庭住房困难的主要途径,要求扩大保障范围、健全保障方式、多渠道增加房源、确保保障资金来源。同时,提出了廉租住房制度近期发展目标,健全了相关工作机制,从而确立了廉租住房制度在住房保障体系中的核心地位。同年11月,建设部等九部门修订并颁布了《廉租住房保障办法》(建设部令第162号),明确了廉租住房保障范围为城市低收入住房困难家庭,并对廉租住房保障方式、保障资金及房屋来源、申请与核准及监督管理等作出详细规定。《廉租住房保障办法》较之《城镇廉租住房管理办法》,进一步完善了城市廉租住房制度,增强了可操作性。这就逐步实现了党的十七大提出的让人民"住有所居"的民生发展目标。自此,国家扩大了对廉租房的财政投入,城市困难群体的住房救助问题被提到了新的高度。

2008年12月,《国务院办公厅关于促进房地产市场健康发展的若干意见》(国办发〔2008〕131号)提出,要求通过加大廉租住房建设力度和实施城市棚户区(危旧房、筒子楼)改造等方式,解决城市低收入住房困难家庭的住房问题。中央加大对廉租住房建设和棚户区改造的投资支持力度,对中西部地区适当提高补助标准。2009年5月,经国务院同意,住房和城乡建设部、发展和改革委员会、财政部印发《2009—2011年廉租住房保障规划》(建保〔2009〕91号),提出从2009年起到2011年,争取用三年时间,基本解决747万户现有城市低收入住房困难家庭的住房问题。据此,形成了中央以目标责任的方式下达建设计划,以及省级负总责,市、县抓落实的工作机制。为加强廉租住房管理,确保廉租住房公平配租和有效使用,2010年4月,住建部、财政部、民政部下发《关于加强廉租住房管理有关问题的通知》(建保〔2010〕62号),要求各地住房保障部门要加强廉租住房合同管理,对正在享受实物配租廉租住房或领取廉租住房租赁补贴的家庭,再购买其他住房的,应当办理廉租住房保障退

第四章 中国共产党领导的城市困难群体社会救助主要实践

出手续。对骗取廉租住房保障、恶意欠租、无正当理由长期空置、违规转租、出借、调换和转让廉租住房等行为,住房保障部门要按照有关规定或合同约定严肃处理,直至收回廉租住房,并取消该家庭在一定时间内再次申请廉租住房保障的资格。

廉租住房是我国住房保障制度的核心。根据居住权保障本位原则,即提供廉租住房并非仅仅是国家对城市困难群体的简单帮助和恩赐,其逻辑起点在于保障每个公民都享有"适当条件"的居住权,居住权是基础和目标。十多年来的实践证明,廉租住房制度在保障城市困难群体的基本生活水平,尤其是其居住权等方面有着不可或缺的贡献。

根据住房和城乡建设部(包括国务院机构调整前的建设部)发布的历年廉租住房制度实施情况的通报,全国的情况我们可以窥见一斑:截至2005年底,291个地级以上城市中,已经有221个城市实施了廉租住房制度,占地级以上城市的75.9%。其中,河北、浙江、山西、湖南、广东、江西、山东、四川、贵州、青海、新疆11个省、自治区,地级以上城市全部实施了廉租住房制度;江苏、安徽2个省,超过80%的城市实施了廉租住房制度。全国累计用于最低收入家庭住房保障的资金为47.4亿元,已有32.9万户最低收入家庭被纳入廉租住房保障范围。其中,租赁补贴9.5万户;实物配租4.7万户;租金核减18.2万户;其他方式保障4796户。北京、上海、河北等地基本实现了对符合条件的最低收入家庭应保尽保。[①] 截至2006年底,全国657个城市中,已经有512个城市建立了廉租住房制度,占城市总数的77.9%。其中,287个地级以上城市中,有283个城市建立了廉租住房制度,占地级以上城市的98.6%;370个县级市中,有229个城市建立了廉租住房制度,占县级市的61.9%。浙江、广东、河北、江西、甘肃、陕西、江苏、湖北8个省的90%以上城市建立了廉租住房制度。截至2006年底,累计已有54.7万户低收入家庭,通过廉租住房制度改善了住房条件。其中,领取租赁住房补贴的家庭

---

① 《关于城镇廉租住房制度建设和实施情况的通报》(建住房〔2006〕63号),《中国建设报》2006年4月5日,第2版。

16.7万户，实物配租的家庭7.7万户，租金核减的家庭27.9万户，其他方式改善居住条件的家庭2.4万户。2006年当年新增21.9万户，其中领取租赁住房补贴的家庭7.2万户，实物配租的家庭3万户，租金核减的家庭9.7万户，其他方式改善居住条件的家庭2万户。① 截至2007年底，通过廉租住房制度，全国已有95万户最低收入家庭住房条件得到改善，在这95万户中，2007年就有68万户是通过廉租住房制度解决困难的最低收入家庭。即是说从1998年到2006年这么长的时间当中，通过廉租住房制度所解决的低保家庭的住房困难户数，远不如2007年一年解决的数量。解决廉租住房需要大量的资金投入。从1998年起，到2007年底，地方政府累计投入了用于廉租住房制度建设的资金165亿元，其中在2007年一年当中投入的资金是94亿元，占了1998年到2006年总和的1.3倍。同时，按照24号文件的要求，中央财政首次向中部、西部财政收入比较困难的地区支付了51亿元资金，专门用于廉租住房制度的建设。2007年是我国廉租住房制度建设步伐迈得最大的一年。② 截至2008年底，廉租住房累计保障户数已达294.8万户，其中廉租住房补贴229万户，实物配租26.2万户，租金核减34.1万户，其他方式5.5万户。2008年新增保障户数191.2万户，筹集廉租住房保障资金382.1亿元，累计筹集廉租住房37.2万套。③ 2009年，全年新开工和收购、改建廉租住房217万套，新增发放廉租住房租赁补贴116万户。④

如果说全国的情况过于笼统、抽象，这里我们可以通过梳理作为在全国有着重要政治、经济地位的城市——武汉在实施廉租住房制度方面的成就来进一步印证这一政策在保障基本居住权方面的积极作用。武汉市的廉租住房体系是从2000年开始建立的。当年，根据国

---

① 《建设部通报去年城镇廉租住房制度建设情况　全国已有512个城市建立廉租住房制度》，《中国建设报》2007年2月16日，第1版。
② 廉租住房制度是现行的住房保障体系中最核心内容，2008两会—中国网，http://www.china.com.cn/2008lianghui/2008-03/20/content_13164290.htm。
③ 转引自米勇生主编《社会救助》，中国社会出版社2009年版，第278页。
④ 《告别单纯提速　实现又好又快》，《中国建设报》2011年1月6日，第1版。

第四章 中国共产党领导的城市困难群体社会救助主要实践

家建设部《廉租住房管理办法》的规定,武汉市拟定了《关于建立我市廉租住房保障机制的工作意见》,对廉租住房申请对象、廉租房来源、建设资金、租金标准以及动态管理等问题提出了明确的意见;与市民政部门共同组织了对全市 6000 户"低保对象"的住房调查工作。[1] 2003 年,武汉市廉租房制度初步建立。针对全市人均住房面积 6 平方米以下的低保户家庭的实际情况,各区房改办会同民政部门、街道办事处开展调查摸底工作,保证政策落实到位。全年先后对 2677 户承租公有住房的最低收入家庭实行租金核减,减轻了他们的经济负担,并对 228 户最低收入家庭配租了廉租房。[2] 2004 年,武汉市加大住房保障力度,有序推进了住房制度改革。全年为中低收入家庭提供经济适用住房(含集资合作建房)90.41 万平方米,筹集廉租房 128 套,并对 3376 户承租公有住房的最低收入家庭实行租金核减,共解决了约 1.5 万户中低收入家庭的住房困难。[3] 2005 年,武汉市提供了廉租住房 236 套,对 5326 户实现租金核减,并出台了租金补贴的文件,首次在全市开展了最低收入家庭租金补贴试点工作,全市有 2106 户最低收入家庭享受了租金补贴。[4] 2006 年,武汉市按照"凡申请必受理,凡符合条件必保障"的原则性要求实施廉租住房工作,按照分散布局、方便群众、相对集中和便于管理的原则,进一步确定了以订购小户型经济适用住房为主、收购二手房为辅的房源筹集方式。截至年底,全市通过租金核减、租金补贴、配房租赁等方式,缓解了 16176 户最低收入家庭的住房困难,其中,租金核减 7917 户,核减租金达 200 万元;租金补贴 7959 户,发放补贴 963 万元;配房租赁 300 户,使城区人均住房面积在 6 平方米以下的最低收入家庭实现了应保尽保。[5] 2007 年,武汉市投入廉租住房保障资金 10293 万

---

[1] 《武汉年鉴(2001)》,武汉年鉴社 2001 年版,第 136 页。
[2] 《武汉年鉴(2004)》,武汉年鉴社 2004 年版,第 130 页。
[3] 《武汉年鉴(2005)》,武汉年鉴社 2005 年版,第 140 页。
[4] 《武汉年鉴(2006)》,武汉年鉴社 2006 年版,第 166 页。
[5] 武汉市情网,http://www.whfz.gov.cn:81/was40/detail?record=1&primarykeyvalue=ID%3D29683&channelid=32747&searchword=%E5%BB%89%E7%A7%9F%E4%BD%8F%E6%88%BF。

中国共产党与城市困难群体的社会救助(1992—2012)

元,对全市 21569 户低保家庭实施了廉租住房保障,其中租金核减 7850 户,核减租金 249 万元;配房租赁 1278 户,配租建筑面积 7 万余平方米;租金补贴 12441 户,补贴租金 1579 万元,全市累计投入廉租住房保障资金已达到 2.4 亿元,实现了人均住房建筑面积 10 平方米以下低保家庭廉租住房政策的应保尽保。与此同时,启动廉租住房动态管理机制,通过复核享受廉租住房保障家庭的收入和住房情况,年内取消了 410 户不符合保障条件家庭的租金补贴。[①] 2008 年,武汉市在低保家庭廉租住房租金补贴应保尽保的基础上,进一步加强审核,启动动态管理机制,实施廉租住房保障提标扩面工作,将廉租住房保障范围扩大到低收入住房困难家庭。全年分 3 次对 37668 户低收入家庭发放租金补贴(含租金核减),实现了人均月可支配收入 400 元以下、人均住房建筑面积 10 平方米以下的低收入住房困难家庭租金补贴应保尽保。在百步亭、百姓之春、天勤花园等 12 个经济适用住房项目中安排建设 50 平方米以下小户型住房 1513 套,其中 1505 套住房作为 2008 年廉租住房配房租赁房源分配至各区,全市享受配房租赁家庭累计达到 2783 户。截至 2008 年底,全市共有 40451 户家庭享受了廉租住房保障。2008 年,武汉市廉租住房建设资金预算 4.7 亿元,资金来源为住房公积金增值收益和土地出让净收益。全年实际使用 3.3 亿元,其中,租金补贴(含租金核减)8910 万元,配房租赁资金 2.4 亿元。截至年底,全市累计投入廉租住房保障资金达 6.32 亿元。[②] 2009 年,武汉市配租廉租住房 7500 套,累计新增租金补贴户 1.87 万户,实现符合条件的困难家庭租金补贴应保尽保。安排建设廉租住房 1.45 万套,对全市 7500 户低收入住房困难家庭实行廉租住房配房租赁,占目标任务的 150%,是上年的近 5 倍;对 5562 户承租公有住房的最低生活保障住房困难家庭核减租金 127.32 万元;按照"凡申请必受理,凡符合条件必保障"的原则,对中心城区人均住房建筑面积 10 平方米以下、人均月可支配收入 400 元以

---

① 《武汉年鉴(2008)》,武汉年鉴社 2008 年版,第 147 页。
② 《武汉年鉴(2009)》,武汉年鉴社 2009 年版,第 152 页。

第四章　中国共产党领导的城市困难群体社会救助主要实践

下的2.71万户低收入住房困难家庭发放租金补贴3868.56万元，累计新增租金补贴1.87万户，实现了符合条件的低收入住房困难家庭租金补贴应保尽保。[①] 2010年，武汉市廉租住房的新建和配租工作有序实施，全年10个廉租住房项目全部开工建设，工程进展顺利。各区共完成符合条件的10505户配房租赁家庭资格审核，共安排配租1万户。廉租住房保障标准实现了提标扩面。7月，武汉市将廉租住房保障条件扩大到"人均月可支配收入600元以下，人均住房建筑面积12平方米以下"的城镇居民家庭。全年对42533户低收入住房困难家庭发放了租金补贴共8598.96万元，其中完成新增低收入住房困难家庭租金补贴17777户。[②] 2011年底，武汉市新增廉租住房租金补贴家庭4124户，廉租住房开工5593套。[③]

4. 教育救助

自20世纪90年代以来，教育产业化发展导致"上学贵、上学难"成为较大的社会问题，国家开始探索建立教育救助制度。

（1）义务教育阶段救助

1995年国家教委和财政部下发了《健全中小学生助学金制度的通知》，开始对经济困难学生实行"助学金制度"。两年后，又设立了"国家贫困地区义务教育助学金"，从此，我国城乡教育救助进入制度化运作阶段。进入21世纪，随着科学发展观的提出和服务型政府的逐步建立，国家出台了一系列对家庭经济困难子女进行教育救助的政策。2004年民政部、教育部《关于进一步做好城乡特殊困难未成年人教育救助工作的通知》（民发〔2004〕151号）要求，着力解决城乡特殊困难未成年人的教育救助工作中存在的操作不够规范、部门不太协调以及遗漏和重复救助等问题，明确城市救助的对象具体为：①属于城市"三无"对象（即无劳动能力、无生活来源、无法定扶养义务人或虽有法定扶养义务人但扶养义务人无扶养能力）的未

---

① 《武汉年鉴（2010）》，武汉年鉴社2010年版，第152—153页。
② 《武汉年鉴（2011）》，武汉年鉴社2011年版，第149页。
③ 《武汉年鉴（2012）》，武汉年鉴社2012年版，第156页。

成年人;②持有城市居民最低生活保障证家庭的未成年子女;③当地政府规定的其他需要教育救助的对象。通知要求到 2007 年要实现以下目标:①对属于城市"三无"对象的未成年人,基本实现普通中小学免费教育;②对持有城市居民最低生活保障证家庭的子女在义务教育阶段基本实现"两免一补"(免杂费、免书本费、补助寄宿生活费)。2006 年 6 月,新修订的《中华人民共和国义务教育法》第 2 条规定:"实施义务教育,不收学费、杂费"。以此为契机,城市困难群体的教育救助得到长足发展。如"十五"期间,青海省先后实施了对城镇困难家庭子女义务教育阶段"两免一补"教育救助政策,出台了《关于对城市低保家庭接受义务教育子女实行"两免一补"政策的意见》,规定困难家庭子女在接受九年义务教育阶段,可免交课本费、学杂费,在寄宿制学校就读的学生,还可享受一定的生活补助,在普通学校上学的学生也可得到一定的学习用品补助。[①] 再如 2006 年武汉市对 3.19 万名中心城区低保家庭接受义务教育子女补助教科书。[②] 又如长春市自 2006 年起开始实施城市低保家庭子女全部减免学费政策,建立贫困学生档案,截至 2007 年 4 月为近 3000 名城市低保家庭子女减免学杂费和补助书费 156.4 万元。在此基础上,长春市教育局宣布,将出资 200 万元,资助城市低保家庭子女 4000 名,免除其义务教育学杂费、书本费,补助寄宿学生伙食费。[③]

为贯彻《中华人民共和国义务教育法》,落实科学发展观,促进教育公平,2008 年春季学期,教育部在 16 个省(自治区、直辖市)和 5 个计划单列市进行了免除城市义务教育阶段学生学杂费试点。同时还在天津、上海等 8 个试点省市免除了教科书费。据调查,免除城市义务教育阶段学生学杂费后,每位学生每年可免交 190—350 元不等的费用。为了解决进城务工人员随迁子女就学问题。上海市从

---

① 《青海年鉴(2006)》,青海年鉴社 2006 年版,第 401 页。
② 武汉市地方志,http://www.whfz.gov.cn:8080/pub/dqwx/whnj/2006whnj_3/ml/czswsj/cz/200801/t20080101_30687.shtml。
③ 长春将对 4000 名城市低保家庭子女实行"两免一补",http://news.xinhuanet.com/edu/2007-04/17/content_5987628.htm。

第四章　中国共产党领导的城市困难群体社会救助主要实践

2008年起,对民工子弟学校进行规范,对每所民工子弟学校安排50万元用于改善办学条件,免除学生学杂费、教科书费,并按招收学生人数给予每生每年2000元左右的基本成本补贴。① 在部分地区先行试点的基础上,2008年8月国务院发出《关于做好免除城市义务教育阶段学生学杂费工作的通知》(国发〔2008〕25号),第1条规定"从2008年秋季学期开始,在全国范围内全部免除城市义务教育阶段学生学杂费",对享受城市居民最低生活保障家庭的义务教育阶段学生和家庭经济困难的寄宿学生补助寄宿生活费;第2条规定"对符合当地政府规定接收条件的进城务工人员随迁子女,在公办学校就读,免除学杂费,不收借读费"。如从2008年秋季学期开始,云南全部免除城市义务教育阶段公办学校学生学杂费。全省363546名学生受惠,其中:小学241100人,初中122446人。免除学杂费的标准,按照云南省制定的城市义务教育阶段学校"一费制"中杂费标准执行,即小学生一年110元,初中生一年190元。②

(2) 高中教育阶段救助

1995年颁布的《中华人民共和国教育法》规定,"国家、社会对符合入学条件、家庭经济困难的儿童、少年、青年提供各种形式的资助";2001年教育部、财政部、国务院扶贫开发领导小组办公室《关于落实和完善中小学贫困学生助学金制度的通知》(教财〔2001〕17号)第9条规定,"高中阶段贫困学生的资助问题,各地也要根据实际情况,通过建立助学金和奖学金制度予以解决"。2004年在民政部、教育部颁布的民发〔2004〕151号文件中提到,到2007年要实现向高中教育阶段的贫困生"提供必要的学习和生活补助"的目标。2006年党的十六届六中全会通过的《中共中央关于构建社会主义和谐社会若干重大问题的决定》明确提出:"完善高等教育和高中阶段

---

① 试点工作为全面免除城市义务教育学杂费奠定基础,教育频道—新华网,http://news.xinhuanet.com/newscenter/2008-07/31/content_8882427.htm。

② 免除城市义务教育阶段学杂费 我省36万学生受惠,云南网,http://special.yunnan.cn/index/content/2008-09/02/content_74925.htm。

中国共产党与城市困难群体的社会救助(1992—2012)

国家奖学金、助学金制度，落实国家助学贷款政策，鼓励社会捐资助学。"① 2007年，党的十七大报告提出，要"加快普及高中阶段教育"。根据十七大精神，2007年12月中央财政安排3亿元彩票公益金专款，为中西部22个省、自治区、直辖市和新疆生产建设兵团县镇和农村公办普通高中品学兼优的贫困生提供救助，救助名额30万人，每人1000元。具体由中国教育发展基金会管理。② 2010年11月，财政部、教育部出台了《普通高中国家助学金管理暂行办法》（财教〔2010〕461号）。根据文件精神，从2010年秋季学期起，中央与地方共同设立普通高中国家助学金，用于资助普通高中在校生中的家庭经济困难学生，资助面约占20%，平均资助标准为年生均1500元。普通高中国家资助政策的出台，标志着我国基本健全了从小学至大学的家庭经济困难学生资助政策体系。③ 这一系列的政策和措施反映了党和政府对困难学生的关心与关怀，是促进教育公平的有力措施。

目前，全国各省（自治区、直辖市）、大中城市基本上都建立了高中阶段贫困生教育救助制度，其救助资金主要来源于政府、学校和社会，其救助对象在城市范围内基本上都包括城市低保家庭或持《特困职工证》家庭的学生以及其他困难学生等。如长沙市关于城市贫困家庭高中学生的界定标准为：城市低保户子女、接受特殊教育的学生、因突发事件导致家庭贫困的子女、烈士子女、孤儿及按当地政府规定其他需要资助的学生。④ 尽管国家层面针对高中阶段贫困生教育救助的具体的可操作的制度性安排出台较晚，但还是在解决困难群体子女上学难方面起到了明显的作用。2010年秋季学期，国家新设立普通高中国家助学金，当年资助学生482万名，约占高中在校生总数

---

① 《十六大以来重要文献选编》下，中央文献出版社2008年版，第655页。
② 教育部：中央财政将用3亿彩票公益金资助贫困生，教育频道—新华网，http://news.xinhuanet.com/edu/2007-12/22/content_7293798.htm。
③ 教育部2011年第5次新闻通气会介绍国家资助家庭经济困难学生工作进展情况，教育—人民网，http://edu.people.com.cn/GB/8216/36635/14520952.html。
④ 贫困高中生每年补助千元，网易新闻中心，http://news.163.com/09/1121/09/5OKQSAC3000120GR.html。

第四章 中国共产党领导的城市困难群体社会救助主要实践

的20%，资助金额48亿元，其中中央财政支出22.56亿元。① 2011年，普通高中国家助学金首次全年实施，共资助学生480万人，金额72亿元。② 2012年，普通高中国家助学金资助学生491万人，资助金额73.44亿元。③

（3）高等教育阶段救助

1986年，原国家教委和财政部开始在部分普通高校实行"奖学金制度"试点。1987年，在本科普通高校的新生中全面实行奖学金制度。1993年国家教委和财政部下发了《关于对高等学校生活特别困难学生进行资助的通知》（教财〔1993〕51号），要求"各高校要从'奖贷基金'或'专业奖学金'中按每人每月两元的标准提取困难补助经费，用于补助生活特别困难的学生"。1995年，国家教委、财政部又下发了《关于对普通高等学校经济困难学生减免学杂费有关事项的通知》（教财〔1995〕30号），提出"在收取学杂费的普通高等院校中，对困难学生实行减免学杂费政策"。这样，就初步形成了比较完整的以奖学金、贷学金、勤工助学基金、困难补助金和学费减缓免（简称奖、贷、助、补、减）为主体的高校学生贫困生救助制度。

1997年中国高等教育全面实行收学费制度后，国家加大了对高校贫困生的教育救助力度。1999年6月教育部、财政部下发的《关于进一步加强高校资助经济困难学生工作的通知》（教财〔1999〕7号）规定，"各高校每年须从学费收入中划出10%经费专门用于勤工助学工作，适当提高勤工助学补助标准，加大对特殊困难学生补助力度"。1999年，中国人民银行、教育部、财政部制定了《关于国家助学贷款的管理规定（试行）》，确立了国家助学贷款的管理体制和运

---

① 2010年全国学生资助政策执行情况，教育频道—凤凰网，http://edu.ifeng.com/news/special/2011zhuxuedaikuan/content—6/detail_ 2011—08/15/8413970_ 0. shtml。
② 2011年资助资金近千亿元 家庭经济困难学生上学有保障，http://www.chsi.com.cn/gjzxdk/news/201208/20120809/334125839. html。
③ 2012年中国学生资助发展报告，教育部门户网站，http://www.moe.edu.cn/publicfiles/business/htmlfiles/moe/s5147/201311/159337. html。

中国共产党与城市困难群体的社会救助(1992—2012)

行机制,并在北京、上海等8个城市进行试点。2000年9月起,国家助学贷款政策在全国全面推行。2004年6月,国务院办公厅转发教育部、财政部、人民银行、银监会《关于进一步完善国家助学贷款工作若干意见》的通知(国办发〔2004〕51号),建立起了以风险补偿机制为核心的国家助学贷款新政策、新机制。2005年7月,财政部、教育部下发的《关于印发〈国家助学奖学金管理办法〉的通知》(财教〔2005〕75号)规定,"国家助学奖学金由中央政府出资设立,面向全国公办全日制普通高等学校在校本专科学生中的贫困家庭学生"。此外,2009年财政部、教育部印发《高等学校毕业生学费和国家助学贷款代偿暂行办法》(财教〔2009〕15号),决定自2009年起,对中央部门所属全日制普通高等学校应届毕业生,自愿到中西部地区和艰苦边远地区县以下基层单位工作、服务期达到3年以上(含3年)的学生,实施相应的学费和助学贷款代偿机制。

从总体而言,高等教育阶段的救助在政策内容上,以奖贷助为主、勤补免为辅。一"奖",即国家奖学金和国家励志奖学金;二"贷",即生源地和校园地国家助学贷款;三"助",不仅包括国家级助学金,还包括各地各高校设立的各级各类奖学金、助学金;四"勤",即学生可以利用课余时间从事高校提供的勤工助学;五"补",有路费和生活费补助,有特殊困难补助、伙食补贴等,有毕业后应征入伍或基层就业的学费补偿贷款代偿政策,还有退役士兵学费资助政策;六"免",包括师范生免费教育政策、家庭经济困难学生学费减免政策、新生入学"绿色通道"等。这些政策措施的施行,从制度上保障不让一位学生因家庭经济困难而失学,让每一位家庭经济困难学生都享有平等接受高等教育的机会。据初步统计,2008年,全国公办和民办全日制普通高等学校学生资助总金额约为293.7亿元,比2007年的272.92亿元增长7.6%;共资助学生4156.24万人次。[①] 2009年,全国公办和民办全日制普通高等学校直接用于资助学

---

① 2008年全国普通高校家庭经济困难学生资助政策执行情况,教育部门户网站,http://www.moe.gov.cn/publicfiles/business/htmlfiles/moe/s2902/200908/50736.html.

第四章 中国共产党领导的城市困难群体社会救助主要实践

生的资金为347.2亿元，比2008年的293.7亿元增加了53.5亿元，增幅18.21%；资助学生3106.04万人次。①2010年，全国高校学生资助经费支出总额437.3亿元，比2009年增加67.65亿元，增幅18.3%。其中，直接用于资助学生的资金407.9亿元，比2009年增加60.7亿元，增幅17.48%；资助学生3885万人次。②2011年，共资助全国普通高校学生4170.14万人次，资助金额首次达500.64亿元，比上年增加92.74亿元，增长22.74%。③2012年资助普通高校学生3842.7万人次，资助金额547.84亿元，比上年增加33.16亿元，增长6.44%，比2006年增长2.27倍。④这些受资助的普通高校学生中，不乏城市低保家庭或持《困难职工证》家庭的学生以及城市其他困难家庭的学生。如2012年8月，海南省首次向考入全日制大专以上院校的城乡低保家庭子女、孤儿及在校就读的困难学生实施一次性救助，救助金额最高达5000元。海南省要求，临时教育救助原则上以救助每年新录取考生为重点，兼顾救助已在校就读的困难学生。对于符合救助条件的申请者，各市县（区）民政部门可根据具体情况对其一次性提供3000元至5000元资金的临时教育救助。⑤

同时，还对高校毕业生因短期无法就业或就业后发生生活困难的，户籍迁入地民政部门为其提供最低生活保障或临时救助，积极鼓励享受低保待遇的高校困难毕业生通过各种途径就业，为高校困难毕业生就业创造条件。

5. 失业救助

我国目前的城市居民最低生活保障制度，从总体上来说，只能起

---

① 2009年全国普通高校资助政策执行情况，教育部门户网站，http://www.moe.edu.cn/publicfiles/business/htmlfiles/moe/s4560/201008/96208.html。
② 2010年全国学生资助政策执行情况，教育频道—凤凰网，http://edu.ifeng.com/news/special/2011zhuxuedaikuan/content-6/detail_2011-08/15/8413970_0.shtml。
③ 2011年资助资金近千亿元 家庭经济困难学生上学有保障，http://www.chsi.com.cn/gjzxdk/news/201208/20120809/334125839.html。
④ 2012年中国学生资助发展报告，教育部门户网站，http://www.moe.edu.cn/publicfiles/business/htmlfiles/moe/s5147/201311/159337.html。
⑤ 海南向大学新生发放临时教育救助，教育部门户网站，http://www.moe.gov.cn/publicfiles/business/htmlfiles/moe/s5147/201208/141320.html。

中国共产党与城市困难群体的社会救助（1992—2012）

到维持低保家庭最起码的生存水平的作用。很多研究表明，低保家庭要摆脱贫困和预防贫困，必须充分依靠自身的资源优势，并辅以必要的援助政策。在低保家庭中，蕴藏着丰富的劳动力资源且有强烈的就业愿望，但就业难、难就业往往成为低保家庭摆脱贫困的首要障碍。据民政部2002年9—10月的百城万户低保抽样调查统计结果，低保户目前遇到的最大困难：有28.7%的低保户认为是找工作难，25.9%的低保户认为是医疗费用高，17.3%的低保户认为是子女教育负担重，3.88%的低保户认为住房条件亟待改善。[1] 由此可见，失业救助是众多救助政策中最富有积极成效的对策之一。

失业救助就是面向就业年龄内有劳动能力和劳动意愿但尚未就业的、不在失业保险保障范围的社会成员，由政府和相关社团组织为其进行职业辅导和再就业培训，并提供相关津贴（包括失业者本人及其家庭成员的最低生活津贴、培训期间的交通和食宿补贴等）。最终，仍可能有部分失业者不被雇用，那么就让他们参加由政府组织实施的、以工代赈性质的社会公益劳动，然后以劳动报酬的形式发给他们救助金。通过这样的失业救助，一方面帮助广大受助者提高技能和素质，畅通就业信息渠道，促进其尽快就业；另一方面通过对不可能被雇用的劳动者提供公益性岗位，给予其充分的人格尊严和回报社会的机会，减少其单纯受助的心理压力。

我国尚未出台专门的失业救助法规，且在各级政府出台的城市居民最低生活保障条例、办法等文件中也基本未把失业救助作为重点内容，但这并不是说党和政府并不关注失业救助的问题。早在1994年10月，邹家华在全国社会发展工作会议上，针对产业结构、企业组织结构调整中出现的失业问题就明确要求："各级政府要拿出一定资金，继续实行以工代赈，组织农村和城镇富余劳动力从事各种开发性工作，千方百计把失业率控制在社会能够承受的范围内。"[2] 1998年6月下发

---

[1] 民政部公布"全国百城万户低保抽查"结果，http://news.xinhuanet.com/zonghe/2002-12/03/content_ 647701. htm.

[2] 《十四大以来重要文献选编》中，人民出版社1997年版，第1002页。

第四章　中国共产党领导的城市困难群体社会救助主要实践

的《中共中央、国务院关于切实做好国有企业下岗职工基本生活保障和再就业工作的通知》指出："对下岗职工从事社区居民服务业的，要简化工商登记手续，三年内可免征营业税、个人所得税以及行政性收费。……要鼓励企业主动吸收安置下岗职工，对企业利用现有场地、设施和技术发展多种经营，多渠道分流本企业富余人员和安置下岗职工的，要给予必要的政策扶持。……有条件的地区，还应安排专项资金，组织下岗职工参加市政与道路建设、环境保护、植树种草等公共工程，为下岗职工提供更多的就业机会。"[1] 2002年9月，胡锦涛在中央党校秋季开学典礼上以更为明确的语言指出："对特殊就业困难群体，通过开发公益性岗位等办法提供就业援助。"[2] 同月，江泽民在全国再就业工作会议上再次强调："要积极开展再就业援助。政府的资金和政策要集中用于帮助最困难的群众实现再就业，政府开发的公益性就业岗位主要应用来安排他们，并采取提供就业援助、社会保险补贴和岗位补贴等更加优惠的扶持政策。对下岗失业人员的职业介绍和再就业培训等服务都要免费。下岗失业人员自谋职业、服务型企业批量招收下岗失业人员、国有企业通过主辅分离分流安置富余职工等，都应在税费政策上给予支持。"[3] 在同一次会议上，朱镕基进一步强调："实施积极的就业政策，对特殊困难对象实施就业援助。"[4] 此次会议后，中共中央、国务院下发了《关于进一步做好下岗失业人员再就业工作的通知》，要求"完善和落实促进再就业的扶持政策"[5]，并明确界定了实施再就业扶持政策的对象范围、出台了一系列具体的就业扶持和援助措施。党的十六大以来，中国共产党公开作出改善民生的政治承诺，更为重视失业救助问题：一是把"完善对困难群众的就业援助制度"[6] 写入国民经济和社会发展"十一五"规划中；二是召开党

---

[1] 《十五大以来重要文献选编》上，人民出版社2000年版，第399—400页。
[2] 《十五大以来重要文献选编》下，人民出版社2003年版，第2544页。
[3] 同上书，第2562页。
[4] 同上书，第2572页。
[5] 同上书，第2586页。
[6] 《十六大以来重要文献选编》中，中央文献出版社2006年版，第1079页。

中国共产党与城市困难群体的社会救助(1992—2012)

的十六届六中全会专题研究民生问题,并把"扩大再就业政策扶持范围,健全再就业援助制度,着力帮助零就业家庭和就业困难人员就业"①写入《中共中央关于构建社会主义和谐社会若干重大问题的决定》;三是在党的第十七次全国代表大会的政治报告中把"完善面向所有困难群众的就业援助制度,及时帮助零就业家庭解决就业困难"作为十七届中央的一项重要任务;四是在《中华人民共和国就业促进法》中专列"就业援助"一章,明确规定"各级人民政府建立健全就业援助制度,采取税费减免、贷款贴息、社会保险补贴、岗位补贴等办法,通过公益性岗位安置等途径,对就业困难人员实行优先扶持和重点帮助"。此外,面对全球金融危机造成的就业困难,国务院出台《关于做好当前经济形势下就业工作的通知》,明确要求:"强化对就业困难人员的就业援助。采取更有利的措施,特别是组织开展就业援助系列活动,强化对就业困难人员、零就业家庭以及关停企业失业人员的就业援助,集中开展上门服务和'一对一'的援助服务,开发更多的公益性岗位,并把各项扶持政策落到实处。"②

党中央、国务院的一系列指示、要求和部署,为失业救助工作指明了方向。在此指导下,各地的失业救助工作轰轰烈烈展开了,并取得了积极成效。这里,我们可以通过2005年的情况来予以说明。

劳动保障部《关于开展2005年再就业援助月活动的通知》下发后,各地按照要求结合本地实际迅速部署,制订了各具特色的活动方案,积极组织实施。具体体现在以下三个方面:

一是加强组织领导,统一部署。(1)成立领导小组统一指挥。全国各省区市普遍成立再就业援助活动和清查非法职介指挥小组,落实执行机构,确保各项工作落实到位。北京、山东、安徽各区地市确定了一名局领导专门负责,抽调有关科室精干力量成立专门工作班子和工作小组,分工到人,积极开展援助月活动。湖北省劳动保障厅成立了由副厅长任组长的工作专班,各地市也相应成立工作专班。

---

① 《十六大以来重要文献选编》下,中央文献出版社2008年版,第654页。
② 《十七大以来重要文献选编》上,中央文献出版社2009年版,第862页。

第四章　中国共产党领导的城市困难群体社会救助主要实践

（2）主管领导带头深入基层。云南省实行州、县、镇三级联动的工作机制，要求就业服务机构的主要负责人亲自带队，深入用人单位、街道社区和援助对象家庭。江苏省要求劳动保障部门领导亲自带队、上门慰问，切实将资金补助到下岗失业人员特别是生活困难的下岗失业人员、再就业援助对象手中。（3）积极寻求各方支持。广东省、四川省要求各地市要及时向党委、政府汇报，积极争取当地党委、政府的支持。吉林省要求各级劳动保障部门要联合财政、税务、工商、社保等部门举办大型再就业扶持政策宣传活动，向援助对象介绍有关再就业扶持政策。甘肃省要求劳动保障系统的社会保险经办机构、就业服务机构、职业技能培训鉴定机构、劳动保障监察机构、劳务输出工作机构都要参加这次援助活动。

二是确定工作目标，明确援助范围。广东省将"零就业家庭"纳入重点援助对象范围，提出要确保50%以上的"零就业家庭"的下岗失业成员落实就业岗位，并组织地级以上城市开展"三个一"活动，即统一发放一则"零就业家庭"就业援助行动通告，向用人单位发一封参与援助的倡议书，向每个"零就业家庭"发一个"关爱联系卡"。福建省将援助对象明确为长期发不出工资的国有、集体困难企业和劳服企业中的特困下岗职工；国有、集体企业中因病、因灾、夫妻双下岗导致家庭生活发生严重困难的特困职工；已进行失业登记的特困失业人员；已实行社会化管理的退休人员中的特困人员；驻闽部队、武警随军家属中的特困户。西藏自治区将再就业援助对象进一步明确为失业一年以上的城镇"3545"失业人员；失业一年以上，家庭人均收入低于城镇居民最低生活保障标准的城镇失业人员；国有企业失业人员和关闭破产需要安置的富余人员。辽宁省在重点援助"4050"人员的同时，还包括了现役军人家属、夫妻双失业、离异或丧偶抚养老人或抚养未成年子女的就业困难对象。山东省把一户两代或夫妻双下岗以及抚养未成年子女的单亲家庭纳入援助对象范围。湖北省将一家两人以上的下岗失业人员以及下岗失业企业军转干部也作为援助的重点对象。四川省援助对象还包括已领取《再就业优惠证》并从事灵活就业的下岗失业人员和失地无业农民。甘肃省将农民工纳入了再就业援助重点对象。

三是制定援助措施,做实做细。(1)在送政策方面,北京市从全国及北京市再就业先进代表中选出12名先进代表的事迹印成《路在脚下》的宣传册免费发放,组织促进就业报告团,在各区进行巡回演讲;将再就业优惠政策汇编成册,免费发放给每一名失业人员。天津市组织劳动保障协管员对下岗失业人员进行家访;利用有线电视把政策送到户;在街镇、社区设点发放政策宣传资料。江西省联合南昌市决定在援助月期间发放再就业政策宣传单5万份,为再就业基地、下岗失业人员送出小额贷款100万元,为100名下岗失业人员办理《再就业优惠证》,为20家符合申办条件的非正规就业劳动组织办理认证手续。新疆对从事个体经营的就业困难人员认真落实税收减免和小额担保贷款政策。(2)在送岗位方面,天津市要求市内六区每区预备就业岗位信息不少于500个,举办一次至两次大龄下岗失业人员再就业专场招聘会。福建省组织开展了"一户一就业"活动,帮助有就业愿望和就业能力的援助对象实现就业。江西省劳动保障厅联合南昌市劳动保障局以送岗上门的方式将岗位送到2—3家省属困难企业,并直接将岗位送到3—5户省属困难企业就业困难人员家中;组织60家招聘困难群体的单位召开"南昌市就业弱势群体专场招聘会",力争录用100名就业困难人员;安排"小钥匙"职介送岗到户活动,安排20名失业人员上岗。重庆、甘肃等地还在就业困难人员集中的企业和地区组织专场招聘会。(3)在送服务方面,天津市逐户走访下岗失业人员,掌握他们的就业需求,在此基础上制订帮扶计划;市区两级联合组织100名创业成功者和100名再就业先进集体、先进个人,慰问就业困难人员。辽宁省通过定向招生、订单培训的形式,为有培训愿望的援助对象提供培训服务;各级公共职业介绍机构在活动月期间开设了针对援助对象的培训招生、职业介绍、职业指导等专门服务窗口,提供专项服务。湖南省已向下岗失业人员免费发放再就业政策宣传材料10万份,集中安排24800个就业岗位,其中公益性岗位6500个;举办培训班176个,培训下岗失业人员4500人;增设服务窗口1228个,为下岗失业人员提供政策咨询10万人次,共为425

第四章 中国共产党领导的城市困难群体社会救助主要实践

名下岗失业人员发放小额担保贷款770余万元。江苏盐城市再就业援助工作实现了"五个全部",即凡是符合援助条件的,全部登记管理;凡是需要政策帮扶的,全部及时帮助落实;凡是有培训意愿的,全部提供免费技能培训;凡是自谋职业、自主创业的,全部给予社会保险补贴;凡是不挑不拣工作岗位的,全部提供就业岗位。全市登记的3124名就业困难人员全部援助到位。(4)在送技能方面,辽宁、江苏、甘肃等省在了解援助对象掌握技能状况和参加技能培训意向的基础上,向愿意接受技能培训和技能鉴定的援助对象提供一次免费培训和鉴定的信息。北京市确立了一批技能培训项目,向愿意接受技能培训的失业人员提供适合的技能培训机会。天津市组织67家再就业培训定点单位开展免费再就业培训。安徽省专门设置一批免费培训专业,对有培训需求的下岗失业人员进行免费培训。江西省组织南昌市培训机构上门发放100份创业培训通知书和100份技能培训通知书;对经培训考试合格的下岗失业人员发放职业技能等级证书。[①]

6. 临时救助

临时救助是民政部门的一项传统工作。低保制度建立之前,当城乡困难群众遇到临时性、突发性困难,生活难以为继时,由民政部门给予一次性救助,帮助他们暂时渡过难关。实施低保制度以后,一些地方认为困难群众的基本生活有了保障,临时救助没有必要再搞,这项工作受到了很大削弱。近年来,随着社会救助体系的建设,党和政府对临时救助工作越发重视。2006年,国务院副总理回良玉在第十二次全国民政工作会议上强调,"要完善临时救助制度,帮助低保边缘群体、低收入群体解决特殊困难"。2007年6月,民政部下发了《关于进一步建立健全临时救助制度的通知》(民发〔2007〕92号),要求充分认识临时救助在社会救助体系中的重要作用,并对临时救助对象、救助标准、救助形式、审核审批及发放程序、救助资金筹措等做出了相应规定。2009年2月,民政部鄂州会议上,进一步细化了

[①] 《春风拂面来——2005全国各地开展"春风行动"和"再就业援助月"活动综述》,《中国就业》2005年第3期,第10—11页。

2007年的通知内容，并对全国的临时救助工作进行了部署安排。在此背景下，城镇临时救助事业迎来了自己的春天（见表4-3）。截至2011年底，临时救助制度已在25个省份建立。①

表4-3　　　　　1997—2011年城镇临时救助情况

年份	城市临时救济人次数
1997	2682555
1998	3322406
1999	157.7（万人次）
2000	1556488
2001	2138787
2002	3213894
2003	3483153
2004	2851791
2005	2344029
2006	1230365
2007	2432590
2008	2275686
2009	1800991
2010	1529527
2011	2901212

数据来源：历年《中国民政统计年鉴》。

此外，党和政府还实施了法律援助，以全方位地救助城市困难群体，多维度彰显中国共产党的民生情怀和人民政府为人民造福的能力。

（三）关于政府救助的几点思考

社会主义市场经济条件下，中国共产党和中国政府有关城市困难

---

① 李立国：着力创新创制创优　推动民政事业科学发展，中华人民共和国民政部，http：//www.mca.gov.cn/article/zwgk/ldjh/201512/20151200878036.shtml。

第四章　中国共产党领导的城市困难群体社会救助主要实践

群体社会救助政策的制定和完善、相关救助实践的有效展开，是与下列因素分不开的：

第一，是与这一时期城市贫困日益凸显的现实以及社会变革的历史背景分不开的。社会主义市场经条件下，随着社会转型的加快和城镇化进程的深入推进，城市贫困问题日益凸显，促使党和政府解放思想，将其作为社会问题纳入施政视域。而在此期间，国际方面因为东欧剧变、苏联解体，世界社会主义运动陷入低潮，人们对马克思主义信仰、社会主义信念和共产党的执政地位产生了动摇；同时，国内因为体制转轨，社会处于激烈变迁和重构的状态之中。这两方面因素使得党和政府把城市困难群体的社会救助问题置于社会变革的宏观视野中予以关注，愈益感觉到其"严重"：认为如不妥善解决，它将成为威胁中国共产党执政地位的巩固、社会主义优越性的彰显、改革开放的顺利推进、人权的有效保护的重要问题。可以说，在指导城市困难群体社会救助实践的强有力驱动下，社会主义市场经济条件下城市困难群体社会救助政策得以制定并不断完善。

第二，是与党和国家领导人对城市困难群体的关心分不开的。社会问题是包括客观事实与主观认定两方面因素的整合。在中国社会由计划经济体制向市场经济体制转型的过程中社会问题丛生，把城市困难群体社会救助问题作为亟待解决的社会问题，固然与该问题对治国安邦的重要性有关，但同样体现了党和国家领导人对城市困难群体的关怀。以住房救助为例，面对城市困难群体中部分人员存在住房困难的实际，在党的十七大报告中，胡锦涛谈到民生建设时，指明以"住有所居"为和谐社会的重要内容。他还特别指出要"健全廉租住房制度，加快解决城市低收入家庭住房困难"，这不仅是党代会报告中第一次专门提及住房保障制度，更是第一次谈到保障方式和保障对象。2007年11月21日，温家宝总理在访问新加坡时专门访问了建屋发展局，实地考察了新加坡普惠性廉租房区，并"钻"进大巴窑组屋区的住户家里亲身体验新加坡提供公共组屋的经验和政策。他动情地说："老百姓总告诉我，不要忘记房价"，"如果提起人民生活，我最为关心的是住房问题"，"政府的职责最

· 267 ·

重要的是要搞好廉租房,让那些买不起房或进城打工的农民工能够租得起房、住得上房"。此外,中国政府还出台了多个有关廉租房建设、管理的文件、规划等。尤其是住建部、发改委、财政部制定的《2009—2011年廉租住房保障规划》,其总体目标是:2009年起到2011年,争取用3年时间,基本解决747万户现有城市低收入住房困难家庭的住房问题,具体落实到各个年度的工作任务是:2009年,解决260万户城市低收入住房困难家庭的住房问题,其中新增廉租住房房源177万套,新增发放租赁补贴83万户;2010年,解决245万户城市低收入住房困难家庭的住房问题,其中新增廉租住房房源180万套,新增发放租赁补贴65万户;2011年,解决204万户城市低收入住房困难家庭的住房问题,其中新增廉租住房房源161万套,新增发放租赁补贴43万户。[①]党和国家领导人不仅关注城市困难群体的住房困难问题,而且作出积极解决该问题的决策,由此可见对城市困难群体的关心。

第三,政府通过承担城市困难群体社会救助中的制度供给责任、财政责任、实施和监管责任、引导民间救助责任、宣传责任等,对社会救助工作尽心组织,以及对城市困难群体的切实帮扶,确实发挥了主导作用。关于政府的财政责任、监管责任、引导民间救助责任、宣传责任等,笔者在上一章已做详细论述。关于政府的制度供给,在上文已有详尽分析,总的来说,中央政府层面先后出台的《城市居民最低生活保障条例》《廉租住房保障办法》《关于建立城市医疗救助制度试点工作的意见》《民政部 教育部关于进一步做好城乡特殊困难未成年人教育救助工作的通知》等,地方政府层面出台的不计其数的相关政策使得城市困难群体的社会救助工作有章可循。这里,笔者以四川省射洪县为例来分析政府对城市困难群体具体的帮扶。四川省射洪县民政局主要采取六项措施来帮扶城市困难群体:一是加强与职介服务机构联系,增加贫困人口就业率。主动加强与职介服务机构的信息

[①] 张占斌、陈翔云:《党心与民心——十六大以来具有历史意义的民生工程》,国家行政学院出版社2012年版,第56—57页。

第四章　中国共产党领导的城市困难群体社会救助主要实践

沟通，帮助困难家庭有就业能力的人员进行就业培训，推荐他们到合适的工作岗位就业，通过就业解决困难人员无收入或收入低的问题，力争解决20%的贫困人口就业。二是扶持贫困人员创业，促进他们就业。贫困人口中有能力创业的人员，扶持他们自主就业，在他们凭借自身才干创业的同时给予技术、资金、项目、信息上的扶持，通过他们带动贫困人口创业，力争带动5%的贫困人口创业。三是加强生活救助，确保困难群众的基本生活。对城市生活困难群众给予一定的生活救助，确保其基本生活权益。对符合低保条件的，纳入低保救助，实现应保尽保。对临时生活困难的人员，给予临时生活救助。力争年低保救助15000人，临时生活困难救助2000人。四是对特困职工给予帮扶，解决他们的基本困难。将工会帮扶和社会救助相衔接，在工会解决部分困难的前提下，通过社会救助（包括生活、医疗、住房等救助措施）来共同解决特困职工在生活、医疗、住房等方面的具体困难，力争解决1500名特困职工困难。五是实施医疗救助，解决特困人口就医困难。将城市低保人员和低保边缘人员纳入城市医疗救助范围，对低保户给予参合扶持的前提下，实施医疗救助。认真实施好事前、事中、事后医疗救助，将一次性救助和大病医疗二次救助相结合，实现医疗救助一站式服务。力争年救助1.5万人，救助资金400余万元。六是充分发挥帮扶中心窗口作用，扩大帮扶领域。充分发挥县惠民帮扶中心的窗口作用，为困难群众提供及时、便捷、文明的服务，不断扩大包括生活、医疗、就业、就学、法律、住房等方面的救助和援助，进一步提高服务水平。把帮扶中心建成困难群众的"温暖之家"，使困难人员早日脱贫致富。[①] 在射洪的实践中，我们不难看到，政府在城市困难群体的社会救助中不仅采取了力所能及的措施，还注重措施的综合运用，在具体救助实践中，政府的主导作用发挥得淋漓尽致，符合政府在社会保障中扮演主角的时代潮流。

此外，中国共产党执政理念的转变、计划经济体制时期中国共产

[①] 射洪县民政局六措并举确保城市贫困人口帮扶工作扎实开展，区县动态—遂宁市民政网，http://www.scsnmz.gov.cn/E_ ReadNews.asp? NewsID = 4279。

中国共产党与城市困难群体的社会救助(1992—2012)

党在城市困难群体社会救助实践中形成的历史经验与实践经验，为社会主义市场经济条件下城市困难群体社会救助政策的制定和完善、社会救助实践的有效开展提供了基础和前提。

与此同时，我们必须注意的是，1992—2012年间针对城市困难群体的政府救助也存在一些问题，主要有以下几个方面：

一是救助政策法治化程度还有待提高。专门的社会救助法尚未出台；社会救助法规立法层次也较低，各项救助制度都是散见于某些政策性、行政措施性的文件中，零乱且不系统。城镇居民最低生活保障制度主要是国务院和民政部通过的条例、指示、办法；住房救助的依据多是住房和城乡建设部、发展和改革委员会等通过的办法、规划等；医疗救助主要是卫生部、民政部、财政部通过的办法、指示、意见；教育救助主要是民政部、教育部通过的指示、办法等。法规建设是社会救助政策的重要内容，城市困难群体社会救助立法存在的这些问题，不仅影响救助法律制度的地位，而且制约其作用的发挥，在某种程度上使得社会救助行为因缺乏统一的规则而难以规范，对违反社会救助原则的行为，因缺乏较高的法律效力而难以采取强制制裁措施。这对城市困难群体社会救助的实施不能不产生一定的负面影响。

二是救助对象主要限于城市户籍人口，不适应城市人口变化的新形势。随着城市化进程的加快，大量农民进入城市务工，为城市建设作出了重大的贡献。但是他们却因为缺乏城市户口而被排斥在救助制度之外，使救助本身所具有的保障基本生活权益和稳定城市秩序的功能不能得到充分发挥。他们一旦失业，多数只能依靠自己过去的积蓄，或者向亲友、老乡借钱生活；也有一小部分人不得不做出返乡的抉择。而相当一部分农民工已在城市居住多年，在城市生儿育女，身心已经融入城市，已在事实上成为城市不可缺少的一部分。相反，他们与农村的联系并不多，如把他们纳入农村的社会保障体系中，在实际操作中会遇到很大的麻烦。所以统筹城乡社会保障势在必行。此外，也并不是所有有城市户籍的贫困人口都被纳入了社会救助的范围。有研究者认为，住房保障的范围应至少覆盖30%的中等以下收入群体，养老、

第四章 中国共产党领导的城市困难群体社会救助主要实践

医疗保险应对困难群体全覆盖等。① 而实际状况远远不及!

三是救助方式呈现多头交叉现状。前已述及,城市困难群体社会救助的内容是丰富的,包括最低生活保障救助、住房救助、医疗救助、教育救助等,分属不同部门负责。而各个部门在实施具体救助时,救助主体(例如民政部、人力资源和社会保障部、教育部、住房和城乡建设部等)之间互不衔接,往往以部门为单位各自为政,这种分割的状况不仅造成了政策与政策之间、部门与部门之间的分割与脱节,也使得部门之间缺乏信息的沟通和统一的标准,无法形成合力,导致综合救助能力减弱。而且,由于没有明确的责任主体,各部门救助的时机不一致,救助的额度随意性较大,不可避免地会造成漏救和重复救助现象,有时甚至会发生互相推诿情况。这样一来,不仅影响了工作效率,增加了管理运作成本,而且使有限的救助力量和资源的配置不尽合理,影响了社会救助事业整体功能的发挥。所以,应当将医疗救助、住房救助、教育救助、失业救助、临时救助和最低生活保障救助逐步统一到同一平台上。

四是救助水平偏低。由于受经济社会发展水平的制约,在目前生活水准和物价水平情况下,各地在制定救助标准时,将保障标准制定得较低,社会救助只能给予救助对象较低水平的需求满足(详见表4-4)。以最低生活救助为例,贫困家庭在获得"低保"之后,只能解决基本的温饱问题。

表4-4 城市最低生活保障情况

年份	城市最低生活保障标准(元/人、月)	城市最低生活保障标准(元/人、年)	城市居民人均可支配收入(元/人、年)	城市最低生活保障标准占城市居民人均可支配收入的比重(以年为单位%)
1999	149.0	1788	5854	30.5
2000	157.0	1884	6280	30

---

① 治理城市贫困需要发挥社会组织的作用,中国工会新闻—人民网,http://acftu.people.com.cn/n/2014/1230/c67561—26302383.html。

续表

年份	城市最低生活保障标准（元/人、月）	城市最低生活保障标准（元/人、年）	城市居民人均可支配收入（元/人、年）	城市最低生活保障标准占城市居民人均可支配收入的比重（以年为单位%）
2001	147.0	1764	6859.6	25.7
2002	148.0	1776	7702.8	23.1
2003	149.0	1788	8472.2	21.1
2004	152.0	1824	9421.6	19.4
2005	156.0	1872	10493.0	17.8
2006	169.6	2035.2	11759.5	17.3
2007	182.4	2188.8	13785.8	15.9
2008	205.3	2463.6	15780.4	15.6
2009	227.8	2733.6	17174.7	15.9
2010	251.2	3014.4	19109.4	15.8
2011	287.6	3451.2	21809.8	15.8
2012	330.1	3961.2	24564.7	16.1

资料来源：《中国民政统计年鉴（2013）》，第150页；《中国统计年鉴（2013）》，第378页。

从上表可以看出，从1999—2012年，城市居民最低生活保障平均标准占当年城镇居民人均可支配收入的比重最高为1999年的30.5%，而后多年在16%左右，享受这种水平的救助并没有改变救助对象的贫困状况。而从研究的角度看，社会人均收入30%以下的人口一般都被看作贫困人口，甚至有研究人员认为，社会平均收入50%以下的人口都是贫困人口。[1]

二 民间社会互助

城市困难群体的社会救助是一项系统工程，必须广泛发动政府、

---

[1] 王文杰：《我国城市社会救助存在的问题及原因分析》，《劳动保障世界》2010年第5期，第26页。

第四章　中国共产党领导的城市困难群体社会救助主要实践

社会、个人等各方面的力量，形成互为补充、相互配套的社会救助网络。正如2000年12月13日胡锦涛在全国总工会十三届三次执委会上指出："解决部分群众的生活困难，既需要党和政府的努力，也需要社会各方面伸出援助之手。"[①] 为此，中国政府出台了一系列政策，在凸显政府主导作用的同时，有效发挥了社会力量参与城市困难群体社会救助事业的积极性和主动性，进而有力弥补了政府救助的不足。

（一）社会力量参与社会救助的基本政策

正是基于对改革开放以来尤其是1992—2012年间中国社会阶级阶层结构深刻变迁、社会资源分布格局及配置方式深刻变化的准确把握，中国政府在制定诸项社会救助政策时都把积极发挥社会力量的作用作为重要的内容。这里，我们主要以城市困难群体的社会救助为中心做一番政策梳理。

早在1994年，邹家华就指出：社会发展事业要"坚持社会各界和人民群众的广泛参与。社会发展事业在政府主管部门统一规划、具体指导下，鼓励和提倡社会事业社会办，要特别重视非政府组织和社区的作用，积极支持他们的活动，并在政策上予以扶持和引导。"[②]《国务院关于在全国建立城市居民最低生活保障制度的通知》（1997）倡导："要充分发扬中华民族尊老爱幼、互助互济的传统美德，广泛发动社会力量，大力开展扶贫济困送温暖等活动，注重发挥家庭保障的作用。"[③]《城市最低生活保障条例》（1999）明确规定："国家鼓励社会组织和个人为城市居民最低生活保障提供捐赠、资助；所提供的捐赠资助，全部纳入当地城市居民最低生活保障资金。"[④] 国务院出台的《关于完善城镇社会保障体系的试点方案》（2000）提出：

---

① 《新时期劳动和社会保障重要文献选编》，中国劳动社会保障出版社、中央文献出版社2002年版，第482页。
② 《十四大以来重要文献选编》中，人民出版社1997年版，第999页。
③ 《新时期劳动和社会保障重要文献选编》，中国劳动社会保障出版社、中央文献出版社2002年版，第261页。
④ 同上书，第417页。

中国共产党与城市困难群体的社会救助(1992—2012)

"大力发展慈善机构、服务于贫困家庭的基金会等非营利机构。非营利机构用于公益事业的支出,可按税法有关规定在缴纳企业所得税前扣除;企业和个人向慈善机构、基金会等非营利机构的公益、救济性捐赠,可全额在税前扣除。鼓励社会各界向贫困家庭提供法律援助、基本医疗服务,为贫困学生提供助学金。"①《国务院办公厅关于进一步加强城市居民最低生活保障工作的通知》(2001)再次倡导:"要广泛动员社会力量,积极开展扶贫济困送温暖活动,形成全社会互助互济的良好风尚。"②《法律援助条例》(2003)第一章第七条、第八条分别规定:"国家鼓励社会对法律援助活动提供捐助""国家支持和鼓励社会团体、事业单位等社会组织利用自身资源为经济困难的公民提供法律援助"。③《民政部 教育部关于进一步做好城乡特殊困难未成年人教育救助工作的通知》(2004)明确要求:"各地民政、教育行政部门要继续做好教育对口帮扶、'希望工程'、'春蕾计划'等捐资助学活动,同时充分发扬中华民族尊师重教、邻里互助传统美德,广泛发动社会力量,积极挖掘民间资源,鼓励社会力量在资助城乡特殊困难未成年人就学方面发挥积极作用。各地民政部门在开展社会捐助活动中募集的物资和资金,可以用于城乡特殊困难未成年人的教育救助。"④《中共中央关于构建社会主义和谐社会若干重大问题的决定》(2006)明确指出:"鼓励社会捐资助学","发展慈善事业,完善社会捐赠免税减税政策,增强全社会慈善意识","完善社区公共服务,开展社区群众性自助和互助服务,发展社区服务业"。⑤《民政部关于进一步建立健全临时救助制度的通知》(2007)要求"各地要

---

① 《新时期劳动和社会保障重要文献选编》,中国劳动社会保障出版社、中央文献出版社2002年版,第494页。
② 同上书,第547页。
③ 国务院法制办编:《新编中华人民共和国常用法律法规全书2014年版》,中国法制出版社2014年版,第190页。
④ 湖北省最低生活保障管理办公室编:《湖北省社会救助政策文件汇编》下册,第825页。
⑤ 《十六大以来重要文献选编》下,中央文献出版社2008年版,第655、660、663页。

第四章　中国共产党领导的城市困难群体社会救助主要实践

建立健全广泛的群众参与机制，通过慈善劝募等方式募集临时救助资金"①。《廉租住房保障方法》（2007）第十五条规定："鼓励社会捐赠住房作为廉租住房房源或捐赠用于廉租住房的资金。"②《民政部 财政部 卫生部 人力资源和社会保障部关于进一步完善城乡医疗救助制度的意见》（2009）和《民政部 财政部 人力资源和社会保障部 卫生部关于开展重特大疾病医疗救助试点工作的意见》（2012）均指出："各地要动员和发动社会力量，通过慈善和社会捐助等，多渠道筹集资金。"③

那么，如何来鼓励、动员、发动社会力量积极参与到城市困难群体的社会救助中来呢？主要采取税收激励与表彰奖励双管齐下的措施。以公益捐赠为例，在税收激励方面，主要采取税收优惠、费用减免等措施，《中华人民共和国公益事业捐赠法》明确规定："第二十四条　公司和其他企业依照本法的规定捐赠财产用于公益事业，依照法律、行政法规的规定享受企业所得税方面的优惠。第二十五条　自然人和个体工商户依照本法的规定捐赠财产用于公益事业，依照法律、行政法规的规定享受个人所得税方面的优惠。第二十六条　境外向公益性社会团体和公益性非营利的事业单位捐赠的用于公益事业的物资，依照法律、行政法规的规定减征或者免征进口关税和进口环节的增值税。"在表彰奖励方面，《中华人民共和国公益事业捐赠法》第八条明确规定："对公益事业捐赠有突出贡献的自然人、法人或者其他组织，由人民政府或者有关部门予以表彰。对捐赠人进行公开表彰，应当事先征求捐赠人的意见。"如2003年和2004年民政部连续两年组织召开了"爱心捐助奖"表彰大会。从2005年开始，在"爱心捐助奖"基础上更名设立"中华慈善奖"，每年评选一次，按爱心捐赠、志愿服务、慈善项目三类分别评选，表彰在赈灾、扶老、助残、救孤、济困、助学、助医以及支持文化艺术、环境保护等方面作

---

① 湖北省最低生活保障管理办公室编：《湖北省社会救助政策文件汇编》下册，第768页。
② 同上书，第843页。
③ 同上书，第536、639页。

出突出贡献的个人、机构,以及优秀慈善项目。此外,还通过建立健全社会救助机构和社会力量参与社会救助工作的信息对接、项目发布的工作联系机制,发展政府向社会力量购买社会救助服务等工作创新来建立长效机制,鼓励社会力量参与社会救助工作。

(二)民间社会互助的主要形式

在上述政策的指引下,党和政府采取多种途径,积极发动社会力量参与城市困难群体的社会救助,形成了内容丰富、形式多样的社会互助制度。

1. 社会捐助

相赒相恤是中华民族的传统美德,也是社会进步和民族凝聚力增强的重要标志。"一方有难、八方支援"的传统社会捐助活动更是救助弱势群体的有效方法。改革开放以来,尤其是社会主义市场经济体制建立以来,为了弥补政府救助的不足,调动社会资源救助弱势群体,社会捐助受到党和政府的高度重视。1995年底,江泽民在陕西、甘肃两省考察时指示:要在城市募捐些衣被和用品,支持帮助贫困地区群众,并且把这件事情作为一项经常性的社会公益活动常年开展起来。根据指示,1996年1月21日,中共中央办公厅、国务院办公厅及时转发了《民政部、国务院扶贫开发领导小组关于在大中城市开展经常性捐助活动支援灾区和贫困地区的意见》(中办发电〔1996〕1号),决定从1996年开始,在全国大中城市开展以募捐衣被为主要内容的"扶贫济困送温暖活动",标志着经常性社会捐助活动的正式开始,并成为政府救助的重要补充。同年9月,中宣部、民政部等12部委发出通知,规定每年4月份和10月份的第三周为捐助活动"宣传周",在全国大中城市开展"扶贫济困送温暖捐助活动"。后来根据社会发展的需要,这项工作的内容和形式又得到不断丰富,捐助对象从灾区、贫困地区群众扩大到城市国有企业下岗职工、困难企业职工、城市低保对象等困难群体,从解决温饱到解决医疗、子女上学等困难。

社会捐助实现经常化,对解决城乡困难群众的生活困难起到了

第四章 中国共产党领导的城市困难群体社会救助主要实践

重要作用,产生了良好的社会效应。然而,在当时中国人民生活水平总体达到小康的情况下,因为历史、自然和经济等因素,还有部分群众生活仍然十分困难,一些贫困人口温饱问题没有得到解决;各地开展经常性社会捐助活动的工作发展也不平衡,还存在一些问题。为了进一步在全国开展经常性社会捐助活动,并切实加强对这项工作的规范和管理,2001年8月,民政部出台《关于进一步开展经常性社会捐助活动的意见》,对经常性社会捐助活动作出了一系列规范性和制度性规定,标志着中国的经常性社会捐助从最初的一种活动开始向一种制度过渡,其稳定性和规范化程度大大提高。同年12月,民政部又下发了《民政部办公厅关于建立经常性社会捐示制度的通知》,对公示内容、公示方式、公示时间和公示工作的监督检查作出了要求,规范了社会捐助工作,逐步建立了民政牵头、有关部门密切配合、社会力量广泛参与的经常性社会捐助管理体制和运行机制,为后来慈善超市长效发展机制的建立提供了借鉴。[①] 2004年3月25日,民政部下发了《关于加快建立完善经常性社会捐助制度的通知》,提出"要在政策、管理、经费上鼓励公益性社会团体积极参与社会捐助工作",并要求大胆探索社会捐助的市场化运作模式。

以上这些指示、意见、通知等,指明了经常性社会捐助活动的发展方向,有力促进了经常性社会捐助活动的规范化,社会捐助取得了很大成就。截至2008年,中国已初步形成全国经常性社会捐助服务网络。[②] 截至2012年底,全国共建立经常性社会捐助工作站、点和慈善超市3.1万个(其中慈善超市9053个)。[③] 通过经常性社会捐助募集的大量款物,为对口支援灾区、贫困地区以及扶持城市困难群体发挥了重要作用。详见表4-5:

[①] 李学举主编:《民政30年:1978—2008》,中国社会出版社2008年版,第222页。
[②] 中国已初步形成全国经常性社会捐助服务网络,中新网,http://www.chinanews.com/gn/news/2009/05-11/1685603.shtml。
[③] 《中国民政统计年鉴(2013)》,中国统计出版社2013年版,第10页。

表 4–5　　　　接收社会捐款和捐赠衣被（2000—2012 年）

年份	接收社会捐款（亿元）	接收社会捐赠衣被（万件）	受益困难群众（万人次）
2000	9.3	7708.5	—
2001	11.7	12635.4	—
2002	19.0	22961.1	3518.1
2003	41.0	19648.8	4242.8
2004	34.0	8957.2	2444.5
2005	60.3	10355.0	3610.7
2006	83.1	7123.6	3259.1
2007	132.8	8756.8	3069.7
2008	744.5	115816.3	5202.9
2009	507.2	12476.6	1522.3
2010	596.8	2750.2	2514.7
2011	490.1	2918.5	1459.7
2012	578.8	12538.2	1325.0

资料来源：历年《中国民政统计年鉴》。

2. 发行福利彩票

20世纪80年代，随着我国经济体制改革的逐步深入，社会福利事业完全由国家包办的传统方式已经难以适应社会和经济发展的需要。为扩大吸收社会闲散资金渠道，大力兴办社会福利事业，1987年6月，由当时党内外22位知名人士任名誉委员，国务院有关部门、群众团体和新闻机构等44个单位负责人任委员的"中国社会福利有奖募捐委员会"正式成立，标志着新中国福利彩票的诞生，改变了新中国成立近40年来社会福利事业单纯依靠国家财政投入的发展方式，开辟了动员社会力量加速社会福利事业发展的新途径。中国社会福利有奖募捐券发行中心（现为中国福利彩票发行管理中心，简称"中福彩中心"）承担彩票发行的具体业务工作。1987年7月27日，中国社会福利有奖募捐券发行中心首次在河北省石家庄市销售面值1元的传统型社会福利有奖募捐券，福利彩票正式上市发行。以此为起点，新中国的福利彩票事业迈上起步—发展—提高—再创

第四章　中国共产党领导的城市困难群体社会救助主要实践

业一再提高的道路。随着社会的发展，彩票发行方式也不断创新，从早期的网点销售发展到大奖组，后来是电脑彩票。彩票发行手段的改革创新，特别是电脑福利彩票的出现，使得福利彩票发行的影响和规模进一步扩大，极大地推动了福利彩票事业的发展（详见表4-6）。

表4-6　福利彩票销售和福彩公益金筹集情况（2003—2012）

年份	福彩销售额（亿元）	比上年增长（%）	福彩公益金筹集（亿元）	比上年增长（%）
2003	200	19.0	67.2	—
2004	226.4	13.2	79.2	—
2005	411.2	81.6	144.0	
2006	495.7	20.5	173.5	
2007	631.6	27.4	217	25.1
2008	604.0	-4.4	211.4	-2.6
2009	756.0	25.2	248	17.3
2010	968.0	28.0	297.0	19.8
2011	1278.0	32.0	388.7	30.8
2012	1510.3	18.2	449.4	17.6

数据来源：历年《中国民政统计年鉴》。

福利彩票的发行为社会福利和社会救助事业的发展提供了有力的支持。如2009年民政系统共支出彩票公益金113.4亿元，比上年减少6.1亿元。其中资助用于福利类收养性单位49.3亿元，用于优抚类收养性单位3.4亿元，用于优抚安置单位1.2亿元，用于救助类单位5.9亿元，用于社区服务单位8.1亿元，用于殡葬类单位2.45亿元，用于专项资助9.2亿元，用于城市医疗救助6.56亿元，用于农村医疗救助9.0亿元，用于其他项目18.2亿元。[①] 再如2010年全年民政系统共支出彩票公益金121.2亿元，比上年增加7.8亿元。其中

---

① 《中国民政统计年鉴（2010）》，中国统计出版社2010年版，第50—51页。

资助用于福利收养性单位51.1亿元，优抚收养性单位4.9亿元，优抚安置单位1.6亿元，救助类单位5.5亿元，社区服务单位8.4亿元，殡葬类单位4.0亿元，专项资助6.6亿元，城市医疗救助7.1亿元，农村医疗救助8.6亿元，其他23.3亿元。[①] 又如2011年全年民政系统共支出彩票公益金127.9亿元，比上年增加6.7亿元。其中：资助用于抚恤4.8亿元，退役安置0.4亿元，社会福利61.4亿元，城市最低生活保障0.9亿元，其他城市社会救济2.7亿元，自然灾害0.8亿元，农村最低生活保障1.4亿元，其他农村社会救济2.4亿元，医疗救助16.3亿元。[②]

3. 扶贫济困活动

多年来，党和政府大力弘扬扶贫济困、互助互济的传统美德，广泛发动社会各界开展邻里互助、社会帮扶、送温暖等扶贫济困活动，形成了"一助一""一带一""领导干部联系困难户""企业包户"等多种社会互助形式，丰富了社会救助的内容。有关部门采取个人包户、机关扶贫、蹲点解困、小额信贷等形式，将温暖送到千家万户。工会、共青团、妇联、残联等群团、社团组织大力倡导志愿者服务队伍，创造了"牵手工程""温暖工程""关爱工程""春风行动""希望工程""春蕾计划"等，为困难群众提供各种生活救助服务。

如1998年昆明市妇联在昆明市委、市政府及云南省妇联的大力支持、帮助下，借鉴妇联系统在农村妇女中开展小额贷款的成功经验，开始尝试在下岗女工中开展小额贷款试点工作，成立了昆明市妇联城市小额贷款工作领导小组，设立了贷款工作站，制定了《昆明市妇联城市小额信贷社区信贷管理办法》，正式启动妇女再就业和创业工作。

再如2003年春节前夕，共青团在全国开展了以"关爱进万家、岗位进万家、政策进万家"为主要内容的"真情助困进万家"活动，为下岗失业青年送温暖、办实事，解决实际困难。河北全省11个地

---

① 《中国民政统计年鉴（2011）》，中国统计出版社2011年版，第51页。
② 《中国民政统计年鉴（2012）》，中国统计出版社2012年版，第10页。

第四章　中国共产党领导的城市困难群体社会救助主要实践

市的各级团组织利用团内再就业服务阵地,为近万名下岗青工提供了技能培训、创业培训等服务和近万条再就业信息。山东各级团组织和广大青年深入特困下岗失业青年中进行走访慰问,举办企业和未就业青年双向选择洽谈会,广泛动员青年企业家向有志创业的下岗失业青年提供资助,以成立就业、创业优惠政策宣讲队深入社区进行宣讲等方式送温暖、办实事。河南省青年文明号集体开展"真情助困进万家"活动,温暖了广大下岗职工的心,点燃了他们重新生活的希望。安徽省青年创业指导中心在"两节"期间对中心联系的下岗失业青年开展专项援助,协调有关部门帮助他们解决在新的就业单位工资、福利、劳保、医疗等方面出现的实际困难。天津市在开展"真情助困进万家"活动中,筹措资金141万元,帮助特困青年解决实际困难。[1]

(三) 民间社会互助的典型实践:送温暖工程

扶贫帮困,互助互济,向来是中国工会的光荣传统。早在20世纪80年代,各地工会便积极开展各种形式的互助活动,辽宁、黑龙江、江苏、甘肃等地工会还探索送温暖活动形式以解决困难职工生活问题。据不完全统计,1985—1990年,全国10万多个基层单位扶助贫困职工250多万人,140万人因此摆脱困境,连同他们的家属脱贫人数达600万。[2]

20世纪90年代初期,部分国有和集体企业受结构调整、市场变化等因素影响,生产经营陷入困境,下岗职工增多,部分职工生活出现困难。在此情况下,1991年末,全国总工会决定于1992年元旦春节期间开展"进万家门、知万家情、解万家难、暖万家心"的"送温暖"活动,以受灾地区、亏损企业的困难职工、离退休职工为主要对象进行走访慰问,送去党和政府的温暖。为适应建立社会主义市场

---

[1] 《共青团组织"真情助困进万家"帮助下岗失业青年》(http://news.xinhuanet.com/newscenter/2003-01/19/content_696246.htm)。

[2] 王娇萍:《温暖之路——纪念工会送温暖活动开展20周年和困难职工帮扶中心建设10周年》,《中国工运》2012年第1期,第18页。

经济体制和加快推进深化国有企业改革的要求，1994年初，全国总工会将一年一度的"送温暖"活动拓展为"送温暖工程"，实现送温暖活动的经常化、制度化、社会化。内容主要包括：大力开展职工扶贫解困工作；积极推进职工互助互济活动；协助政府为失业职工再就业创造条件；配合政府帮助困难企业扭亏为盈；逐步兴办群众性、公益性、互助性基金组织。1992—2012年间，各级工会累计筹集"送温暖"资金400亿元，走访困难企业163万个，慰问困难职工家庭9757万户。

初期的送温暖活动虽然受到欢迎，但明显是道义性的。一方面，送温暖活动集中在"两节"期间，而困难职工虽然非常感激，但普遍反映"年好过，日子不好过"，日常生活得不到有效保障；另一方面，活动经费主要不是来自政府，而是工会系统自筹。为此，在"送温暖工程"发展的过程中，工会系统提出了逐步使其经常化、制度化、社会化的目标。

第一，摸清底数，建立特困职工档案。各市县级工会和基层工会以困难职工家庭为对象，以城镇居民最低生活保障线为标准，建立特困职工档案并实行动态管理。截至2012年1月，全国共有476.5万户困难职工建立了家庭电子档案。[①]

第二，积极筹措经费，建立"送温暖工程"基金。各级工会通过自筹资金、争取政府拨款、职工和社会捐助等多种形式，筹集"送温暖"活动经费。到2012年底，全国各级"送温暖工程"基金的资金结存额达到35.5亿元。[②]

第三，实行"特困证"制度，使特困职工家庭在购买生活必需品、子女上学、就业、住房、医疗等方面享受适当政策优惠。如浙江省衢州市总工会自1996年12月在全省工会系统中率先实行特困证制度以来，至2011年底，累计发证1016人次。持特困证职工除可享受

[①] 把温暖送到职工群众心坎上——全国工会系统送温暖工程和困难职工帮扶工作发展纪实，新华网，http://news.xinhuanet.com/gongyi/2012-01/06/c_122547499.htm。
[②] 《2012年工会组织和工会工作发展状况统计公报》，《中国工运》2013年第6期，第52页。

第四章 中国共产党领导的城市困难群体社会救助主要实践

政府廉租房政策外,还可享受每年每户1200元的慰问金,在市惠民医院就医,个人自负医药费部分可享受15%的优惠,以及门诊挂号费、药费、电费、水费、有线电视收视费等10多项费用的减免及优惠政策。①

第四,建立领导干部联系特困职工家庭和困难企业制度。如2006年度全国参加联系困难职工户活动的各级领导干部153.0万人,联系困难职工家庭183.8万户;参加联系困难企业活动的领导干部6.9万人,联系困难企业5.5万家。② 2007年度全国参加联系困难职工户活动的各级领导干部168.8万人,联系困难职工家庭232.1万户;参加联系困难企业活动的领导干部33.1万人,联系困难企业17.8万家。③ 2008年度全国参加联系困难职工户活动的各级领导干部160.7万人,联系困难职工家庭276.9万户;参加联系困难企业活动的领导干部22.3万人,联系困难企业19.8万家。④ 2009年度全国参加联系困难职工户活动的各级领导干部154.2万人,联系困难职工家庭230.3万户;参加联系困难企业活动的领导干部16.0万人,联系困难企业16.9万家。⑤ 2010年度全国参加联系困难职工户活动的各级领导干部151.0万人,联系困难职工家庭232.5万户;参加联系困难企业活动的领导干部15.4万人,联系困难企业12.3万家。⑥ 2011年度全国参加联系困难职工户活动的各级领导干部166.1万人,联系困难职工家庭252.2万户;参加联系困难企业活动的领导干部14.9万人,联

---

① 衢州市总发放特困证,工会新闻频道—中工网,http://acftu.workercn.cn/c/2012/01/03/120103012122451265377.html。
② 2006年工会组织和工会工作发展状况统计公报,http://stats.acftu.org/template/10002/file.jsp?cid=36&aid=115。
③ 《2007年工会组织和工会工作发展状况统计公报》,《中国工运》2008年第6期,第52页。
④ 《2008年工会组织和工会工作发展状况统计公报》,《中国工运》2009年第7期,第53页。
⑤ 2009年工会组织和工会工作发展状况统计公报,http://stats.acftu.org/template/10002/file.jsp?cid=24&aid=167。
⑥ 《2010年工会组织和工会工作发展状况统计公报》,《中国工运》2011年第8期,第51页。

系困难企业9.9万家。① 2012年度全国参加联系困难职工户活动的各级领导干部172.7万人,联系困难职工家庭267.3万户;参加联系困难企业活动的领导干部14.7万人,联系困难企业12.0万家。②

第五,积极拓展"送温暖工程"的内涵,维护困难职工权益,促进就业和创业,使对困难职工的关心经常化。主要体现在以下几个方面:

一是将开展"送温暖"活动与维护农民工权益相结合。2004年"两节"期间,各级工会将"送温暖"活动与清理农民工工资拖欠紧密结合,各级工会连续多年与有关部门联合开展农民工工资支付专项检查,共清理拖欠工资150多亿元。2007年至2010年,各级工会通过帮扶中心跨区域联动维权,协调解决跨地区维权案件4万多件,涉及农民工22万多人。2006年伊始,全总号召各级工会积极开展"向农民工送温暖"活动,努力为农民工办实事、做好事、解难事,在社会上形成"农民工有困难找工会"的气氛。各级工会帮扶中心把农民工纳入帮扶范围,拨付"送温暖"专项资金、设立农民工接待服务窗口、为农民工办理互助保险、与农民工同过春节等。2007年,全总联合铁道部和交通部实施"农民工平安返乡行动"。5年时间,通过包专机、专列、专车、购买团体票等形式,共帮助9916万名农民工平安返乡,并争取返乡补贴8亿元。2009年,为应对国际金融危机冲击下的大量农民工失业返乡,工会开展"共同约定行动""千万农民工援助行动"和"家政服务工程",通过开展就业培训、岗位援助、创业指导、维权服务等,帮扶1394万名农民工。③

二是将开展"送温暖"活动与开展技能培训促就业行动相结合。各级工会始终把送技能、送就业岗位、送政策作为"送温暖"活动

---

① 《2011年工会组织和工会工作发展状况统计公报》,《中国工运》2012年第7期,第54页。
② 《2012年工会组织和工会工作发展状况统计公报》,《中国工运》2013年第6期,第52页。
③ 把温暖送到职工群众心坎上——全国工会系统送温暖工程和困难职工帮扶工作发展纪实,新华网,http://news.xinhuanet.com/gongyi/2012—01/06/c_122547499.htm。

第四章　中国共产党领导的城市困难群体社会救助主要实践

的重要内容,充分发挥工会大学校和培训基地的作用,免费为困难职工、下岗失业职工和农民工开展技能培训、就业服务和政策咨询,实现培训、介绍、服务、就业"一站式"服务。同时,积极协助党政做好职工、农民工培训和再就业工作。仅"十一五"期间,各级工会就对1089万人次的职工进行了职业技能培训,并成功帮助661万人实现了就业。2009年,受国际金融危机影响,一些困难职工家庭的高校毕业生就业困难,全总决定开展"困难职工家庭高校毕业生阳光就业行动",充分利用国有大中型企业、社会爱心企业等资源,为其提供勤工俭学岗位和培训、实习机会,优先推荐就业,3年来共帮助30万名困难职工家庭大学毕业生找到工作。[①] 各级工会实施"送温暖工程"过程中,还与有关方面紧密配合,帮助困难企业扭亏增盈。县市以上工会每年选择若干家符合国家产业结构调整方向、具有发展前途的困难企业,进行重点扶持。1994年至2000年,每年组织来自国家重点扶持贫困县的一万名职工,到先进企业学习生产技术和管理经验,促进贫困地区企业的技术进步,提高经济效益。[②]

三是将开展"送温暖"活动与"金秋助学"工作相结合。20世纪90年代末,我国一些地方工会组织就开始陆续对一些困难职工家庭孩子上学进行资助。据全总2004年统计,这一年我国各级工会就资助了41.5万名困难职工子女上学,资助金额达2.9亿元,其中,资助义务教育阶段困难职工子女上学22.8万人,高中生8.5万人,大专以上学生10.2万人。[③] 2005年,中华全国总工会办公厅发出通知,决定在全国工会系统开展"金秋助学"活动,并要求各地工会从实际出发,因地制宜,积极拓展工作思路,以灵活多样的方式开展助学活动,丰富"送温暖"活动内涵,推动工会帮扶工作向纵深发展,更好地协助党和政府解决困难职工子女就学难问题。据统计,2005—2008年四年间,全国各级工会组织共筹集助学款24.2亿元,

---

[①] 把温暖送到职工群众心坎上——全国工会系统送温暖工程和困难职工帮扶工作发展纪实,新华网,http://news.xinhuanet.com/gongyi/2012—01/06/c_122547499.htm。
[②] 同上。
[③]《全国工会金秋助学活动启动》,《人民日报》2005年8月3日,第2版。

资助困难职工和农民工子女241.3万人,其中,困难农民工子女42.7万人。① 据中国工会第十六次全国代表大会宣传组新闻发布会上的消息,过去五年,各级工会积极创新"送温暖"和帮扶工作机制,打造了"金秋助学"等一系列品牌,筹集助学款共46亿元,帮助336.6万名困难职工和农民工子女走进了校园。②

四是将开展"送温暖"活动与深化帮扶工作相结合。2002年1月,天津市总工会建立了全国首家困难职工救助中心。这个帮扶中心设立专门场所、配备专职人员,为困难职工提供信访接待、政策咨询、生活救助、就业帮扶、法律援助等"一条龙"服务。以此为契机,全总提出,在总结天津帮扶中心经验的基础上,三年内在全国200个大中城市建立困难职工帮扶中心。随后,各地工会纷纷建立困难职工帮扶中心,为建立和完善"送温暖"活动的长效机制、努力实现困难职工帮扶工作的可持续发展打下了坚实的基础。截至2012年底,全国县及县级以上地方工会已建立困难职工帮扶中心3504个,其中省级21个,地级469个。仅2012年,全国困难职工帮扶中心帮扶困难职工907.2万人,其中生活救助348.6万人,占38.4%;医疗救助57.9万人,占6.4%;资助子女上学38.8万人,占4.3%;创业贷款1.3万人,占0.1%;职业介绍107.2万人,占11.8%;就业培训144.9万人,占16.0%;政策咨询126.9万人,占14.0%;法律援助14.4万人,占1.6%;其他帮扶67.1万人,占7.4%。2012年度困难职工帮扶中心共筹集资金38.5亿元,其中中央和地方财政拨款占71.7%,工会经费占13.8%,各界捐助占9.9%,其他收入款占4.7%。帮扶资金用于生活救助、医疗救助、资助子女上学、创业贷款、职业介绍、就业培训、政策咨询、法律援助、其他帮扶分别占41.6%、16.9%、

---

① 全国工会开展金秋助学活动,《中国妇女报》, http://news.idoican.com.cn/zgfnb/html/2009—08/18/content_ 40367651. htm。

② 中国工会第十六次全国代表大会——"金秋助学"让所有梦想都开花, http://www.xmzgh.org/zt/zgghslc/zypl/201310/t20131018_ 14706. htm。

第四章　中国共产党领导的城市困难群体社会救助主要实践

16.3%、11.5%、1.1%、7.6%、0.1%、2.8%、2.2%。①

此外，各地工会还拓展建立了上千家扶贫超市、爱心医院、药店、职工培训基地、职业介绍机构、法律援助中心、农民工维权中心，与政府部门和社会各方面有机衔接。

（四）关于民间社会互助的几点思考

社会主义市场经济条件下，针对城市困难群体的民间社会互助实践得以顺利展开，在改善城市困难群体的生活境遇方面发挥积极作用，是与以下几个方面的因素分不开的。

第一，党和政府的高度重视是前提。这一点在社会力量参与社会救助的基本政策章节已有论述，这里就不赘言了。

第二，民间社会蕴藏的经济力量是基础。民间社会互助的开展需要有一定的社会和大众的经济条件作支持。改革开放以来，尤其是建立社会主义市场经济体制以来，我国综合国力显著增强，居民收入显著增加。国家统计局课题研究组根据经济水平、物质生活、人口素质、精神生活、生活环境5个方面16项指标，对小康进程进行了综合评价，20世纪末全国总体平均生活水平跨入小康社会的初级阶段，大约有75%的居民初步过上小康生活，13%接近小康水平，12%离小康还有较大差距。②特别值得注意的是目前我国已形成一定规模的中、高收入阶层。截至2012年底，全国个体工商户首次突破4000万户，达4059.27万户，比上年增长8.06%，资金数额1.98万亿元，增长22.19%；私营企业达1085.72万户，比上年增长12.20%，注册资本（金）31.1万亿元，增长20.59%。③ 2012年《福布斯》排名显示：在2012年，中国最富有的前100名富豪的财富之和达2200

---

①《2012年工会组织和工会工作发展状况统计公报》，《中国工运》2013年第6期，第52页。

② 全面建设小康社会的中国：起点、目标和前景，http://www.china.com.cn/authority/txt/2003—03/25/content_5299096.htm。

③ 2012年全国市场主体发展总体情况，http://www.saic.gov.cn/zwgk/tjzl/zxtjzl/xxzx/201301/P020130110600723719125.pdf。

亿美元。① 波士顿咨询公司（BCG）2012年6月1日发布最新报告《重夺优势之战：2012年全球财富报告》显示，中国的百万美元资产家庭数量位列全球第三位。② 从以上可以看出我国社会力量中蕴含着扶危济困的巨大潜力，中、高收入群体已有较强能力在物质上对城市困难群体进行帮助。

第三，社会力量对更高精神境界的追求是内在动力。社会主义市场经济的不断完善和发展对我国社会产生了深刻的影响。市场经济的竞争机制以优胜劣汰为规律，竞争的结果既促进了社会经济和财富的增长、推动了社会的总体发展和人民生活水平的总体提高，同时也使一部分困难人群成为失败者陷入收入低微和生活困难状态。处在困难状态的人群有渴望得到社会理解、尊重和拥有安全感的需要，而生活富裕的群体又有展现自我、追求实现自身价值和参与社会管理、服务公共事务的愿望。这些人群对精神的需求日益强烈，有很大的开发个人慈善的资源和潜能。这种在追求物质享受的同时通过扶贫济困、帮助他人来追求一种更高精神境界的内在动力，可以使许多政府顾及不到的社会服务工作包括城市困难群体社会救助，可以由社会力量部分承担起来。

第四，扶贫济困是中华民族的优良传统。中华民族是礼义之邦，自古以来人民群众就有尊老爱幼、扶弱助残的优良传统，有同情人、爱人和施惠等美德。早在3000年前孟子就提出"守望相助，出入相支，疾病相持"的主张。中国历朝历代都可以看到社会力量从事社会教化、儿童保护、老年人和残疾人服务等社会救助活动的身影。这种良好的传统为社会主义市场经济条件下社会力量参与民间互助奠定了道德基础。

此外，不得不提到的是，社会力量在从事社会救助实践时，较之政府救助，有其独特的优势。（1）贴近城市困难群体。社会力量最大

---

① 2012福布斯前百位富豪总资产较去年缩水7%，国内财经—新浪财经—新浪网，http://finance.sina.com.cn/china/20121015/075813366220.shtml。
② 《2012年全球财富报告》：中国百万美元资产家庭数量居全球第三，世界频道—财新网，http://international.caixin.com/2012-06-03/100396589.html。

第四章 中国共产党领导的城市困难群体社会救助主要实践

的优势在于贴近城市困难群体，这种贴近不仅是地理意义上的贴近，深入社会基层和偏远地区，更是一种社会意义上的贴近。（2）善于沟通。社会力量有同民众沟通和紧密联系的热情和能力，易于同政府达成默契，获得政府的支持。因而，他们可以深入社会，向民众宣传和普及国家的政策和法律，使他们认识到自己的权利和义务，同时影响政府的决策。（3）善于创新。社会力量善于发现并解决新的社会问题，在工作方式上不拘泥于传统，勇于创新，吸收一些新的方式、方法。如近年来通过网络平台为一些城市困难群体募捐等。（4）整合和高效配置资源。由于相当一部分社会力量不谋求私利，追求公益，有良好的社会形象，容易使人产生信任感，因而，比起政府和企业来更容易获得社会的捐赠；另外，非政府组织实行群众参与机制，通常是在社会的直接监督下运作，能较好地避免贪污和浪费，也有利于其充分利用过去曾限制或未能充分利用的各种社会资源，且能够高效整合和配置各种社会资源。

同时，不容忽视的是，此期间，在城市困难群体的民间社会互助实践中还存在一些问题，诸如相关政策不完备、市场化程度较低、信息不对称、缺乏相应的激励机制等，制约着民间社会互助的深入开展。笔者认为，根本性的问题在于没有划清政府救助职责与社会力量救助职责之间的界限，以至于在城市困难群体的社会救助中政府仍旧是包揽一切的角色，而社会力量不能有效介入。以城市居民最低生活保障制度为例，虽然国家鼓励社会组织和个人为城市居民最低生活保障提供捐赠、资助，但实际捐赠额比较小，社会力量在社会救助中的作用主要体现在参与救助对象的识别、提供救助效果的意见反馈等方面。

第五章 中国共产党领导的城市困难群体社会救助的主要特点与基本经验

前文通过四个章节大体回顾了1992—2012年中国城市困难群体社会救助事业的基本情况。此期间，随着城市化、工业化进程的加快，城市困难群体的社会救助事业取得了突飞猛进的发展，为我国的现代化建设创造了良好的社会政治经济环境。城市困难群体社会救助事业获得发展良机，不得不考虑三方面的因素：一是社会经济结构转型导致救助规模庞大的城市贫困人口的必要性愈加突出；二是中国传统的城市救济政策的局限性日益凸显；三是中国共产党执政理念的变化。在外在压力和内生动力双重因素综合作用的基础上，城市困难群体的社会救助事业逐渐步入以中央政府为主导，向规范化、制度化、体系化方向发展的新时代。从宏观上来看，1992—2012年中国城市困难群体的社会救助事业的发展可以分为两个阶段：第一，1992—1999年间，这一时期随着国有企业改革的深化和社会主义市场经济体制的逐步建立，与此相适应，社会救助方面也开始向与市场经济体制相配套的救助体制过渡，即从国家—单位保障制逐渐过渡为国家—社会保障制。最为显著的标志就是作为独立于企事业单位之外的社会保障体系重要组成部分的城市居民最低生活保障制度基本建立。第二，2000—2012年间，这一时期中央提出了"三个代表"重要思想和科学发展观等治国理念，党和政府更加重视经济社会全面发展，中国步入社会政策时代，社会救助获得空前发展。这一阶段，在继续发展与完善城市低保制度的同时，党和政府还提出建立社会救助体系问题，进行专项救助制度的建设。国家—社会保障体制更加完善。因

第五章　中国共产党领导的城市困难群体社会救助的主要特点与基本经验

此，笔者以为，1992—2012 年间是社会主义市场经济条件下中国社会救助事业的过渡与转型时期，以城市困难群体的社会救助为考察对象，通过解剖麻雀式的分析，以小见大，有助于厘清这一时期中国社会救助事业的发展轨迹，总结经验教训，对于当前关注民生、全面建成小康社会具有重要的借鉴作用。

一　基本评价

（一）基于一般社会政策原则的评估

英国学者 K. 琼斯、J. 布朗和 J. 布拉德合著的《社会政策要论》一书中提出了衡量社会政策社会正义性的 8 项国际公认原则，即保障基本自由；提供有利于劣势者的积极差别待遇措施；以上的第一和第二先决条件之下，提供机会的平等；涵盖所有人类，不得有所例外；把社会服务包括在"社会福利"之内；不偏不倚，即或存在差别，必须使优势者与劣势者接受或同意是公平的；涵盖生活、经济、社会和政治各部分；促进社会的聚合。我国学者根据该原则，结合国情加以改造，提出以下 8 项衡量标准：保障基本人权；救助对象普遍；明确规定权利；政府承担责任；社会效益显著；强调治本脱贫；广开社会资源；发挥人的潜力。

社会救助也是社会政策的组成部分之一。因此，用社会政策的原则去衡量社会救助无疑是可行的。对照这些原则，我们可以衡量出 1992—2012 年中国城市困难群体社会救助的"正义性"。

第一，根据本书第二章的论述，我们得知此期间城市困难群体社会救助的基本价值取向是人民利益观而非公民权利观居于主导地位，但因其立足于"代表最广大人民群众的根本利益"，坚持以人为本，符合时代潮流；而通过社会救助实践的考察，我们看到经过政府救助和民间社会互助，城市困难群体的基本生活得到了保障。

第二，回溯本书关于社会救助制度框架体系、运行模式的分析和关于社会救助实践的梳理，我们认定此期间关于城市困难群体社会救助的实践，是调动一切可以调动的积极因素，深入挖掘政府与社会两方面的资源，发挥国家和社会两方面积极性，有机整合了利于城市困难群体社会救助有效展开的各方力量。

第三，本书第二、三、四章的考论告诉我们，此期间无论从救助理念的取向、救助实践的开展，还是在救助制度的安排中，政府在社会救助中扮演着主角，既是责任主体，也是实施主体。

第四，此期间在城市困难群体的社会救助中，以最低生活救助为核心，同时出台一系列措施鼓励自救、实施就业援助等，体现了救助中积极措施与消极措施相结合，但核心理念是积极救助。

第五，城市困难群体的社会救助，保障了城市困难群体的基本生活、巩固了党的执政地位、维护了社会秩序稳定、确保了经济体制改革的顺利进行，应该说取得了政治、经济、文化等多方面的显著绩效。

可见，根据社会政策的基本原则，完全可以给予1992—2012年中国城市困难群体社会救助一个肯定性的评价。

（二）宏观历史视野下的考察

如上文所述，对照一般社会政策原则，我们可以给予1992—2012年中国城市困难群体社会救助一个肯定性的评价。那么，将其置于历史大视野中，这一时期中国城市困难群体的社会救助到底怎样呢？

梳理中国社会救助的历史，我们可以很清楚地看到，1992—2012年间中国政府对城市困难群体的社会救助，无论是救助规模、救助力度、救助内容、规范化制度化等方面，都是旧中国和计划经济时期所不能企及的。仅以城市居民最低生活保障为例，在实行最低生活保障制度之前的1992年，得到国家定量救济的城镇困难户人数只有19万人，占城镇人口的比重仅为0.06%[①]；用于城镇困难户的定期定量救济经费是8740万元。1999年10月1日国务院颁布的《城市居民最低生活保障条例》正式实施，标志着城市居民最低生活保障制度建设已初步完成。1999年1—10月，全国共支出最低生活保障金15亿元。

[①] 郑功成：《中国社会保障30年》，人民出版社2008年版，第153页。

第五章　中国共产党领导的城市困难群体社会救助的主要特点与基本经验

无论在救助对象上还是保障资金方面，都比建立这项制度前的1992年增加了10多倍。① 之后，政府进一步加大了对城市低保的财政投入和扩大低保政策的覆盖面。

同时，还需要将这一时期城市困难群体的社会救助置于国际视野中加以考察，在横向的比较中获得更全面更客观的认识。这里，主要是将中国的城市居民最低生活保障制度与韩国的国民基础生活保障制度予以比较。20世纪90年代中期之后，中国与韩国都开始面临巨大的危机与挑战，1997年东南亚金融危机对韩国的负面影响很大，失业与贫困人口迅速增加；而中国这一时期虽然受金融危机的影响较小，但面临社会转型的沉重代价，出现了大规模的下岗失业群体并导致了不容忽视的城市新生贫困问题。在此背景下，两国的选择都是设计与实施了新的社会救助项目而放弃了原有的社会救助项目，即中国用最低生活保障制度取代了传统的社会救济制度，韩国用国民基础生活保障取代了原有的公共救助制度。几乎同一时间段，两国对待表征相似的突发的社会问题与危机都采取了进行社会救助改革、设立新型社会救助项目的做法，这就使得将中韩两国进行比较是能说明问题的。就改革结果来看，韩国用国民基础生活保障取代了公共救助制度，新制度在选择目标群体时有两条标准，即是否有家庭支持以及收入是否低于最低生活成本，也就是说原来制度下被排斥的有劳动能力者也可成为救助对象。韩国的基础生活保障待遇包含生计、居宅、医疗、教育、妇产、丧葬与自救给付7项，比原来多出了居宅给付，应该说救助水平还是基本可以满足受助者多方面需要的。对有劳动能力的受助家庭来说，必须参加新设立的规定非常详细的自救援助计划之后才能接受生计给付。这一制度的确立意味着实施了40多年的有着济贫法传统的恩惠式公共救助制度彻底结束，它开创了一个新的时代并使韩国的社会福利水平提升了一个台阶。中国用最低生活保障制度取代了传统社会救济制度，新制度在选择目标群体时仅以家庭收入是

---

① 这些资料和数据引自范宝俊《在全国城市居民最低生活保障工作会议上的讲话》，1999年11月26日。

中国共产党与城市困难群体的社会救助（1992—2012）

否低于当地最低生活保障标准为依据，也就是说即使有劳动能力者也可成为低保对象。官方定义的最低生活保障标准虽然包括食物及各种社会服务，如交通、教育等，但实质上的最低生活保障标准很低，一般只能满足食品需要，根本无法满足其他社会服务需要，因此少数地方在2002年之后开始在最低生活保障之外实施一些教育、医疗、住房等专项救助。另外，最低生活保障对有劳动能力者寻找工作有一定要求，如参加社区公益劳动，但国家对于这方面的奖励与惩罚，以及是否有介绍工作或培训项目并没有详细的规定。尽管新制度存在这样、那样的问题，但其意义是重大的，新制度改变了原有社会救济那种恩惠式的、人道主义的救助，转而具有了以社会权利为基础的特征，即获得救助是公民的一项基本权利，提供救助是政府义不容辞的责任，是一次从人道到人权的进步。从以上分析可以看出，中、韩社会救助改革的结果是新确立的制度在理念与内容方面都发生了重大变化。在理念方面，中韩两国都实现了从原有"恩惠""慈善"式的制度向"公民权利"型制度的过渡，这无疑具有重大的进步意义。在制度内容方面，虽然两国选择目标群体的标准比较类似，但中国的最低生活保障在满足受助者需求，以及促进有劳动能力者就业方面显然还与韩国的国民基础生活保障有较大的差距；从保障水平来看，中国的最低生活保障与韩国的国民基础生活保障也有很大差距。以2010年为例，中国城市居民最低生活保障平均标准是251.2元/人月[①]，而韩国1口之家最低生活费标准是504344韩元/月（见表5-1），按照同期汇率来计算，差不多是中国的10倍。

表5-1　　　　　2010年度韩国最低生活费及现金给付标准　　单位：韩元/月

项目	1口之家	2口之家	3口之家	4口之家	5口之家	6口之家
最低生活费（A）	504344	858747	1110919	1363091	1615263	1867435
其他支援金额（B）	82164	139901	180983	222065	263147	304229

---

① 《中国民政统计年鉴（2011）》，中国统计出版社2011年版，第52页。

第五章 中国共产党领导的城市困难群体社会救助的主要特点与基本经验

续表

项目	1口之家	2口之家	3口之家	4口之家	5口之家	6口之家
现金给付标准（C = A − B）	422180	718846	929936	1141026	1352116	1563206
居住给付额（D）	86982	148104	191595	235085	278576	322067
升级给付额（E = C − D）	335198	570742	738341	905941	1073540	1241139

注：（1）7人以上家庭的最低生活费：每增加一人便提高252172韩元（7口之家：2119607韩元）；（2）7人以上家庭的现金给付标准：每增加一人便提高211090韩元（7口之家：1774296韩元）。

资料来源：保健福祉家庭部，2010年度保健福祉家庭部所需相关预算及基金运用计划概要。

同时，1999—2012年我国城市低保标准在城市居民人均可支配收入中的比重最高为1999年的30.5%，之后一直处于下滑趋势，2007年后一直维持在16%左右（详见表4—4）。而欧盟国家的社会救助标准一般是人均收入的50%—60%，美国在很长一段时间内也一直保持在33%。相比国际标准，中国的城市低保标准占人均收入的比重还不足美国的1/2，欧盟的1/3。[①]

国际比较中出现的差距，究其原因，一是生产发展水平的差距，韩国、美国、欧盟为经济发达国家，而中国正处于并将长期处于社会主义初级阶段，为世界上最大的发展中国家，提供公共服务的能力自然不及发达国家。因此，对于我国来说，现阶段仍要坚持以经济建设为中心。二是"十年（2002—2012）来，我国社会保障从国有企业扩展到各类企业和用人单位，从单位职工扩展到灵活就业人员和城乡居民，从城镇扩展到农村，填补了多项社会保障制度建设的空白，初步形成了以社会保险、社会救助、社会福利为基础，以基本养老、基本医疗、最低生活保障制度为重点，以慈善事业、商业保险为补充的

[①] 张礼建：《城市社会性弱势群体利益诉求研究》，西南师范大学出版社2014年版，第66页。

社会保障体系框架"①。即是说，我国现代意义上的城市社会救助制度尚处于初创阶段，还有诸多不成熟之处，需要在实践中不断完善。

（三）社会意义

1992—2012 年间，党和政府在通过社会救助缓解弱势群体问题方面付出了极大的努力。由于此期间中国现代社会保障制度处于初创时期，一些体制机制还不完善，同时受到各方面因素的制约，一些举措并未取得预期的效果，城市困难群体社会救助事业呼唤更为有效和更为彻底的制度设计。但我们不得不承认的是，政府救助与民间救助的综合作用，在帮助城市困难群体化解生存危机、使贫困者从中获得基本物质条件的满足、重新燃起了他们生活的希望、积极融入社会等方面发挥了巨大的作用。这一点在前文已论及，这里就不赘言了。同时，作为社会主义市场经济条件下中国共产党一项重要的执政行动，其社会意义也是不容忽视的。

1. 为我国各项经济体制改革措施的推进奠定了基础

我国经济体制改革的指向是建立中国特色社会主义市场经济体制，而在市场经济条件下，优胜劣汰的市场竞争规则不会自发地为困难群体提供保护。以城市最低生活保障为核心的现代城市社会救助体系的建立和完善，可以让竞争中的强者更放心地劳动致富，同时也可以让竞争中的弱者基本生活得以为继，享受到经济社会发展带来的成果。据对 2012 年城市居民最低生活保障工作的统计，在 2143.5 万低保对象中，在职人员、灵活就业人员、登记失业人员及未登记失业人员占了 62.11%。② 正是有了社会救助制度的"兜底"，他们才可以安心离开原来的工作岗位，通过市场机制寻求新的就业岗位，从而在优化企业资源重组的同时，推进人力资源的合理流动。

2. 提高了城市困难群体的收入水平，促进了国内消费

以城市最低生活保障制度为例，从 2000—2012 年，各级财政共

---

① 《10 年：编织世界最大社保网》，《光明日报》2012 年 7 月 26 日。
② 《中国民政统计年鉴（2013）》，中国统计出版社 2013 年版，第 148 页。

第五章　中国共产党领导的城市困难群体社会救助的主要特点与基本经验

支出城市低保资金从 27.2 亿元增加到 674.3 亿元[①]。规模不断扩大的现金转移支付，使用财政调控的办法，将社会财富从富裕阶层转移到低收入阶层，在一定程度上抑制了贫富差距的扩大。另外，城市生活困难人员除低保金以外无以为生，"等米下锅"是他们最形象的生活状态描述，政府提供的救助金将立刻转化为消费，而不是储蓄，这在一定程度上拉动了国内消费，促进了经济的持续增长。

3. 巩固了中国共产党的执政基础

党的建设是个系统而复杂的工程，而依赖人民、赢得人民拥护是这项工程向前跃进的关键之处和衡量指标。借助于城市困难群体社会救助实践，党锻炼了自身的意志，考验了自身各方面的素质，施展了自身本领。最重要的是，党的积极救助政策为大量贫困者找到了一条通往富裕、幸福生活的道路。这样一来，城市困难群体就生成了以党为依的强烈情感，不言而喻地将自己对美好生活的期望与党的领导联系起来，在党群互动中，党变的愈加富有生命力、建立起更广泛的社会基础支撑。同时，社会救助事业着眼于贫困人员的生存与发展方面的缺失，从根本上讲是党的性质、宗旨、根本立场与观点的展示。党领导的城市困难群体社会救助实践化解了城市困难群体的生存危机，继而激发了人民群众在意识形态方面对党的积极肯定倾向。此外，中国共产党执政的合法性是建立在有效性的基础之上的。具体到城市困难群体的社会救助实践中，若救助成效较高，则人们对党的社会救助政策呼声就高，则党的执政基础稳固。与之相反，若救助成效较低，则人们易消解对党的社会救助政策的认同度，党的执政基础就较弱。建立社会主义市场经济体制以来，中国共产党领导的城市困难群体社会救助事业成效显著，得益于社会救助制度创新带来的积极政策效果。这确证了党和政府关于解决城市困难群体社会救助诸问题的整体设计设置的合理性，进一步巩固了党的阶级基础。

---

① 《中国民政统计年鉴（2001）》，中国统计出版社 2001 年版，第 4 页；《中国民政统计年鉴（2013）》，中国统计出版社 2013 年版，第 8 页。

4. 维护了我国社会的稳定与和谐

贫困的发生不仅给陷入贫困的个人和家庭带来了物质、精神和社会生活等方面的严重问题,而且对整个社会的稳定及快速、协调和可持续发展造成严重的危害。我国的城市困难群体,尤其是社会主义市场经济条件下产生的城市新困难群体,在社会的协调运行与和谐发展中是身份比较特殊的一部分人,在统一的社会有机体内部,他们现实保障的缺失或不足往往会导致范围或大或小的诸种偶发性的矛盾冲突,大则如群体性事件,小则如家庭内部摩擦与冲突。

而社会救助使陷于困境的城市困难群体得到一定的社会支持,有一个恢复和调整自己的机会,使家庭生活得以维持,消除了因贫困而带来的家庭冲突和矛盾,使很多辛苦经营起来的家没有因为贫困而破散,有助于社会和谐;同时,可以实现国民收入的再分配,缩小或者缓解收入差距,降低收入分配的不均等程度,促进社会公平。根据国内学者的调研,我国社会保障制度已经开始发挥这方面的积极作用。2012年,社会保障收入已经占到城乡居民收入的14.5%,其中城镇老年居民收入的一半以上甚至主要收入来源于社会养老金。社会保障转移性收入使城乡居民收入的基尼系数下降了4.53%,其中使城镇居民基尼系数下降了22.76%,使农村居民收入差距下降了1.82%。养老金对中国城镇地区企业职工家庭的财产分布产生了较大的再分配效应,它使得家庭财产分布的基尼系数下降了8%,使得家庭财产分布的不平等程度下降了20%。[①] 作为社会保障的最后一道防线,以城市居民最低生活保障制度为核心的现代城市社会救助体系也不例外,它明显提高了城市贫困人口的收入,对城镇内部收入差距有一定的抑制作用,使得城市困难群体能在一个相对公平的平台上参与社会竞争。

5. 加快了全面建成小康社会的进程

社会救助实践与小康社会建设实践在目标取向与价值追求上具有

[①] 转引自王延中著《社会保障制度收入再分配状况调查》,社会科学文献出版社2013年版。

第五章　中国共产党领导的城市困难群体社会救助的主要特点与基本经验

相同的定位,都是对社会主义本质的积极践行。人们常常把小康社会建设作为一个战略目标,同现代化建设实践联系在一起。小康社会是人们对美好生活状态的集中表达,是现阶段普遍被人们接受的判断生活质量迈进的评价指标。小康社会形态在客观上要求消除人民贫困、实现人民共同富裕,在量化评估上要求国民生产的量的积累。而在社会救助的实践中,党和政府采取各种措施,帮助城市困难群体摆脱生活困境,迈出其"奔小康"的最为基础性的一步。毋庸置疑,社会救助的目标追求与小康社会的建设目标具有一致性。具体的行之有效的社会救助操作可以说就是围绕建设小康社会的内核而展开的,加快了全面建成小康社会的历史进程。

同时,由于城市困难群体主要是社会转型过程中的人为产生物,是服务于社会进步的局部利益牺牲者。其贫困状态的长期存在与全面小康所主张的"全面"精神和"小康"状态是背道而驰的,可以说城市困难群体是全面建成小康社会的一块"短板"之所在。这部分贫困者摆脱生活困境、走向富裕的实现及其实现程度关涉整个社会全面小康目标的切实落实。从这个意义上讲,城市困难群体社会救助在社会整体进步方面的意义较为鲜明。

二　主要特点

(一) 以改革为基本的行动取向

中国共产党认为,社会主义改革的根本目的,就是要为工人阶级和广大劳动人民谋取更多的实际利益。党的十五大报告指出:"提高人民生活水平,是改革开放和发展经济的根本目的。"[①] 党的十七大更是以明确的语言把"解放和发展社会生产力,实现国家现代化,让中国人民富裕起来,振兴伟大的中华民族"作为改革开放的目的之一。中国共产党的实践,以及前述关于城市困难群体成因的分析和诉诸改革根本解决城市贫困问题的思路即是明证;中国共产党对城市困

---

① 《十五大以来重要文献选编》上,人民出版社2000年版,第29页。

难群体社会救助制度基本属性的认识，如建立城市居民最低生活保障制度是"改革和完善传统社会救济制度"①的重大举措等也说明了这一点。在中国共产党关于城市困难群体社会救助的思想体系中，社会主义改革开放和现代化建设，既是解决城市困难群体问题的政治前提和物质基础，又是解决城市困难群体问题的基本途径，也是解决城市困难群体问题的终极目标。也就是说，这一时期中国共产党关于城市困难群体社会救助的思想与实践具有典型的"改革取向"。这种"改革取向"反映在城市困难群体社会救助的实践中，就是社会救助实践与经济体制改革的实践密切相连。社会救助与特定时期国家的政治、经济、社会存在着互动关系。为了使社会救助适应改革开放和建立、完善社会主义市场经济体制的需要，1992—2012年间，中国共产党不仅根据我国改革实践的需要以及社会救助的工具性价值（维护社会秩序的稳定、社会主义市场经济体制基本框架的重要环节、发挥社会主义的优越性等），确定社会救助的方向，把社会救助视为为改革开放和社会主义现代化建设创设条件的一个重要手段，变成动员和组织群众的一个重要内容；而且在社会救助的实践中，将社会救助实践与改革、发展的实践密切结合，在许多情况下改革、发展的手段与内容和社会救助的手段与内容合而为一。如《国务院关于解决城市低收入家庭住房困难的若干意见》就明确要求：把解决城市低收入家庭住房困难作为维护群众利益的重要工作和住房制度改革的重要内容。②由此可见，社会救助在特定的时间以特定的方式最大化服务于我国改革开放和社会主义现代化建设的需要，改革工作与社会救助并行不悖，互相支持，甚至相互包含。

（二）以社会主义初级阶段为立足点

我国社会发展的历史方位何在，直接关系到我国在一个什么样的

---

① 《新时期劳动和社会保障重要文献选编》，中国劳动社会保障出版社、中央文献出版社2002年版，第259页。

② 《十六大以来重要文献选编》下，中央文献出版社2008年版，第1112页。

第五章　中国共产党领导的城市困难群体社会救助的主要特点与基本经验

基础上、什么样的条件下解决城市困难群体问题，直接关系到党关于城市困难群体社会救助的目标、方针政策以及方式方法的确立和制定，直接关系到城市困难群体社会救助这一政治行动的进行和实际效果。在社会主义市场经济条件下，中国共产党从实际出发，继续强调我国最大的实际就是正处于并将长期处于社会主义初级阶段。这一阶段，我国社会的主要矛盾是人民群众日益增长的物质文化需要同落后的社会生产之间的矛盾。这种状况，就决定了在当代中国要做好城市困难群体的社会救助工作乃至彻底解决城市困难群体问题，首先必须集中力量尽快地解放和发展生产力。正是在这个大背景下，中国共产党把发展生产力提高到"执政兴国的第一要务"、科学发展观"第一要义"的高度加以论述并切实付诸实践。从这一时期中国共产党强调发展生产力的一系列论述中，可以清楚地看到，党从来都不是孤立地强调发展生产力，不是把发展生产力当作目的本身，不是为发展生产力而发展生产力，而是把发展生产力同人民群众的利益不可分割地联系在一起。如"要在经济发展的基础上，使城乡人民收入稳步增长，着力解决群众生活中的突出问题"[①]。城市困难群体的社会救助也不例外。这实际上从一个侧面反映了社会主义市场经济条件下，中国共产党对于城市困难群体社会救助的基本思路的选择是建立在对我国所处的历史方位的科学认识的基础之上的。

可以说，社会主义初级阶段是社会主义市场经济条件下中国共产党解决城市困难群体社会救助问题所处的时间进程。中国共产党关于城市困难群体社会救助诸问题的认识和实践也深深打上了社会主义初级阶段的烙印，笔者以为，除了把发展生产力作为解决城市困难群体社会救助问题的基础性工程外，还主要体现在两个方面：一是在满足城市困难群体基本生活需求方面，侧重于物质层面（如最低生活保障、医疗、教育、住房等），缺少精神慰藉和心灵关怀的内容；侧重于现金救助和实物救助，服务型救助尚有很大欠缺；二是在城市困难

---

① 《新时期劳动和社会保障重要文献选编》，中国劳动社会保障出版社、中央文献出版社2002年版，第250页。

群体社会救助资金的投入方面，强调统筹兼顾，而社会救助作为"最后一道防线"，应该具有"硬道理"的意义。这两点，囿于社会主义初级阶段的实际，有其客观性。

（三）以党和政府为主导

1992—2012年间，中国共产党和中国政府在开展城市困难群体的救助工作时，坚持的是政府主导型的资源动员模式。这种资源动员模式，不仅符合经济学中"守夜人"的公权救助理念，而且与我国实际相适应。它是中国共产党一党执政体制在社会保障领域的体现，也是社会主义初级阶段中国共产党一党执政体制可以集中力量办大事的优势之所在，同时也是此期间中国社会主义市场经济的发育程度和社会力量参与度还较低、尚无法培育有效的多元化救助主体背景下的必然选择。

党和政府在城市困难群体社会救助工作中的主导作用主要体现在两个方面：一是政府的救助管理机构、参与救助的组织担负着城市困难群体社会救助的主要工作。国家责任是现代社会救助制度的重要标志。党和政府把救助城市困难群体视为自己的责任，通过积极主动承担其在社会救助中的制度供给责任（社会救助立法的推动者和参与者、社会救助政策的制定者和实施者）、财政责任（国家财政拨款是社会救助资金来源的主要渠道）、实施和监管责任、引导民间救助责任（民间救助的支持者和协调者）、宣传责任等，能够有效地利用各种社会资源（包括资金、场所、人力资源），整合各种力量（包括各级地方政府、中国共产党领导下的社会团体组织和民间的各种力量），对城市困难群体施以广泛的社会救助。如绝大多数政府部门都参与了城市困难群体的社会救助工作就是国家责任原则的集中体现。在最低生活救助方面，民政、财政、劳动保障、宣传文化等部门协调配合，使有限救助资源实现效益最大化，其中"民政部门要做好城市居民最低生活保障制度的组织实施工作；财政部门要保证最低生活保障资金按时足额到位，加强资金的监督管理，并安排必要的工作经费和人员

第五章 中国共产党领导的城市困难群体社会救助的主要特点与基本经验

经费;劳动保障部门要与民政部门共同做好各项保障措施的衔接工作"[①];"宣传文化部门也要从自身实际出发,充分发挥优势,多为群众办实事、办好事。……要动员更多的力量来关心困难群体,满腔热情地帮助他们排忧解难,真正把党和政府的温暖送到广大群众的心坎上"[②]。在医疗救助方面,民政、卫生、劳动保障、财政等系统协同作战,切实帮助城市困难群体解决最基本的医疗服务问题。在教育救助方面,民政、教育等部门参与其中,保障城市困难群体的受教育权利。在住房救助方面,建设、发展和改革委、监察、民政、财政、国土资源、人民银行、税务、统计等部门各司其职,密切配合,切实解决城市困难群体的基本居住问题。在法律援助方面,司法、民政、财政、劳动保障、国土资源、建设、卫生、工商行政管理、档案等部门密切配合,努力使符合法律援助条件的城市困难群众都能获得法律援助,维护社会公平和正义。

二是社会力量的社会救助行为逐渐被纳入了政府的管辖范围。中国共产党通过政府设立具体机构管理社会力量(如民政部民间组织管理局);通过政策创议与制定,引导、控制、监督社会力量发展;通过在社会组织里建立党组织,从组织上控制社会组织等方式使得社会力量得以在党和政府的指导下向城市困难群体提供社会救助服务,填补政府暂时没有能力承担的职能。这样,既保证了救助物资的来源多样、广泛,同时又保证了它们的集中使用、合理配置,使得政策很快便落到实处,救助效率得以提高。

必须要指出的是,政府主导型的资源动员模式虽然具有能动员大量资源的优势,但在这种模式中,救助项目、资金分配的决策权、使用权和控制权掌握在政府手中,带有计划经济的色彩,在实践中常常会出现资源的误配置和救助的低效率,无法达到资源配置的最优状态。以城市居民最低生活保障资金的使用效率为例,一是在财政救助资金分配中不尽合理。由于信息不对称,又缺乏科学的运行机制,在

---

① 《十五大以来重要文献选编》下,人民出版社 2003 年版,第 2065 页。
② 同上书,第 2221 页。

财政救助资金的分配上易受申请方游说努力程度的左右，宝贵的救助资金有时无法到达真正需要帮助的城市贫困居民手中，甚至出现了"扶富"的现象。二是救助资金被挪作他用的现象。有些地方政府转移城市居民最低生活保障资金用于他们认为更重要的地方，如政府机构的正常运转、教师工资的发放、社会稳定的保障、地方经济的发展等方面，偏离了中央界定的救助宗旨和目标，严重影响了财政救助资金的使用效率。

同时，要说明的是，政府主导并不排斥社会参与，尽管这一时期社会力量的有效参与相对有限，但中国共产党已经看到了其中蕴藏的丰富的社会救助资源，主张要发挥国家、集体、个人三方面的积极性，形成"政府领导、民政牵头、部门配合、社会参与的社会救助工作机制"①。如前文所述，就救助资金的筹措而言，有财政拨款，也有社会各界群众、团体和单位自愿捐赠；就整个救助过程的监管而言，有行政监管、审计监管和社会监管等，这都体现了社会参与。

（四）以社区为救助的物理空间

改革开放以来，特别是20世纪90年代初中国政府明确了建立社会主义市场经济体制的改革方向以来，随着城市改革尤其是国企改革的不断深化，单位之间与单位内部出现严重分化，单位体制受到严重冲击。大批职工甚至失去就业机会，回到家庭和社区。随着单位制的解体，原来庇护于单位体制下的贫困人口大量涌现出来，成为城市困难群体的主要组成部分。如何对他们实施有效救助便成为一个重要的问题。一方面，原有社区力量薄弱②，难以成为救助主体；另一方面，原有单位由于经济效益下滑甚至破产也变得无力救助。在此情况下，党和政府意识到加强城市社区建设的重要性。2000年12月12日，中办、国办联合发出通知，转发《民政部关于在全国推进城市社区建设

---

① 《十七大以来重要文献选编》下，中央文献出版社2013年版，第1109页。
② 注：在单位体制下，各种类型的单位实际上是城市扶贫济困的主体，基层社区只是救助那些由于个人原因而无法组织进各种单位的"三无"对象，不能适应单位制解体后的城市贫困形势。

第五章　中国共产党领导的城市困难群体社会救助的主要特点与基本经验

的意见》，要求大力推进城市社区建设，指出"随着国有企业深化改革、转换经营机制和政府机构改革、转变职能，企业剥离的社会职能和政府转移出来的服务职能，大部分要由城市社区来承接"。在城市困难群体的社会救助方面，政府最终选择重视和加强社区的作用，主要体现在以下几个方面：

一是发挥社区对城市困难群体的管理作用。如上海市在对低保对象的管理中，充分发挥基层社区的作用，把社会救助管理的重心下移到街道和居委会，使社区统筹保障成为社会救助帮困的落脚点，实行"一口上下"，即救助对象通过街道一个口子向上申请，政府有关部门和社会团体的所有救助款物，都通过街道一个口子向下发放，做到"条上工作，块上落实，条块结合，以块为主"，使条上的政策在块上衔接，救助帮困政策覆盖全社会。这种管理模式有效避免了救助对象的遗漏和重复，还有助于街道利用社区的综合优势，将困难人员纳入统一的社会保障网络，实现各种社会保障措施与服务项目的联合与综合化。上海市的经验得到了有关领导的肯定，并被推广。2001年11月12日，国务院办公厅下发《关于进一步加强城市居民最低生活保障工作的通知》，明确强调要"认真贯彻属地管理原则"[1]，"要加强基层工作力量，把工作重点放在社区，充分发挥街道办事处和社区居民委员会的作用，建立健全基层最低生活保障管理服务网络，为基层民政部门、街道办事处、社区居民委员会配备必要的工作人员，解决必要的办公条件"[2]。

二是大力发展社区服务。就城市困难群体的社会救助而言，发展社区服务的意义突出表现在两个方面：一方面，可以补充现金和实物救助的不足；另一方面，发展社区服务，实际上也带来了就业机会的增加，有助于促进贫困居民通过就业而摆脱贫困。

三是丰富社区活动，促进城市困难群体的社会参与。经验表明，

---

[1] 《新时期劳动和社会保障重要文献选编》，中国劳动社会保障出版社、中央文献出版社2002年版，第544页。

[2] 同上书，第547页。

对贫困人口实施救助和提供服务,实际上都是将贫困者置于被动接受的位置,这种做法难以达成扶贫的最佳效果,甚至会使一些人更加疏离主流社会,走向边缘化,不利于社会整合。为了促进城市困难群体的社会参与,1999年颁布的《城市居民最低生活保障条例》规定,"在就业年龄内有劳动能力但尚未就业的城市居民,在享受城市居民最低生活保障待遇期间,应当参加其所在的居民委员会组织的公益性社区服务劳动"[①]。各地的实践表明,组织这类活动效果良好,有助于增强贫困者的自信心,并减轻其被动接受救助的心理压力。

四是充分发挥社区的甄别、监督作用。对城市困难群体进行社会救助的一个重要的技术性环节就是对居民收入的监控。前已述及,在实际工作中,一方面,管理审批机关由于人力、物力、财力和技术方面的原因,在开展深入细致的调查方面做得不够;另一方面,居民通常也不会主动、准确地申报收入及其变化情况。这样就使得甄别救助对象的难度加大。由于社区规模相对不大,成员之间相对比较熟悉,所以社区在客观上便于发挥甄别救助对象的作用,从而提高救助效率,使有限的救助资源能用到"刀刃"上。

(五)带有明显的时代烙印

1992—2012年间,中国共产党关于城市困难群体社会救助的思想与实践所处的时间进程就是我国正处于并将长期处于社会主义初级阶段,带有明显的时代烙印。主要体现中国共产党有关城市困难群体社会救助的理念及政策措施具有一定的"被动性"。

如对城市困难群体的社会救助侧重"雪中送炭",着眼于解决城市困难群体当下的生存危机,因而属于事后干预型的社会保护制度,而在预防和化解风险、向危机转化方面的功能相对较弱。仍以城市居民最低生活保障制度为例,其主要目标是满足城市困难群体的基本需要,消除其生存危机和生活风险,但基本需要并不等同于生理性最低

[①]《新时期劳动和社会保障重要文献选编》,中国劳动社会保障出版社、中央文献出版社2002年版,第419页。

第五章　中国共产党领导的城市困难群体社会救助的主要特点与基本经验

需要，它应当被置于自立的背景中，着眼于增强贫困者抗御生活风险的能力，考虑到个人的自我发展与尊严。然而，目前有关决策者仍然将低保救助目标仅仅定位在满足困难群体"吃饱穿暖"的基本生理需要的水平上，对加大城市低保投入重要性的认识还不到位，尚未意识到未来低保救助目标将从保障贫困者基本生存向促进其发展转型，低保救助方式也需要实现从单一收入救助向综合生活救助转变。

再如社会救助中的公民权利本位问题。在第二章，笔者已述及，关于城市困难群体社会救助中主客体的权利与义务的关系问题，中国共产党主张社会救助是政府的责任，同时认为社会救助既是城市困难群体的一项权利，也是实现城市困难群体利益的重要手段，且人民利益论占据主导地位。尽管人民利益在中国共产党的视域中居于主导地位，且有其内部的机理，但不得不注意的是，人民利益论的优先存在制约了社会救助作为公民的一项权利应该发挥的主动作用，不利于激发贫困者自尊、自强、自主、自立的主动精神，使他们通过社会救助而自力更生地脱贫致富。这在某种程度上说是社会救助"养懒汉"等不协调现象出现的认识上的原因。

不仅如此，长期以来，我国各级政府十分重视地方经济建设，对于包括社会救助在内的社会福利体系建设重视程度明显不够，低保群体的生活水平和质量没有随着经济的发展而获得相应提高。

那么，为什么会出现上述问题呢？原因是多方面的，但笔者认为最为关键的原因还是在我国处于并将长期处于社会主义初级阶段。这个阶段最基本的特征就是生产力落后。这就决定了中国共产党和中国政府在谋划城市困难群体社会救助时所掌握的社会财富有限，一方面在社会救助方面，只能是有先有后，统筹安排；另一方面必须坚持以经济建设为中心，大力发展生产力，为社会救助奠定良好物质基础。

三　基本经验

研究1992—2012年间中国共产党领导的城市困难群体社会救助，总结其成效背后丰富且宝贵的经验，对于提高党的执政能力和巩固党的执政地位，全面建成小康社会具有十分重要的意义。

(一) 坚持以人为本的理念是思想保证

马克思主义经典作家没有明确提出"以人为本"这个概念，但是在其全部学说中，他们最重视的是人的发展。他们认为，人是社会的人，社会是人的社会，人的发展离不开社会的发展，而社会的发展最终归结到人的发展与人的利益的满足。也就是说，人既是社会发展的主体，又是社会发展的动力，同时也是社会发展的目的，因而追求和实现人的全面而自由的发展是社会发展的终极目标和本质要求。他们把人的自由而全面的发展作为共产主义的重要目标。马克思就曾指出，未来新社会是"以每个人的全面而自由的发展为基本原则的社会形式"①，"在那里，每个人的自由发展是一切人的自由发展的条件。"②

中国共产党在长期的革命、建设和改革的实践中，继承和发展马克思主义经典作家关于人的价值的论述，实现了马克思主义关于人的学说的中国化。毛泽东指出："人民，只有人民，才是创造世界历史的动力"③，并将"全心全意为人民服务"的问题上升到党的唯一宗旨的高度。邓小平多次指出："群众是我们力量的源泉，群众路线和群众观点是我们的传家宝"④，"党只有紧紧地依靠群众，密切地联系群众，随时听取群众的呼声，了解群众的情绪，代表群众的利益，才能形成强大的力量，顺利地完成自己的各项任务"⑤。以江泽民为代表的中国共产党人创造性地提出了"三个代表"重要思想，强调："我们建设有中国特色社会主义的各项事业，我们进行的一切工作，既要着眼于人民现实的物质文化生活需要，同时又要着眼于促进人民素质的提高，也就是要努力促进人的全面发展。"以胡锦涛为总书记

---

① 《马克思恩格斯选集》第1卷，人民出版社1995年版，第119页。
② 《马克思恩格斯全集》第3卷，人民出版社1960年版，第60页。
③ 《毛泽东选集》第3卷，人民出版社1991年版，第1031页。
④ 《邓小平文选》第2卷，人民出版社1994年版，第368页。
⑤ 同上书，第342页。

第五章　中国共产党领导的城市困难群体社会救助的主要特点与基本经验

的党中央，提出了以"以人为本"为核心的科学发展观，强调发展为了人民、发展依靠人民、发展成果由人民共享，其实质就是要坚持人民在建设中国特色社会主义事业中的主体地位，不断实现好、维护好、发展好最广大人民的根本利益；就是要正确反映和兼顾不同地区、不同部门、不同方面群众的利益，妥善协调各方面的利益关系；就是要在坚持全国人民根本利益一致的基础上关心每个人的利益要求，体现社会主义的人道主义和人文关怀，满足人们的发展愿望和多样性的需求，尊重和保障人权；就是要关注人的价值、权益和自由，关注人的生活质量、发展潜能和幸福指数，最终实现人的全面发展。这些充分说明，共产党人的历史使命，莫不以人民的解放和幸福为根本目标。

1992—2012年间，中国共产党在领导城市困难群体社会救助工作的过程中，始终坚持以人为本的理念，把城市困难群体的冷暖安危铭记在心。江泽民要求各级领导干部要"对群众特别是下岗待业职工生活和工作中的实际困难，必须认真负责、扎实细致、满腔热情地帮助解决。"[①] 胡锦涛强调："各级领导干部要坚持深入基层、深入群众，倾听群众呼声，关心群众疾苦，时刻把人民群众的安危冷暖挂在心上，做到权为民所用，情为民所系，利为民所谋。尤其要关心那些生产和生活遇到困难的群众，深入到贫困地区、困难企业中去，深入到下岗职工、农村贫困人口、城市贫困居民等困难群众中去，千方百计地帮助他们解决实际困难。"[②] 在实践中，中国共产党亦是这样做的，以最大的努力服务城市困难群体，以最大限度保障城市困难群体的基本生活，如城市居民最低生活保障标准根据物价水平的不断调整、不断增加对城市困难群体社会救助的财政投入、不断拓展城市困难群体社会救助的内容、在社会救助中维护城市困难群体的尊严，等等。

---

① 《十五大以来重要文献选编》上，人民出版社2000年版，第161页。
② 《十六大以来重要文献选编》上，中央文献出版社2005年版，第84页。

(二) 中国共产党的坚强领导和有效动员是政治和组织保证

中国共产党是中国特色社会主义事业的领导核心，其领导核心作用在城市困难群体社会救助工作中首先表现在有效的政治和社会动员。为了做好城市困难群体的社会救助工作，中国共产党反复强调："各有关部门要各司其职，各尽其责，加强协调和配合，及时研究解决工作中出现的问题。……同时，要广泛动员社会力量，积极开展扶贫济困送温暖活动，形成全社会互助互济的良好风尚。"①"要动员更多的力量来关心困难群体，满腔热情地帮助他们排忧解难，真正把党和政府的温暖送到广大群众的心坎上。"② 前已述及，中国共产党关于城市困难群体社会救助的动员一般通过宣传、组织、引导、示范、参与等方式进行；动员的体系包括体制内的动员（如中国共产党组织、其他中国共产党领导的群众组织和人民军队等）和体制外的动员（主要是社会力量）。

以下岗工人的社会救助为例。从中国共产党自身和中国政府看，面对社会转型、体制转轨导致的部分城市居民因下岗出现生活困难的严峻形势，中央起到了决策领导作用，不少中央领导人第一时间亲赴国企改革第一线实地调研，在此基础上作出部署和科学规划，如1994年10月25日发出的《国务院关于在若干城市实行国有企业破产有关问题的通知》、1997年3月2日《国务院关于在若干城市试行国有企业兼并破产和职工再就业有关问题的补充通知》、1997年9月2日《国务院关于在全国建立城市居民最低生活保障制度的通知》、1998年6月9日《中共中央、国务院关于切实做好国有企业下岗职工基本生活保障和再就业工作的通知》、1999年2月3日《国务院办公厅关于进一步做好国有企业下岗职工基本生活保障和企业离退休人员养老金发放工作有关问题的通知》、1999年9月28日《城市居民最低生活保障体例》等。中央各部门如经贸、财政、劳动、银行等也

---

① 《十五大以来重要文献选编》下，人民出版社2003年版，第2065—2066页。
② 同上书，第2221页。

第五章　中国共产党领导的城市困难群体社会救助的主要特点与基本经验

分别出台了一些政策和措施，部署落实中央要求的工作，如1995年4月16日《劳动部关于实施再就业工程的报告》，并被国务院办公厅转发。各级地方党组织和地方政府也都从改革、发展和稳定的大局出发，在实践中探索出了一些解决问题的好办法，取得明显成效。广大党员干部以自己的模范言行，影响和带动下岗职工增强信心，组织他们积极自救，解决实际困难和问题，充分展示了党员干部的良好形象。

（三）保持国民经济的持续健康发展是物质基础

马克思主义指出："人们为了能够'创造历史'，必须能够生活。但是为了生活，首先就需要吃喝住穿以及其他一切东西。因此第一个历史活动就是生产满足这些需要的资料，即生产物质生活本身，而且正是这样的历史活动，一切活动的基本条件，人们单是为了能够生活就必须每时每日去完成它，现在和几千年前都是这样。"[①] 但是，"社会的物质生产力发展到一定阶段，便同它们一直在其中活动的现存生产关系或财产关系（这只是生产关系的法律用语）发生矛盾。于是这些生产关系便由生产力的发展形式变成生产力的桎梏。那时社会革命的时代就到来了。随着经济处的变更，全部庞大的上层建筑也或慢或快地发生变革。"[②] 即是说，生产力是人类社会发展的前提和基础，是决定社会发展的最终力量。生产力的水平决定着社会发展的性质、状态、面貌与发展程度。

社会救助属于上层建筑的范畴，它自然受制于社会生产力的发展水平。没有社会经济的持续发展，社会救助也不可能有保证。建立在贫穷落后基础上的社会救助仅是低水平的社会救助，既不能持久，也难以发挥实际作用。具体到1992—2012年间城市困难群体的社会救助，之所以能取得明显成效，和这一时期在国民经济持续快速发展的基础上政府对社会救助事业的财政投入的不断加大和就业机会的不断

---

① 《马克思恩格斯选集》第1卷，人民出版社1995年版，第79页。
② 《马克思恩格斯选集》第2卷，人民出版社1995年版，第32—33页。

开拓是分不开的。关于政府对社会救助事业的财政投入,这里就不赘言了。关于经济增长与就业机会的开拓,李克强总理在中国工会十六大上讲话提到,相当长一段时间,我国 GDP 每增长 1 个百分点,就会拉动大约 100 万人就业。而城市困难群体中相当一部分人是有劳动能力的。在经济增长基础上就业机会的增加,为他们脱贫解困带来了希望。可见,没有国民经济的持续快速发展,城市贫困问题的解决势必成为无源之水、无本之木。

(四) 充分发挥社会主义的优势是制度保证

中国共产党领导建立的社会主义制度发挥出其特有的制度优势,在救助城市困难群体、帮助其渡过生活危机方面,社会主义集中力量办大事、办难事、办急事的优势得到充分彰显。1992 年初,邓小平在视察南方的谈话中明确指出:"现在,我们国内条件具备,国际环境有利,再加上发挥社会主义制度能够集中力量办大事的优势,在今后的现代化建设过程中,出现若干个发展速度比较快、效益比较好的阶段,是必要的,也是能够办到的。"[①] 1998 年 9 月 28 日,江泽民在全国抗洪抢险总结表彰大会上指出:"我国社会主义制度具有巨大的优越性,能够集中力量办大事,动员和组织全国人民不断创造伟大的业绩。"[②] 2006 年 7 月 1 日,胡锦涛谈从青藏铁路建设中得到的四点启示时说:"只要我们坚持发挥我国社会主义制度能够集中力量办大事的政治优势,并善于把这一优势与市场经济体制的优势有机结合起来,我们就一定能够推动关系国计民生的重大建设项目更快更好完成。"[③]

中国虽然处于社会主义初级阶段,是世界上最大的发展中国家,人均 GDP 不高,但是中国共产党把全国人民的力量集中起来就可以形成相当大的力量,可以集中相当一批可观的人力、物力,用来保证

[①] 《邓小平文选》第 3 卷,人民出版社 1993 年版,第 377 页。
[②] 《江泽民文选》第 2 卷,人民出版社 2006 年版,第 228 页。
[③] 《胡锦涛文选》第 2 卷,人民出版社 2016 年版,第 467 页。

第五章　中国共产党领导的城市困难群体社会救助的主要特点与基本经验

重点工程的建设和重大事项的进行。同时，中国是以公有制经济为主体的社会主义国家，公有制经济的发展能够做到服务并服从于国家建设的大局。中国特色社会主义制度确保了各族人民的大团结，具有把全体中国人凝聚起来的巨大力量；确保了全国"一盘棋"，能够集中力量办大事，提高工作效率。应对社会主义市场经济条件下城市贫困日益凸显的严峻形势，中国共产党举全国之力，从中央到地方政令通畅、步调一致，动员和组织各方力量，形成了强大的合力，1992—2012年间我国先后建立了城镇居民最低生活保障制度、医疗救助制度、住房救助制度、教育救助制度等，使越来越多的困难群众享受到改革开放的成果。

（五）建立健全相关制度是关键

社会救助归根结底还是由人来实施，人的因素在社会救助中占有很大比重，救助谁、救助哪些方面、由谁来实施救助、救助达到什么目标、谁来监督等环节都影响到社会救助的效果，需要一套行之有效的规章制度来加以规范，以保证效果。从某种程度上来说，加强社会保障立法，建立完善的社会保障制度，进而确立社会救助工作的长效机制，是社会救助工作经常化、制度化和可持续的保证。

前已述及，1992—2012年间，党和政府制定和实施了一系列涉及城市困难群体社会救助条例、准则和规章，如中央层面的《城市居民最低生活保障条例》（1999）、《民政部关于做好普通高等学校困难毕业生救助工作的通知》（2004）、《民政部　教育部关于进一步做好城乡特殊困难未成年人教育救助工作的通知》（2004）、《民政部等部门关于建立城市医疗救助制度试点工作意见的通知》（2005）、《廉租住房保障办法》（2007）、《民政部关于进一步建立健全临时救助制度的通知》（2007）、《民政部等十一部委关于印发〈城市低收入家庭认定办法〉的通知》（2008）、《民政部关于积极开展城市低收入家庭认定工作的若干意见》（2009）等。这些制度涵盖了基本生活救助、医疗救助、教育救助、住房救助、临时救助等基本方面。各级地方政府依据中央层面的制度安排，根据当时当地的实际情况，制定各种地方性的条例，并使之有效执行，从而使城市困难群体社会救助取得了显著的成效。此期间的实践经验表明，法律具有强制性，制度更具稳定性和长期性。

当然，由于制度的不规范、不健全，尤其是专门的社会救助法尚未出台，党和政府在处理一些社会救助问题时仍存在走过场、重形式的现象，或者是制定一些临时性的政策和措施，致使很多措施和办法只能在短时期内起到极其有限的作用，使一些社会救助问题的解决处于一种临时抱佛脚的"应急式"状态，不能纳入制度化、常态化解决问题的轨道。因此，当前应加快和完善相关制度建设，将社会救助纳入制度化、法制化和规范化的轨道，各项具体制度体系能相互衔接和配套。只有这样，才能保证弱势群体权利得到较好实现，以及真正有效预防新的弱势群体出现。

（六）积极培育健康向上的社会风尚是重要条件

这是1992—2012年间能够凝聚各方力量开展城市困难群体社会救助工作的一条重要经验。社会学大师涂尔干指出，现代社会要达到秩序性结合，必须依靠一种外在力量，尤其是一种人类共识思想；功能主义大师帕森斯认为，共享价值观是社会整合的"黏合剂"；[1] 社会学家迪尔凯姆也认为，把个体连接在一起的既不是卢梭的"理性契约"，也不是孔德的"国家强力"，更不是斯宾塞的"自由竞争"，而是社会成员的共同信仰、道德规范和价值标准，即"集体意识"。[2]

通过思想道德建设、价值观建设等工作来培育健康向上的社会风尚，是中国共产党一贯的主张。1992—2012年是中国社会主义市场经济体制建立和初步完善的时期，党和政府从社会风尚培育的一般规律和中国实际出发，深刻地认识到在本质上实行社会主义市场经济与培育健康向上的社会风尚并不矛盾，但是，任何事物都是矛盾的统一体，在看到社会主义市场经济对促进我国良好社会风尚保持和提升所

---

[1] ［美］戴维·波普诺：《社会学》，辽宁人民出版社1987年版，第71页。
[2] 张敦福：《现代社会学教程》，高等教育出版社2001年版，第36页。

第五章　中国共产党领导的城市困难群体社会救助的主要特点与基本经验

起积极作用的同时，也必须正视市场经济的缺陷和弱点：市场经济的重利性，容易诱发人们见利忘义、唯利是图的金钱拜物思想；市场经济的自主性和自发性，容易诱发人们的本位主义、小团体主义和短期行为等。市场经济自身的缺陷和弱点，对进一步培育健康向上的社会风尚提出了挑战。中国共产党正视这一现实，通过积极开展社会主义精神文明建设、实施公民道德纲要、培育和践行社会主义核心价值体系等为塑造良好社会风尚提供主心骨。包括团结友爱、互帮互助、一方有难、八方支援等内容的良好社会风尚，作为规范民众思想行为的一种道德外力，有助于社会救助中凝聚力的形成，成为保障社会救助工作成功开展的重要因素。如武汉天顺园社区成立"邻里互助会"，社区居民捐钱、捐物帮助困难居民。如果说群众互帮互助的社会风尚为城市困难群体提供了重要的物质和精神方面的支持的话，那么积极向上，"以辛勤劳动为荣、以好逸恶劳为耻"，自强自立等价值观，则有助于推动有劳动能力的城市困难群体走向自立、走出贫困。

结　　语

　　社会主义市场经济体制建立以来，在各种政策措施的作用下，我国的城市贫困状况得到了一定程度的缓解。但是由于城镇化进程的推进、城乡差距的客观存在、城市结构体系的不完善、"GDP 至上"的惯性效应加上相关制度建设的滞后等原因，以及城市贫困问题本身的特点（即动态性），我国的城市贫困问题在相当长的一段时期内仍将比较严峻。据 2011 年中国社会科学院发表的《中国城市发展报告》，城市的贫困线在 7500—8500 元之间，共有 5000 万人左右属于贫困人口。对于 5000 万城市贫困人口的数据，住房和城乡建设部政策研究中心主任陈淮认为这个估计恐怕过低。他指出：在前 20 年，温饱标准叫贫困，但现如今不完全一样。不足以满足自己基本生活需求，都可以归于贫困，比如医疗保障、孩子上学。计划经济下主要人群的收入水平聚集在平均值周边，但在如今低于中值线的人口在增加，这也是贫困化的重要因素。同时，随着生活水平改善，明显低于整个城市的经济发展水平也属于相对贫困化。"所以 7%—8% 的城市贫困人口是一个保守的估计。"[①] 笔者认同这一看法，暂且不考虑贫困发生的时空，仅从户籍角度而言，5000 万城市贫困人口这一算法的依据主要是收入水平，未考虑支出型贫困。而支出型贫困已然成为当前中国城市贫困中占有相当比例的一种类型。所以，城市贫困在当前无疑仍是一个重要的社会问题。

　　此外，基于社会主义初级阶段的生产力发展水平，并不是所有的

[①] 《城镇贫困人口 5000 万被指数据过于保守》，《京华时报》2011 年 8 月 4 日。

结　语

城市贫困人口都纳入社会救助中来。根据民政部的数据，2010年底，全国共有1145.0万户、2310.5万城市低保对象，标准是每人每月251.2元；2011年底，全国共有城市低保对象1145.7万户、2276.8万人，标准是每人每月287.6元；2012年底，全国共有城市低保对象1114.9万户、2143.5万人，标准是每人每月330.1元；2013年底，全国共有城市低保对象1097.2万户、2064.2万人，标准是每人每月373元；2014年底，全国共有城市低保对象1026.1万户、1877.0万人，标准是每人每月411元；2015年底，全国有城市低保对象957.4万户、1701.1万人，标准是每人每月451.1元。[①] 可见，城市困难群体的社会救助工作依然繁重，城市反贫困任重而道远！

但我们欣喜地看到，党的十八大以来，以习近平为核心的党中央提出"四个全面"战略布局，把民生建设与全面建成小康社会、实现中华民族伟大复兴的中国梦有机统一起来，加强顶层设计，明确工作思路，不断解决好人民最关心最直接最现实的利益问题，让发展成果更多更公平地惠及全体人民，促进社会公平正义，奋力把以民生为重点的社会建设推进到一个新阶段，为进一步做好城市困难群体的社会救助工作乃至城市反贫困工作带来了新希望。

首先，将如何使人民对美好生活的向往变为现实，视为新一届中央领导集体治国理政的核心理念。习近平郑重表示："人民对美好生活的向往，就是我们的奋斗目标。""我们的责任，就是要团结带领全党全国各族人民，继续解放思想，坚持改革开放，不断解放和发展社会生产力，努力解决群众的生产生活困难，坚定不移走共同富裕的道路。"[②]

其次，针对我国经济发展处于增长速度换挡期、结构调整阵痛期、前期刺激政策消化期"三期叠加"的新阶段，经济发展进入新常态的现实，格外强调"社会政策要托底"[③]，彰显坚守民生底线的

[①] 中华人民共和国民政部，http://www.mca.gov.cn。
[②] 《十八大以来重要文献选编》上，中央文献出版社2014年版，第70页。
[③] 《在新起点上开展跨越太平洋的合作》，《人民日报》（海外版）2013年6月10日。

·317·

中国共产党与城市困难群体的社会救助（1992—2012）

决心。很显然，包括城市困难群体社会救助在内的民生工作都属于保基本的范畴，都是需要社会政策坚决托住的"底"；同时也彰显了社会救助在保民生方面作为"最后一道防线"的意义。

最后，就如何保障和改善民生，提出了"守住底线、突出重点、完善制度、引导舆论"的民生工作思路。不难看出，"守住底线、突出重点、完善制度、引导舆论"工作思路，其最大特点在于，将保障和改善民生的着眼点更多地放在保基本和"雪中送炭"上，强调紧紧抓住民生的"底线"和"短板"，更多关注基本民生保障制度的薄弱环节，将"社会政策要托底"宏观政策具体化为可操作的政策措施。在城市困难群体社会救助方面，党和政府落实"十六字"民生工作思路的一大亮点就是颁布施行《社会救助暂行办法》，在制度化方面迈进了一大步。《社会救助暂行办法》自2014年5月1日起施行，它是我国第一部统筹各类社会救助制度的行政法规。其颁布施行，是社会救助托底线、救急难、可持续的重大举措。它对社会救助进行全面规范，将事关困难群众基本生活的各项托底制度，统一到一部行政法规之中，使之既各有侧重，又相互衔接，兼顾群众困难的各个方面，覆盖群众关切的各个领域，构建了完整严密的安全网；在资源配置上坚持统筹优化，在程序安排上保障"求助有门"、受助及时，努力保障困难群众基本生存权利和人格尊严，避免陷入生存窘境，防止发生冲击社会道德和心理底线的悲剧事件，也让人民群众消除后顾之忧，安心创业就业，对于推进市场化改革，促进社会公正，让改革发展成果更多更公平惠及全体人民，具有重要意义。同时，要格外指出的是，《社会救助暂行办法》的出台，也是社会各界在救助弱势群体包括城市困难群体方面达成共识的一种体现。这种共识无疑为解决城市困难群体的困难创造了良好条件。

总的来说，社会救助关乎社会成员的基本生存权，是城市困难群体基本生活的最后保障网。国际社会多年社会救助发展的历史和我国社会救助工作的实践表明，建立健全社会救助，对于化解社会矛盾、促进社会公平、维护社会稳定具有重要的意义和作用。当前，我国的

结　语

城市困难群体规模庞大，在今后相当长的时间内，城市贫困人口还有进一步增加的可能性。因此，城市社会救助形势依旧严峻，是我国全面建成小康社会的一块短板。因此，我们要实实在在地做好社会救助工作，让需要得到救助的群体都得到应有的救助，坚持以人为本，建立由政府主导、主管部门牵头、职能部门配合、社会参与的社会救助体制，使每一个公民不至于在生活困难时处于无助的困境，使我国经济社会发展的成果惠及困难群体，推进我国经济社会和谐发展！

参考文献

一 经典著作和相关文献

[1]《马克思恩格斯选集》(第1—4卷),人民出版社1995年版。

[2]《马克思恩格斯文集》第3卷,人民出版社2009年版。

[3]《毛泽东选集》(1—4卷),人民出版社1991年版。

[4]《毛泽东年谱(1893—1949)》上卷,人民出版社1993年版。

[5]《李大钊全集》第3卷,河北教育出版社1999年版。

[6]《邓小平文选》(1—3卷),人民出版社1994、1994、1993年版。

[7]《江泽民文选》(1—3卷),人民出版社2006年版。

[8] 江泽民:《论党的建设》,中央文献出版社2002年版。

[9]《江泽民论有中国特色社会主义》(专题摘编),中央文献出版社2002年版。

[10]《江泽民思想年编(1989—2008)》,中央文献出版社2010年版。

[11]《十四大以来重要文献选编》(上、中、下),人民出版社1996、1997、1998年版。

[12]《十五大以来重要文献选编》(上、中、下),人民出版社2000、2001、2003年版。

[13]《十六大以来重要文献选编》(上、中、下),中央文献出版社2005、2006、2008年版。

[14]《十七大以来重要文献选编》(上、中、下),中央文献出版社

2009、2011、2013年版。

[15]《十八大以来重要文献选编》上，中央文献出版社2014年版。

[16]《中共中央关于制定国民经济和社会发展第十一个五年规划的建议》，人民出版社2005年版。

[17]《新时期劳动和社会保障重要文献选编》，中国劳动社会保障出版社、中央文献出版社2002年版。

[18]《胡锦涛文选》（1—3卷），人民出版社2016年版。

二　相关著作

[1]《武汉市志·民政志》，武汉大学出版社1990年版。

[2]《当代中国》丛书编辑委员会：《当代中国的民政》下，当代中国出版社1994年版。

[3]多吉才让：《中国最低生活保障制度研究与实践》，人民出版社2001年版。

[4]时正新、廖鸿：《中国社会救助体系研究》，中国社会科学出版社2002年版。

[5]张敏杰：《中国弱势群体研究》，长春出版社2003年版。

[6]唐钧等：《中国城市贫困与反贫困报告》，华夏出版社2003年版。

[7]李善峰主编：《2006年山东省社会形势分析与预测》，山东人民出版社2006年版。

[8]孟庆跃、姚岚主编：《中国城市医疗救助理论和实践》，中国劳动社会保障出版社2007年版。

[9]罗应光、向春玲主编：《住有所居：中国保障性住房建设的理论与实践》，中共中央党校出版社2011年版。

[10]马雪松主编：《关注：2008》，江西教育出版社2008年版。

[11]高冬梅：《新中国成立初期中国共产党社会救助思想与实践研究》，人民出版社2009年版。

[12]郑功成：《中国社会保障30年》，人民出版社2008年版。

[13] 李友梅等著：《中国社会生活的变迁》，中国大百科全书出版社2008年版。

[14] 李学举主编：《民政30年：1978—2008》，中国社会出版社2008年版。

[15] 米勇生主编：《社会救助》，中国社会出版社2009年版。

[16] 刘金生：《一切为了老百姓的利益》，湖南人民出版社2010年版。

[17] 张占斌、陈翔云：《党心与民心——十六大以来具有历史意义的民生工程》，国家行政学院出版社2012年版。

[18] 张百新、田舒斌主编：《心尖上的民生》，新华出版社2013年版。

[19] 民政部政策研究中心课题组编：《"中国城乡困难家庭社会政策支持系统建设"课题研究报告2011年度》，中国社会出版社2013年版。

[20] 赵朝峰：《当代中国社会救助事业的历史经验研究》，中山大学出版社2015年版。

[21] 赵朝峰：《中国当代社会史（1992—2008）》，湖南人民出版社2011年版。

[22] 郑功成主编：《社会保障学》，商务印书馆2000年版。

[23] 朱力：《社会问题概论》，社会科学文献出版社2002年版。

[24] 王卫平、郭强主编：《社会救助学》，群言出版社2007年版。

[25] [德] 罗尔夫·斯特博：《德国经济行政法》，中国政法大学出版社1999年版。

[26] [德] 毛雷尔：《行政法学总论》，高家伟译，法律出版社2000年版。

[27] [以] S. N. 艾森斯塔德：《现代化：抗拒与变迁》，中国人民大学出版社1988年版。

[28] [美] 塞缪尔·亨廷顿：《变化社会中的政治秩序》，王冠华等译，上海人民出版社2008年版。

三　年鉴、统计年鉴、专门资料汇编

［1］《中国民政统计年鉴》（1998—2013），中国统计出版社1998年陆续出版。

［2］《中国统计年鉴》（1993—2013），中国统计出版社1993年陆续出版。

［3］《中国劳动年鉴（1998）》，中国劳动出版社1999年版。

［4］《武汉年鉴》（2000—2012），武汉年鉴社2000年陆续出版。

［5］《青海年鉴（2006）》，青海年鉴社2006年版。

［6］《城市居民最低生活保障制度文件资料汇编》（一），民政部救灾救济司1998年编印。

［7］《城市居民最低生活保障制度文件资料汇编》（五），民政部救灾救济司2002年编印。

［8］《城市居民最低生活保障制度文件资料汇编（2008年度）》，民政部社会救助司2009年编印。

［9］《城市居民最低生活保障制度文件资料汇编（2009年度）》，民政部社会救助司2010年编印。

［10］《湖北省社会救助政策文件汇编》上、下册，湖北省最低生活保障管理办公室2015年编印。

四　网络资源

［1］中国社会救助网 http：//www.dibao.org。

［2］武汉市情网 http：//www.whfz.gov.cn/dqwx/。

［3］中华人民共和国民政部网站 http：//www.mca.gov.cn/。

［4］中华人民共和国国家统计局网站 http：//www.stats.gov.cn/。

［5］中华人民共和国教育部政府门户网站 http：//www.moe.gov.cn/。

［6］新华网 http：//www.xinhuanet.com/。

［7］人民网 http：//www.people.com.cn/。

后 记

眼前的这本小书即将出版,我的心情既激动又忐忑。激动是因为这本书见证了我在一段可以形容为"一地鸡毛"的狼狈生活旅程中的成长(本书成书期间,我一边在中南民族大学马克思主义学院工作,一边在湖南师范大学政治学博士后流动站做博士后,一边还要带此期间出生的女儿,忙得是不亦乐乎);忐忑的是仅凭自己的浅薄学识和这种书本挖掘式的研究能否为"中国城市困难群体的社会救助"这个宏大的课题提出些许独到的见解,能否得到学界的些许肯定。在忐忑中,我真诚地期待着。

当代著名画家、诗人、散文家席慕蓉曾写过这样一段文字:"我不过是个平凡的妇人,但是,我知道,我在做的是一件奢侈的事情。很多人都为我牺牲了一些:我的父母、我的姊妹、我的丈夫、我的朋友,甚至我的孩子。他们都或多或少地为我牺牲了一些他们珍贵的东西,我才能在今天坐下来画我爱画的、想画的事物。我深深地感谢他们。对于他们来说,我实在并不是一个艺术家,我只是一个受他们无限宠爱与纵容的人。"试想,我又何尝不是这样,在踟蹰前行中,我努力享受着阳光、云流与和煦的风。

首先要特别感谢中国博士后基金的资助。选择这样一个颇敏感又具争议的选题,可以说是一种初生牛犊不怕虎的"糊涂劲"。当时,学界的一些前辈、朋友并不赞成,认为太刺眼、太敏感。但我个人觉得城市贫困是我们当前必须面临和正视的一个重大现实问题,从中国共产党执政理论与实践的角度研究这一问题,极具现实意义和学术意义,并得到导师组的肯定。2013 年,我就以此为题成功申报了第 54

后 记

批中国博士后基金并获得一等资助；2016 年，我入选湖北省高等学校马克思主义中青年理论家培育计划，也是以此选题为主要支撑的。这对我是莫大的鼓励。某种程度上以说，没有中国博士后基金的资助，我对这一问题的研究不会如此坚持和深入。

其次，要感谢我的合作导师谭献民教授，从报告的选题、结构、写作过程的指导及最后的修改，他都倾注了大量心血。谭老师不仅在学业上，而且在生活中也给予我莫大的帮助和关怀。尤其是此期间繁重的教学科研任务以及怀孕生子等严重影响了报告的撰写进度，自己倍感压力，工作状态欠佳。谭老师总是给予宽慰，让我轻装前行。可以说，导师严谨治学、苦心钻研以及宽容、豁达的人生态度都深深地影响了我，使我受益匪浅，终生受用，谨此对谭老师致以最真挚的谢意！

此外，我还要感谢所有导师组成员，感谢湖南师范大学公共管理学院的赵子林副教授、马克思主义学院的陈云凡副教授、博士后管理办公室的欧月娥老师和武汉大学政治与公共管理学院的孟颖颖副教授，他们都在学习和生活中给予了我很多的支持和帮助；感谢单位的领导和我的许多同事，他们在平时的教学和科研中给了我许多的帮助和鼓励；感谢湖北省中国特色社会主义理论研究中心中南民族大学分中心的支持，感谢中国社会科学出版社编辑田文女士为本书出版付出的劳动。

最后，感谢我的家人，没有他们的关心、爱护与支持，也不会有我今天的一点成果。小女彭馨谊出生于本书写作过程中，她的到来带给我更多的幸福与欢笑，给予我前行更大的动力。我把这本书献给他们！

瞿晓琳
2017 年 4 月于武昌南湖畔